CB066404

FIORI GIGLIOTTI

O locutor da torcida brasileira

Apoio Cultural

EMS — Sua saúde merece
Kalunga
São Cristóvão saúde

Editora	Onze Cultural
Editor executivo	Marco Piovan
Autores	Mauro Beting e Paulo Rogério
Edição final	Chico Silva
Projeto gráfico e direção de arte	Dalton Flemming
Capa	Bruno Ataíde Menezes
Revisão	Teresa Bilotta
Fotografias	Acervo pessoal
Assessoria de Imprensa	Soraia Marão

FIORI GIGLIOTTI

O locutor da torcida brasileira

Mauro Beting e Paulo Rogério

onze
CULTURAL

Dados Internacionais de Catalogação na Publicação (CIP)
(Câmara Brasileira do Livro, SP, Brasil)

Beting, Mauro
  Fiori Gigliotti : o locutor da torcida brasileira / Mauro Beting e Paulo Rogério. -- São Paulo : Onze Cultural, 2019.

ISBN 978-85-93934-13-1

1. Gigliotti, Fiori, 1928-2006 2. Locutores esportivos - Biografia - Brasil I. Rogério, Paulo. II. Título.

19-30365   CDD-920.50981

Índices para catálogo sistemático:
1. Brasil : Locutores esportivos : Biografia 920.50981
Cibele Maria Dias - Bibliotecária - CRB-8/9427

Não fosse o Chico Silva, este livro não contaria tão bem esta história.
Não fosse o Paulo Rogério, esta obra não existiria.
Não fossem o Marcos e o Marcelo, o amor de Fiori não seria tão bonito.
Não fosse o Fiori, o futebol não seria tão lindo.
Não fosse o futebol, eu não estaria aqui.
Mauro Beting

Agradeço a Deus, pelo que foi, o que é e o que há de ser;
ao meu avô, Luiz Amaral, com quem dividi o terraço da casa da Rua Antônio Corrêa, no Guarujá, em diversas e divertidas tardes de domingo, ouvindo Fiori no rádio de pilha o qual eu herdaria;
ao meu pai, Oswaldo, por plantar a semente do amor pelo rádio;
à minha esposa, Christiane, por embarcar comigo em todas as loucuras criadas.
Paulo Rogério

NOTA DO EDITOR

Aqui na editora, somos de uma geração que ouvia, através das rádios AM, os narradores esportivos favoritos dos nossos pais. No meu caso, Fiori Gigliotti.

Crescemos um pouco mais para ver o rádio ser ouvido em computadores, celulares e tablets. No equipamento que você preferir. Conteúdo livre, acessível, digital e imediato.

Nesta edição, disponibilizamos o conceito básico de hyperlink. Ao longo de todo o texto, marcadores digitais se conectarão com narrações e coberturas radiofônicas da época dos jogos.

Uma verdadeira viagem à era de ouro do rádio através de áudios acessíveis via celular ou tablet, capazes de ler QR Codes e conectados à Internet.

É um prazer dedicar a você, leitor, essas páginas, pensadas para entreter e informar em uma experiência híbrida.

Acomode-se num lugar com Wi-Fi, baixe um leitor gratuito de QR Code e aproveite a viagem pelas emoções dos gols "irradiados" por Fiori e os detalhes da história de um dos maiores locutores de todos os tempos.

Boa leitura!
Ótima experiência!

O microfone era a sua bola. A cabine, o seu campo.
Milton Neves

O maravilhoso e insuperável Santos de Gylmar; Lima, Mauro e Dalmo; Zito e Calvet; Dorval, Mengálvio, Coutinho, Pelé e Pepe norteou a minha vida. Não fosse por este incrível time, muito provavelmente eu teria passado a minha vida inteira em Muzambinho-MG. Com muita honra, é claro, ganhando a minha vida dignamente, talvez trabalhando no "Banco do Brasil", onde cheguei a prestar concurso. Mas não teria conhecido o mundo e conquistado tudo o que conquistei como jornalista esportivo, e dos "bãos", no rádio, na TV, no jornal e na internet. Principalmente no rádio.

E, voltando aos meus tempos de menino, no final dos anos 50 e início dos anos 60, ainda lá no Sul de Minas, eu não era fã apenas dos maravilhosos jogadores do Santos. Eu me encantava também pelos narradores, comentaristas e repórteres das rádios Bandeirantes, Tupi e Gazeta, de São Paulo, e Nacional, do Rio de Janeiro.

Edson Leite, Geraldo José de Almeida, Geraldo Bretas, João Saldanha, Mário Moraes, Milton Peruzzi, Ely Coimbra, Peirão de Castro, Marco Antonio Mattos, Pedro Luiz, Mauro Pinheiro, Roberto Silva, Darcy Reis, Luiz Augusto Maltoni, Carlos Aymar, Oduvaldo Cozzi, Waldir Amaral, Jorge Cury, Ary Barroso, Jorge de Souza, Ávila Machado, Aroldo Chiorino marcaram demais a minha infância e a minha vida.

Mas, assim como o Santos e a seleção brasileira, o rádio esportivo brasileiro também tinha o seu Pelé. Sua Três Corações era a belíssima Barra Bonita, apesar de ainda criança ter se mudado para Lins. Sua Dona Celeste atendia por Dona Rosária. Dondinho era Ângelo. O microfone era a sua bola. A cabine, o seu campo. E seus célebres bordões foram as suas jogadas inesquecíveis.

Em minha infância e adolescência, inúmeras vezes me peguei sonhando acordado, encostado em algum muro de minha cidade, imaginando Fiori Gigliotti, meu ídolo, me "batizando" na Rádio Bandeirantes com a sua inconfundível voz:

"Agora Milton Neves, o mooooooço de Muzambinho".

Dessa forma, acreditava, estaria "consagrado perante o mundo". Com o aval de Fiori, passaria a ser a "figura máxima" de minha terra.

E vi Fiori pela primeira vez em 1965. Em emocionante passagem que não me canso de contar em minhas tribunas. Foi o dia em que Pelé me viu, lá em Ribeirão Preto, estádio Palma Travassos, quando de Santos 2 x 0 Comercial, pelo Paulista daquele ano. Minha santa tia Antonia chegou até a fazer empréstimo para que eu pudesse acompanhar a "caravana" que foi de Muzambinho até a "Califórnia Brasileira".

O Pelé realmente me viu naquele dia. Nem que por milésimos de segundo, quando foi bater um lateral bem próximo ao alambrado em que eu estava encostado.

Antes de a bola rolar e no intervalo, período em que todo mundo aproveita para bater papo, comprar um lanche, tomar uma água e ir ao banheiro, eu fiquei hipnotizado olhando a parte superior da plateia. O motivo? Empoleirado na cabine acanhada, narrava o duelo Fiori Gigliotti. Naquele dia, me deleitei com dois Pelés: um no campo e outro na cabine.

E, infelizmente, não deu tempo de trabalharmos juntos na Rádio Bandeirantes. Quando cheguei, ele já tinha deixado a emissora que o consagrou. Mas tive o privilégio de estar ao lado do Mestre Fiori em diversas edições do épico "Debate Bola", da TV Record, e do "Golaço", da Rede Mulher.

E no "Debate Bola" do dia 6 de agosto de 2004, dia em que completei 53 anos, Fiori me surpreendeu. Enquanto eu falava sobre o triunfo do São

Paulo sobre o Vitória, no Morumbi, por 2 a 0, ele pediu a palavra e fez um discurso extremamente emocionante, que teve o seguinte desfecho: "Ele tem um coração imenso, uma sensibilidade rara, que identifica os grandes artistas. Os mais sensíveis. Os homens bons. Mas, principalmente, os homens vitoriosos. Esse é ele. O nosso aniversariante do dia. O nosso Milton Neves, o mooooço de Muzambinho".

Durante a fala do Mestre Fiori, sabia que uma das câmeras estava apontada para o meu rosto. Não deixei cair nenhuma lágrima, pois seria muito difícil controlá-las. Mas, quando cheguei ao camarim, encostei em uma parede, revivi o discurso de Fiori e todo sufoco que passei para chegar onde cheguei, e falei para mim mesmo: "Agora, sim, posso dizer que tudo isso valeu a pena".

Obrigado, Fiori. E não apenas por tudo o que você fez pelo rádio esportivo brasileiro. Mas também por, assim como o Santos de Pelé, ter ajudado a nortear a minha vida.

Agora não adianta chorar.
Mauro Beting

As cortinas se fecharam antes de a Copa de 2006 começar. Como convém aos craques, tinha de ser antes de a bola rolar em todo mundo. Para que todo o mundo do futebol pudesse fazer um minuto de respeito a quem transforma minutos de paixão em poesia. Para o narrador que pinta a mais bizarra jogada como lance de arte. Para o locutor da torcida brasileira.

O futebol pentacampeão mundial se joga com arte. Até quando não tem. Até quando não ganha Copas. A expressão "jogo bonito" é usada pelo mundo para tentar descrever de um drible de Mané a um gol de Pelé. Rima que foi seleção. Rima que ninguém faz melhor com a bola rolando ou com o coração batendo como o moço de Barra Bonita. Voz de Lins e de Araçatuba na juventude, garganta das rádios Bandeirantes, Pan-Americana, Record, Tupi e Capital por todo o sempre incrustrado na memória do ouvinte, no dial dialético e atlético.

Craques que jogam se notam pelo andar, falava Mário Américo, massagista de vários na carreira campeã. Craques que falam se percebem não pela voz – mas pela maneira como se impostam, sem necessariamente se impor. Basta um segundo de Gigliotti no ar para saber que você está imerso num jogo que, por vezes, parece estar não no gramado. Nem na arquibancada. Nem em cada esquina ligada no radinho. Nem em cada veículo parado pela eletricidade do gol.

O jogo de Fiori é outro. O nome próprio já indica o gosto pela beleza, pelo amor, pela paixão, por tudo que é sagrado, por tudo que é sangrado num campo. Ele via flores em tudo e em todos. O ritmo da narração não é frenético, em cima da bola. É por sobre a pelota. Por vezes abaixo do balão. Sempre ao lado dela.

É quase que um canto de amor. Quando não uma oração. Profissão de fé na fala, no toque de bola, no descarregar dentro do campo, no carregar no coração uma emoção que só o futebol propicia muitas vezes a quem tem pouco. Mas tem demais quando fala do jogo. Quando sente seu time. Quando torce por ele.

Fiori parece torcer a cada lance, a cada gol, por todos os times. Ele tem um coração verde. Mas, como de mãe, todos os credos e cores transbordam do peito e dos pulmões. Elegante no uso das palavras, eloquente nos adjetivos, preciso nos substantivos, Fiori narrou os tempos e jogos românticos do futebol brasileiro.

Mesmo quando eles não foram tudo isso, ou foram apenas em nossa memória afetiva e aflitiva, tem um cantão de saudade onde todos os jogos de Fiori foram goleadas. Onde só jogaram craques. Onde todos venceram todos os jogos.

Milagre? Fantasia? Pode ser. O que não pode é o futebol e o rádio ficarem privados de um mito. De um ídolo. De um craque. De um nome cujo tempo não passa.

Por isso Fiori jamais será passado. É sempre um presente para nosso futuro. É sempre um verbo aqui, agora, para sempre, como é o ato de narrar a eternidade de um gol. Como é o trabalho de mais uma testemunha auditiva de Fiori, o colega Paulo Rogério, que faz comigo a melhor e maior parte do emocionante trabalho de resgate do pai dos queridos Marco e Marcelo. Filhos da arte e da paixão de um craque.

De um nome e sobrenome que falam por si só. Como ele falou por todos nós a paixão pelo futebol. O amor pelo rádio. O prazer da comunicação.

As cortinas podem ter se fechado em 2006. Mas o sol e a energia de Fiori continuam iluminando cada estúdio e cada estádio onde houver um balão subindo.

Obrigado, Fiori, pelas poucas oportunidades em que trabalhamos juntos em TV e rádio.

Obrigado, amigos de ofício, e em especial às cabines do velho Palestra de nossos corações, que me permitiram por alguns anos deixar a orelha direita sem fone de ouvido só para ouvir, na cabine ao lado, a narração direta, sem transmissor, sem rádio, só de voz, quase cochichada na minha orelha, do mestre Fiori.

Sim. Eu podia ouvir a menos de dois metros o Fiori narrando pela Bandeirantes AM enquanto eu trabalhava pela Gazeta AM. Sem ser pelo rádio. Apenas por estar ao lado. Parecia que ele narrava o jogo só para mim. E, de fato, por 90 minutos, ele também estava ao lado dos meus colegas de Gazeta.

Eu tinha duas narrações para ouvir. E teria mil histórias para contar de outros jogos que ouvi com Fiori e com outros craques sagrados do microfone brasileiro, tão rico em técnica como os feitos dos que fazem o futebol.

Mas aqui não cabe neste livro. Como não cabe a emoção de poder contar um pouco do muito que só o Fiori sabe contar.

Paulo Rogério e eu abrimos as cortinas. Amigo leitor, abra o coração para a vida e obra de Fiori.

Fiori Gigliotti sempre foi bem isso.
Luiz Carlos Borgonovi - Presidente da EMS

Um profissional de respeito. De peso. Que encantava torcidas com seu carisma e bom humor. Com suas frases memoráveis. Com sua voz de puro entusiasmo. Essa é a descrição mais direta, correta e conhecida de Fiori Gigliotti. Esse seu jeito de ser ao narrar - ou de narrar aquilo que fazia parte do seu ser - transcendia o áudio. Invadia-nos. Em cheio. E sempre foi bem isso. E era impossível não fazer parte da torcida. Da torcida de Gigliotti. O Fiori. Independentemente do time, da cor da camisa. Eu tenho a honra de ter sido seu amigo. E sou até hoje um grande fã. É a sua maestria em tocar a vida, enfrentar os dilemas, desafiar o tempo, compartilhar sinceridades, gerenciar expectativas que gostaria também de destacar nesse meu relato - ou nessa homenagem singela a este homem que era a própria paixão pelo futebol, pelo esporte. Com uma rara e marcante alegria de viver.

Tínhamos esse mesmo gosto pela bola. Pelo Palmeiras. Sofríamos, ríamos, comemorávamos, trocávamos palpites, ideias, críticas ou elogios a técnicos, jogadores e jogadas. Como era bom conversar com ele sobre isso. E sobre tantos outros assuntos que nos levavam a horas e horas de bem-estar. E sempre foi bem isso. Fiori Gigliotti me lembra movimento (o vaivém dentro de campo), audácia, perspicácia, disputa leal, amizade, sorriso, disposição, energia. Ou seja, lembra tudo o que traz conforto para o corpo e para a alma.

E sempre foi bem isso. Gigliotti, o locutor esportivo, dinâmico. Feliz. Motivador. Boníssimo. Explosivo. Fiori, o amigo sincero. Espontâneo. Animado. Por tudo o que ele foi e por continuar fazendo parte da memória esportiva e afetiva deste País, é que me orgulho, como presidente da farmacêutica EMS, em também patrocinarmos essa obra sobre sua carreira, seu dia a dia, sua trajetória. A missão de nossa empresa é cuidar das pessoas. Temos o compromisso de promover saúde. E acreditamos de fato que colaborar para que esta publicação se tornasse uma realidade seria um outro modo de levar entretenimento e qualidade de vida para os leitores.

É isso: nas próximas páginas, veja, sinta e presencie novamente Fiori Gigliotti sendo Fiori Gigliotti.

Sempre Gigliotti. Para sempre.

Sumário

CAPÍTULO 1
Abrem-se as cortinas
22

CAPÍTULO 2
Futebol é com a Bandeirantes
primeiro tempo
44

CAPÍTULO 3
Intervalo para a troca de transmissores
58

CAPÍTULO 4
O bom filho à casa torna
segundo tempo
62

CAPÍTULO 5
A *famiglia* Gigliotti
120

CAPÍTULO 6
As Copas de Fiori
154

CAPÍTULO 7
O Moço de Bauru, o Moço de Pau Grande e outros moços. E moças
182

CAPÍTULO 8
Escrete do Rádio
202

CAPÍTULO 9
As outras casas de Fiori
220

CAPÍTULO 10
Fecham-se as cortinas e termina o espetáculo
250

CAPÍTULO 1

Abrem-se as cortinas

Os portos de Gênova e Nápoles jamais haviam visto movimentação parecida. Profundas, significativas e, sobretudo, imprevisíveis mudanças socioeconômicas começaram a impactar de forma marcante e irreversível a Europa no início da década de 1870. Eram transformações que, num curto espaço de tempo, iriam alterar o próprio curso da História moderna. O Velho Continente trocava o arado e a enxada pelo torno mecânico e pelas máquinas a vapor. Iniciada na Inglaterra, a Revolução Industrial trazia consigo a riqueza e a prosperidade para poucos e o desemprego e a incerteza para muitos. Os reflexos, sobretudo na Itália, foram dramáticos. A implantação de um sistema capitalista em países nos quais predominava a economia rural provocou uma das maiores rupturas sociais e os maiores fluxos migratórios já vistos pela humanidade.

Eram tempos em que grandes proprietários ficavam com a maior parte das terras e os pequenos produtores rurais sofriam com os altos valores dos impostos, o que deixou muitos endividados. Como se isso não bastasse, a concorrência desleal com os latifundiários fazia os preços dos produtos agrícolas caírem, forçando milhares de agricultores a abandonarem a lavoura e oferecerem sua mão de obra barata às indústrias que começavam a surgir. Além disso, os camponeses tinham dificuldade de se adaptar à nova realidade tecnológica dos meios de produção de massa. Como não havia vagas para toda essa gente, o desemprego desgraçou a Itália.

Em paralelo, a população europeia crescia assustadoramente, agravando ainda mais o já complicado quadro social da época. O pão feito à base de farinha de trigo e a carne bovina, gêneros indispensáveis na mesa de todo italiano, tornaram-se itens inacessíveis em virtude dos altos preços que passaram a ter. A polenta passou a ser o alimento básico da população. Curioso é que, no futuro, a iguaria se tornaria um dos pratos mais famosos da culinária do país.

Por mais que fosse uma solução temporária, cruzar as fronteiras com data para regressar parecia ser melhor do que enfrentar a grave crise interna. E não foram poucos os italianos que migraram para países vizinhos em busca de trabalho, sobretudo em tempos de colheita. Finalizado o *lavoro*, eles voltavam para suas casas. Mas, com o tempo, esses deslocamentos temporários mostraram-se apenas um paliativo. A solução definitiva estava longe das fronteiras italianas. Até mesmo do continente europeu.

Nesse nebuloso cenário, surgiram as Américas – e, com muito mais força, o Brasil – como a esperança de novos tempos de fartura e prosperidade. O Império brasileiro firmou acordos de imigração com o governo da Itália recém-unificada. O Imperador Dom Pedro II se comprometia a custear as passagens daqueles que quisessem ocupar terras e trabalhar nas lavouras, principalmente as de café, no interior de São Paulo. O Brasil tinha seus argumentos e atrativos. A expansão da cultura cafeeira exigia o incremento da mão de obra, que havia decrescido com a promulgação de uma série de leis antiescravagistas, como a Eusébio de Queirós, em vigor desde 1850, que proibiu o tráfico negreiro; a do Ventre Livre, de 1870, que protegia da escravidão os nascidos a partir daquela data, e a Lei dos Sexagenários, de 1885, que libertava os escravos com mais de 60 anos. A nova legislação restringiu a força de trabalho antes mesmo da promulgação da Lei Áurea, que, em 1888, pôs fim à escravidão. Havia também a crença, equivocada, de que a população branca seria mais capaz de se adaptar às duras condições de trabalho no campo. Não havia, portanto, momento melhor para o incentivo à vinda dos imigrantes. Estima-se que 3,6 milhões de estrangeiros tenham entrado no Brasil no período entre 1880 e 1924. Desses estrangeiros, 38% oriundos da Itália.

Numerosas famílias faziam longas viagens até os portos italianos. Em muitos casos, os trajetos eram feitos a pé. Chegar aos terminais de embarque era, porém, só o começo da jornada. A viagem para o Novo Mundo tinha duração média de três semanas. Era uma versão do inferno em alto mar. Nos navios, os passageiros eram confinados na terceira classe, sofriam com a superlotação, a má qualidade da comida e eram alvo preferencial de roubos e furtos. Houve quem não conseguisse chegar ao destino final. Muitos ficavam pelo caminho, vencidos pela fome, pelas doenças ou pela asfixia. Só nos vapores Matteo Bruzzo e Carlo Raggio foram 52 mortes por fome. No Frisna, houve 24 baixas por asfixia.

OS PALMEZAN E OS GIGLIOTTI

Duas *famiglie*, uma de Bari, região de Puglia, Sudeste da Itália, e outra da província de Catanzaro, na região da Calábria, mais ao sul, escaparam ilesas de todos os infortúnios e percalços da travessia transatlântica. Eram os Palmezan e os Gigliotti. Os dois clãs dividiram o espaço físico no navio sem jamais trocarem um simples olá ou *buongiorno*. No entanto, essa suposta frieza e o distanciamento não eram compartilhados por todos os membros dos dois grupos.

O Porto de Santos, etapa final da longa viagem, era o ponto de partida das famílias em sua jornada rumo a uma nova vida num país com hábitos, costumes e língua tão diferentes. Assim que os imigrantes desembarcavam, seguiam para as cidades do interior do estado de São Paulo. O destino dos Gigliotti e dos Palmezan foi Jaú, a 296 quilômetros da capital. Foi lá que Caetano e Clara Gigliotti e Rafael e Maria Thomazo Palmezan descobriram que os filhos, Ângelo e Rosária, não foram meros companheiros de viagem. Um sentimento forte e mútuo nasceu entre os dois durante os dias e noites a bordo do navio. Nascido em alto-mar, o amor terminou em casamento em terra firme, no interior de um distante e desconhecido país.

Já como marido e mulher, Ângelo e Rosária deram continuidade ao trabalho nas lavouras de café, não mais em Jaú, mas em Barra Bonita, pequena cidade instalada às margens do Rio Tietê, situada a 278 quilômetros da capital paulista. A Ângelo coube a administração da fazenda de um dos homens mais ricos da região, conhecido como *seu* Lara. Os filhos nasceram logo depois do casamento: Chiara, Caetano, Maria, Emília e Ana. Logo viria mais um menino para alegrar o lar dos Gigliotti. O nome deveria lembrar os saudosos tempos da Itália e, ao mesmo tempo, transmitir amor, ternura, doçura, delicadeza. Deveria lembrar as flores. No dia 27 de setembro de 1928, o menino chegou, recebendo o nome de Fiore, *flores* no idioma de Dante Alighieri e Leonardo da Vinci.

Os quatro primeiros anos de vida do menino foram vividos na lavoura de café de seu Lara, em Barra Bonita. Mas a economia brasileira passava por dificuldades e o preço do produto começou a cair demasiadamente. Grandes produtores migraram para a cana-de-açúcar, que na época começou a ser mais lucrativa do que o produto símbolo da economia brasileira até então. E havia outro agravante. Em 1932, São Paulo pegou em armas contra o então presidente Getúlio Vargas, a quem acusava de dar um golpe de estado contra o paulista Washington Luís, em 1930. O presidente deposto cumpria seu mandato quando o gaúcho amarrou seus cavalos no Obelisco da avenida Rio Branco, no centro do Rio de Janeiro, então capital da República. Foi em meio à artilharia pesada entre constitucionalistas e soldados getulistas que o chefe dos Gigliotti levou a família de Barra Bonita para Cafelândia. Pouco tempo depois, Ângelo conheceu Nicolau Zarbus, um grego dono de uma oficina que lhe ofereceu emprego como carpinteiro. Entretanto, a estada na cidade duraria pouco. Inquieto, o chefe dos Gigliotti decidira pegar a estrada rumo a Lins, que acabou se tornando a morada definitiva da família. Àquela altura, Ângelo e Rosária tinham nove filhos. Fiore havia perdido o posto de caçula e ganhado mais dois irmãos e uma irmã: Rafael, Mauro e Nair.

Na nova cidade, Fiore foi estudar no Grupo Escolar de Lins. Lá aprendeu o repique, todavia, sua paixão estava bem longe da música. A motivação do menino estava mesmo nos esportes, o que justificava as coleções de edições dos jornais *A Gazeta Esportiva* e *Mundo Ilustrado*, que estavam entre suas primeiras leituras. Mas o que realmente o tocava era um sentimento inexplicável que quase explodia dentro do peito e se manifestava quando ele se aproximava de um aparelho que, num futuro próximo, transformaria sua vida e o acompanharia pelo resto dos seus dias.

O RÁDIO

O que mais chamava a atenção do moço de Barra Bonita não era nem a música, nem os programas e folhetins que àquela época tornavam-se cada vez mais populares no rádio. O que realmente atraía o garoto era um esporte ainda novo, mas que conquistava corações e mentes no Brasil no ritmo frenético do que viria a ser a locução radiofônica.

Liderada por Nicolau Tuma, que por seu ímpeto e velocidade narrativa ganharia a alcunha de *Metralhadora do Rádio*, uma equipe da Rádio Educadora Paulista saltou de um táxi no campo da Floresta, às margens do Rio Tietê, na zona norte de São Paulo, para iniciar a primeira transmissão futebolística do rádio brasileiro. Naquela tarde ensolarada de 1931, assim Tuma abria a jornada esportiva:

"Senhores ouvintes, estamos com microfones instalados no campo, não mais para dar notícias – uma a uma –, mas para acompanhar todas as emoções da partida entre paulistas e paranaenses."

Posteriormente, o locutor orientou os ouvintes para que imaginassem estar diante de uma caixa de fósforos, na qual os paulistas estivessem de um lado e os paranaenses de outro. Até aquele instante, as informações de uma partida de futebol eram passadas por um locutor que estivesse no palco do teatro da emissora ou em um estúdio. Basicamente eram informados, em pílulas, os gols, o resultado parcial e o placar final do jogo. Tudo mudaria após aquela histórica transmissão. Tuma relatou *in loco* e simultaneamente toda a história da partida. O sucesso foi tamanho que o formato virou padrão e outras emissoras passaram a transmitir o futebol ao vivo. O confronto entre as seleções de São Paulo e Paraná terminou 6 x 4 para os paulistas.

Apesar de a transmissão inaugural ter sido realizada na capital paulista, a referência radiofônica do jovem Fiore eram as emissoras cariocas, sobretudo pelo fato de o sinal gerado na Cidade Maravilhosa chegar com força e clareza ao interior de São Paulo. Nacional e Tupi estavam entre as rádios campeãs de audiência do momento. O menino era ouvinte e, ao mesmo tempo, fã de grandes nomes do rádio esportivo, como Jorge Cury, Antônio Cordeiro, Ary Barroso, Jorge Amaral, Aurélio Campos, Rebello Júnior e mais nomes históricos do rádio. Havia, sim, uma preferência por Rebelo Júnior, justificada pela originalidade e pela criatividade do *speaker*, como os locutores esportivos daqueles tempos eram conhecidos.

Introduzido pelo inglês Charles Müller, em 1894, o futebol nasceu aristocrático no Brasil. Em suas primeiras décadas, era praticado por ricos e muitos estrangeiros. Daí o uso de anglicismos para denominar as posições dos jogadores em campo e outras funções associadas à prática. Com isso, goleiro era chamado de *goalkeeper*, volante, de *center-half* e centroavante de *center-forward*. Nos tempos do *football association*, o paulista Rebello foi um dos primeiros a inovar com um microfone nas mãos. Foi creditada a ele a criação do grito que eternizou o grande momento do futebol. Quem sintonizasse a Rádio Difusora de São Paulo iria ouvir *o homem do gol inconfundível* chamar a atenção dos ouvintes que porventura estivessem distraídos com um longo e estridente grito de *goooooooolllllll*.

Por mais que alguns defendessem a teoria de que a maior invenção de Rebello fosse uma tremenda obra do acaso, graças a ele nunca mais um gol seria descrito como se fosse uma bula de remédio.

As transmissões esportivas dessas emissoras chamavam muito a atenção do menino Fiore. Louco por futebol e pelo imbatível Flamengo de Zizinho, Leônidas da Silva e Domingos da Guia, no final dos anos 1930 e início dos 40, o garoto jogava bola de manhã, tarde e noite. E, para a alegria do moleque, a casa da família ficava defronte ao estádio do Clube Atlético Linense, o *Elefante da Noroeste*. O apelido surgiu em 1952, ano em que o clube conquistou seu primeiro acesso à divisão de elite do futebol paulista. Para comemorar a façanha, os jogadores e dirigentes desfilaram em elefantes de um circo que se apresentava na cidade. Em pouco tempo, Fiore já atuaria nas equipes infantil e juvenil do Linense.

A PRIMEIRA LATINHA

"Latinha" é jargão do rádio e da televisão que significa microfone. Sem saber, Fiore já honrava o ofício antes de apertar o primeiro botão ON. Quando não jogava pelo Linense, ele atravessava a rua e subia as arquibancadas do estádio, sempre levando uma lata de extrato de tomate vazia. Ele fazia do objeto seu "microfone" imaginário. A primeira latinha. Assim que via a bola rolar, colocava o recipiente na frente da boca e desandava a narrar a partida que fosse, sempre imitando seus ídolos. Aos poucos, foi descobrindo sua verdadeira paixão, sem ainda imaginar o que viria pela frente.

Na sala de aula, a primeira grande mudança já havia acontecido. Como nem professores, nem colegas adotavam a grafia correta de seu nome, trocando sempre o E pelo I, o garoto adotou a grafia que, no futuro, se tornaria sua marca: FiorI Gigliotti.

E começa o espetáculo.

Fora de campo. Porque, nos campos de Lins, o menino conheceu "o pior zagueiro do mundo":

"Aí, seu moleque F.D.P., se fizer isso de novo, eu te quebro!

Íbis era um zagueiro negro, grande e forte do Vila Ribeiro, uma equipe da região de Lins. E também nome do time pernambucano que ficaria mundialmente conhecido nos anos 1970 por ser assumidamente "o pior do mundo". Não se sabe se ele exibia alguma virtude técnica ou tratava-se de um mero brucutu quebrador de pernas. Fato era que o defensor já estava ficando bastante irritado com as firulas daquele meia franzino do time juvenil do Linense. A ameaça veio no momento em que Fiori, pela segunda vez, dava um drible por baixo das pernas do defensor, jogada que hoje ficou conhecida como cortininha. Desmoralizado, o zagueiro prometeu vingança se a gracinha fosse repetida. A ousadia adolescente custou caro. Íbis cumpriu a ameaça. A pancada foi dada na mesma perna quebrada tempos antes, resultado de um tombo de bicicleta. A segunda fratura foi a senha para ele entender que seu futuro não seria mais com a bola nos pés. Mas estaria perto das quatro linhas.

A fratura na perna seria nada perto do drama que o jovem e sua família viveriam em 1941. Os Gigliotti já estavam morando em sua nova casa. O imóvel precisava de alguns reparos, especialmente no telhado. Ângelo subiu para consertá-lo, desequilibrou-se e sofreu uma queda, tendo levado consigo pedaços grandes e pesados de madeira. O acidente causou sérios danos aos seus pulmões. Uma hemorragia interna os encheu de sangue. Apesar dos parcos recursos da medicina da época, os médicos conseguiram drenar o líquido.

Dias depois, Ângelo recebeu alta e a recomendação de ficar em repouso absoluto. Teimoso como todo bom italiano, desobedeceu aos médicos.

O pé de lima plantado no grande quintal parecia seco demais. Estava na hora de cortá-lo. Sentindo-se forte e disposto, o chefe do clã resolveu podá-lo. Porém o *oriundi* estava enganado. Ângelo sentiu-se mal durante o serviço. Os médicos fizeram o possível para salvá-lo, porém não tiveram sucesso. Assim, na tarde de 14 de agosto de 1941, a família Gigliotti dava adeus ao seu patriarca. Com a partida de Ângelo, tinha início uma fase bastante difícil para dona Rosária e seus nove filhos.

Não foram somente a dor da perda e a saudade que impactaram de forma marcante os Gigliotti. A trágica e repentina partida de Ângelo provocou uma queda brusca nos ganhos da família. A crise econômica fez com que as rotinas sofressem alterações drásticas. Fiori não passava mais tanto tempo jogando bola. As horas fora da escola eram dedicadas ao trabalho de engraxate, feito com uma caixa de madeira construída por ele mesmo. O dinheiro era curto, mas suficiente para cobrir as despesas com cadernos, lanches (especialmente sanduíches de mortadela e várias unidades de maria-mole, tradicional doce feito com coco, gelatina e claras de ovo em neve) e as matinês e bailinhos nos clubes de Lins. Para garantir a aprovação na escola, Fiori, já dono de uma surpreendente e admirável oratória, aproximava-se cada vez mais dos professores. Nunca quis ser o primeiro aluno da classe, mas também não seria o último. Com muita lábia e empatia, foi avançando ano a ano até concluir os estudos no ginásio.

No entanto o suado dinheiro engraxando botas e sapatos já não era suficiente para o jovem órfão, que precisava cada vez mais colaborar para o orçamento da casa. Era preciso buscar um rendimento extra. E a solução imediata surgiu com nome, sobrenome e sotaque árabe. Salim Chalim, um libanês que migrou para Lins, ofereceu a Fiori a oportunidade de atuar como ajudante-geral na Casa Combate, loja de tecidos da qual era dono. Fiori aceitou de pronto. Só não imaginava que teria uma carreira tão curta no comércio. Tudo graças a duas ricas senhoras da região, que compraram praticamente todo o estoque do estabelecimento. Exagerando ou não, anos depois Fiori disse tratar-se de uma venda de "mais de uma tonelada em tecidos". O último serviço para Salim foi levar a mercadoria nas casas das freguesas endinheiradas.

Deixar o emprego na loja do "turco" mostrou-se, anos mais tarde, uma atitude acertada e decisiva para sua vida profissional. Estava na hora de transformar o gosto pelo jornalismo em ganha-pão. Mas dificilmente o jornal *Correio de Lins* iria abrir as portas para um garoto de 14 anos de idade, apesar de o adolescente ter ido à sede do periódico pelo menos duas ou três vezes em busca de uma oportunidade. Porém, diante da insistência, Vitor Chiodi, proprietário do *Correio*, decidiu dar-lhe uma chance. Mas, num primeiro momento, longe da máquina de escrever. A partir daquela data, Fiori passava a entregar jornais, fazer cobranças e ajudar na limpeza, sem receber nenhum centavo por isso. O jovem aprendiz precisou passar pelos três meses habituais de experiência para que pudesse ser contratado.

"Você está aprovado. Seu salário será de quarenta mil réis por mês."

Assim que deu a notícia, Chiodi tirou do bolso duas notas de 20 mil réis e entregou ao jovem que, no caminho de casa, quase deu com a cara num poste tamanha era felicidade causada por aquelas duas notas que jamais havia tocado na vida. Assim que entrou em casa, entregou o dinheiro para dona Rosária, que não conteve as lágrimas. Seria a primeira vez que o trabalho de Fiori faria alguém ir às lágrimas. Mas nem de longe seria a última.

O garoto não tinha vocação para serviços burocráticos. Depois de tanto azucrinar o patrão, aos 16 anos ele assinaria sua primeira reportagem nas páginas do *Correio*. Driblar a legislação trabalhista recém-implantada pelo governo Getúlio Vargas, o pai do CLT, foi mais fácil e muito menos arriscado do que escapar das pancadas do inesquecível Íbis. Nada como um pseudônimo FiGi (iniciais do próprio nome) para afastar uma inesperada visita dos fiscais do Ministério do Trabalho, que seguramente estranhariam o fato de um menor de idade atuar na redação de um jornal. Ainda mais que, àquela altura, Fiori já respondia também pela coluna social. Não foi necessário muito tempo para que ele se tornasse editor-chefe do *Correio*, mesmo com pouca idade e nos primeiros passos na carreira. O jornal, que era bissemanal, começou a circular três vezes por semana. Pouco tempo depois, passaria a ser diário. O foca havia se tornado um sucesso com as palavras impressas. Só que o sonho mesmo era poder espalhá-las pelo ar, nas ondas do rádio. O jovem carregava incrustada no peito a paixão pelo que ouvia na Rádio Nacional. Não havia mais como postergar: Fiori migraria para o rádio.

O jovem começava a demonstrar ter dentro de si um departamento de criação inteiro. Nasceu dele a ideia de produzir um programa de rádio totalmente voltado para o esporte e que fosse transmitido a partir de Lins. O projeto da *Marcha do Esporte* foi pronta e imediatamente "comprado" pela direção da emissora, que aceitou levar a atração ao ar, desde que o garoto não o apresentasse. Naquele momento ainda faltavam-lhe idade e voz. O novato aceitou a ordem, mas com diversas ressalvas. Foi a partir do início da veiculação dos primeiros programas que uma outra característica de Fiori surgiu de forma bastante enfática: ele era extremamente zeloso com aquilo que fazia. Ainda mais no rádio. Talvez esse tenha sido o principal motivo para que o rapaz torcesse tanto o nariz para Antônio Carlos, o apresentador da *Marcha do Esporte*. Fiori até aceitava os argumentos dos diretores para que outro apresentador comandasse o programa, mas não aguentava ver o âncora errando de maneira constante os nomes dos jogadores porque futebol não era sua especialidade. Décadas depois, nem Fiori seria capaz de lembrar quanto tempo Antônio Carlos apresentou o programa. O que se sabe é que a paciência do criador da *Marcha do Esporte* estava acabando. Era hora de tomar uma atitude.

"Esse que está apresentando não teve o primeiro dia dele? Então vocês precisam me dar uma chance." E a chance seria dada.

IRRADIANDO ESPERANÇA

Quando empunhou pela primeira vez o microfone da Lins Rádio Clube, Fiori sabia que a presença dele ali estava longe de agradar aos donos da emissora. Ele tinha a noção exata de que os executivos da rádio só lhe haviam entregado o comando do programa por conta de seus insistentes pedidos. Na entrevista para a tese de conclusão de curso dos estudantes Odinei Ribeiro (seu futuro pupilo como narrador), Dennis Calçada e Aldo César, alunos do curso de Jornalismo da Universidade Santa Cecília, de Santos, Fiori lembrou ter surpreendido a todos com a calma com que conduziu a atração.

> *"Recebi a chance e apresentei como se estivesse conversando. Sempre tive uma tranquilidade anormal."*

Passados três meses de apresentação, tanto Fiori quanto os diretores sequer lembravam a hesitação e a desconfiança que cercaram sua estreia na *Marcha do Esporte*. Além de âncora do programa, a nova promessa do dial paulista ainda fazia locução comercial e ajudava na apresentação do *Calouros B3*, uma atração de auditório de grande sucesso na região. Entre um candidato e outro, Fiori se valia da voz potente e afiada para interpretar os grandes sucessos daqueles anos. Por pouco, Orlando Silva, Sílvio Caldas e outros gigantes da música brasileira da década de 40 não ganharam um concorrente de peso. Na mesma época, Fiori criou mais uma novidade, o *Alô Gurizada*, que tinha como público-alvo a garotada da região.

Apesar do êxito repentino, Fiori tinha outros planos. Bem ambiciosos e ousados. Ele queria "jogar em outros campos". Especificamente naqueles retangulares, com grama e marcações feitas com cal, traves de madeira e 22 homens que poderiam fazer a alegria ou a tristeza de quem havia saído de casa ou sintonizado o rádio valvulado para torcer por eles. Ali ele começaria a trilhar o caminho que o transformaria em lenda.

Marcada pelo drama da Segunda Guerra Mundial, a década de 40 ia chegando ao fim quando o Clube Atlético Linense começou a atravessar uma boa fase na divisão de acesso do futebol paulista. Familiarizado com o meio, mas sem nenhuma experiência com narrações in loco, Fiori voltou à sala dos donos da rádio. A proposta era que a emissora começasse a transmitir partidas de futebol. Ouviu um uníssono e sonoro "não", que o candidato a locutor fingiu não ouvir. Ele não se abalava. No dia seguinte, retornou à sala dos diretores como se nada houvesse acontecido. Irredutíveis, os donos da Rádio Clube argumentavam que a ideia era uma loucura pois jamais qualquer cidadão de Lins havia narrado uma partida de futebol ao vivo.

Só que nada tirava essa ideia da cabeça de Fiori. Para realizar seu sonho, insistiu, e muito, com a direção da empresa, como relatou aos estudantes que o homenagearam em seu TCC.

"Eu já estava bem pra burro. Vinham uns caras de Marília, de Araçatuba, Birigui e a Lins Rádio Clube não irradiava. Comecei a pegar no pé do patrão. Dizia 'Escuta, gente, está na hora de começarmos a *irradiar* futebol aqui. As outras emissoras fazem isso. Não podemos ficar atrás delas.'". Por toda a carreira, Fiori conjugaria o verbo irradiar para se referir à profissão que escolheu para chamar de sua.

Ramiro Vieira, diretor da Lins Rádio Clube, perguntou então quem iria narrar as partidas.

"Ué, se vocês me derem uma chance, eu irradio", disse Fiori, no presente do verbo.

"Você está doido?", questionou um incrédulo Vieira.

"Tudo bem, mas, se eu não irradiar, vocês terão que trazer gente de fora. E esse cara de fora teve a primeira vez dele. Onde ele começou a trabalhar? Então me dê esse privilégio. Eu quero ser o primeiro a irradiar em Lins. Quero ser o pioneiro."

Mas o apelo não sensibilizou Vieira. Ainda não seria daquela vez que o jovem locutor faria sua sonhada estreia.

Um dia, Fiori deu o xeque-mate. Em um início de tarde, encontrou-se novamente com o chefe. O papo foi direto e definitivo.

"Poxa, você não quer fazer futebol? Deixa de ser radical! O que custa? O que pode ficar pior? Só pode melhorar, se a gente começar a irradiar futebol. Será uma novidade para a rádio. Vai ter repercussão. O Linense vai ganhar mais divulgação e vamos motivar o torcedor a ir ao estádio."

Naquela tarde, Fiori falou sem parar até convencê-lo. Vencido pelo cansaço, Vieira finalmente cedeu.

"Vai, vai de uma vez. Transmite e não me enche mais o saco!"

ESTREANDO COM PARAFUSO

Entusiasmado, Fiori mal conseguiu dormir na véspera da primeira partida que narraria em rádio. Ele pulou da cama cedo na manhã de 26 de maio de 1947. Horas depois, o Linense receberia o São Paulo de Araçatuba. A Lins Rádio Clube faria a primeira transmissão esportiva da sua história. E com Fiori no comando da jornada! Dessa vez com um microfone de verdade e não com a lata de extrato de tomate simulando o equipamento. Sua voz chegaria, simultaneamente, a centenas de lares da região.

A tensão era grande. Fiori sabia que gaguejar e repetir palavras eram pecados capitais para um narrador esportivo. Era preciso também passar segurança e credibilidade. Para ajudá-lo na missão, Fiori conseguiu um comentarista: Lima Neto. Apesar da insegurança e do frio na barriga típicos de uma estreia, o calouro levou a partida do início ao fim como se fosse um veterano do ofício. E logo em seu *début* foi premiado com a oportunidade de narrar um gol. Parafuso, "um crioulo de dois metros de altura", segundo a definição do próprio Fiori, teve a honra de assinar o primeiro dos milhares de tentos que viria a irradiar.

O primeiro sonho estava realizado. O projeto de vida começava a ser traçado. E Fiori sabia que havia muito futebol e muitas ondas radiofônicas além dos limites geográficos de Lins. Ninguém jamais soube o motivo da viagem, mas fato foi que, tempos depois da primeira partida que irradiou, o rapaz do interior estava na capital do estado e uma das principais cidades do país. E o ponto alto da viagem naquele 17 de agosto de 1947 foi justamente o local que Fiori teria, pouco tempo depois e por décadas como uma espécie de segunda casa. Construído a partir do final dos anos 30 e inaugurado em 1940, o Pacaembu já tinha a fama que o acompanharia por toda a existência: a de estádio mais aconchegante de São Paulo. Fiori jamais descreveu a sensação de entrar pela primeira vez no palco paulistano para a Copa do Mundo de 1950, porém, ao passar pelo portão principal do estádio, certamente teve a atenção chamada para o letreiro da praça esportiva, sobretudo para o nome com a qual foi batizada: Estádio Municipal Paulo Machado de Carvalho.

Fiori iria ter uma longa e profunda relação com aquele nome.

Principal estádio de São Paulo, era o Pacaembu quem recebia os clássicos estaduais. E recebia São Paulo e Palmeiras naquela tarde. Para quem acabara de irradiar uma partida no interior, Fiori estava, naquele instante, diante de alguns dos principais jogadores do futebol brasileiro. Em campo, o São Paulo chegou a abrir 3 a 1 no placar, mas o ponta-direita palestrino Lula, conhecido como Canhão do Parque, marcou mais dois gols de falta (já havia marcado o primeiro) e empatou a peleja. O principal estaria por vir. Osvaldinho, de bicicleta, fez o gol da vitória palmeirense.

Extasiado pelo que acabara de ver, Fiori passou a nutrir uma sensação que o acompanharia por toda a vida. O encanto pelo Flamengo passava a ser uma paixão de infância, influenciada pelo rádio que ele tanto admirava. A admiração e o coração passavam a pulsar em verde e branco. Fiori tivera ainda a oportunidade de ver Oberdan Catani no gol palmeirense.

Ele irradiaria várias defesas do goleiro. E ali nasceria uma forte amizade.

Se não ainda nos clássicos da capital, narrar futebol já era uma nova e promissora realidade para o novato. A direção da Lins Rádio Clube ainda não fazia a menor ideia, mas Fiori estava convicto de que as transmissões esportivas fariam parte da grade da emissora. O nova sensação do rádio esportivo do interior agora se dividia entre a *Marcha do Esporte* e as narrações, ou "irradiações", como gostava de chamá-las. Cabia a ele comandar as jornadas das partidas realizadas em Lins ou nas cidades próximas.

Em pouco tempo, tinha uma fama que nem ele próprio conseguia dimensionar. E, por menor que fosse o esforço para atingir tal *status*, começava a ser visto como referência na região. Até mesmo fora dela. Fiori só teve noção da sua popularidade durante uma viagem a Ribeirão Preto. Ao chegar ao antigo Estádio Luís Pereira, ele se deu conta de que tinha poucas informações a respeito do Botafogo, adversário do Linense em uma partida válida pela Segunda Divisão do Campeonato Paulista. Com medo de passar vexame no microfone, saiu pelas arquibancadas e corredores da arena em busca de quem pudesse passar as informações sobre o anfitrião daquele duelo. E a "salvação" veio do locutor do serviço de som do estádio. Fiori não fazia a menor ideia, mas, ao se apresentar, estava diante de um de seus novos fãs que, a partir daquele encontro, se tornaria seu grande amigo. O jovem Fernando havia iniciado a carreira na Rádio Clube de Ribeirão Preto e tentava, naqueles primeiros anos, aproximar-se do estilo dos narradores que admirava, como Jorge Cury, Waldir Amaral, Oduvaldo Cozzi, Pedro Luiz, Rebello Junior, Edson Leite, Geraldo José de Almeida, Aurélio Campos, Otávio Muniz, Hélio Ansaldo, Salem Junior, Nelson Spinelli, Walter Abrahão e Milton Peruzzi. Na lembrança daquele locutor do estádio, Fernando Solera, o encontro com Fiori foi rápido, porém marcante.

"Foi uma aproximação de quem sonhava ser locutor esportivo com um profissional que, apesar de relativamente novo na profissão, já fazia sucesso no interior. Falamos sobre banalidades, o calor de Ribeirão, como havia sido a viagem, a fama que o Linense tinha na ocasião."

De acordo com Solera, as condições pouco favoráveis das estradas do interior naquela época, final dos anos 40 e início dos 50, ajudavam de alguma maneira a aproximar as pessoas pois cada deslocamento rendia histórias bastante curiosas.

"Na época, a maioria das distâncias do estado de São Paulo eram cobertas de automóvel em estradas de terra. Principalmente quando chovia, havia muito o que contar dessas viagens a trabalho."

O POUSO FORÇADO DA CARREIRA QUE DECOLAVA

Chegar a tempo e em boas condições aos locais das partidas e, ao mesmo tempo, evitar o acúmulo de histórias sobre estradas já era, naquele fim da década de 40, um motivador para a busca por alternativas para driblar os riscos e as ameaçadas das rodovias paulistas.

Foi em uma dessas tentativas que Fiori esteve perto de ter a carreira encurtada e não conquistar nem metade da fama e da admiração que viria a receber. Fiori já tinha em Lins amizades que expandiria por toda a vida e que lhe abririam uma série de portas. Uma delas foi a de um avião de pequeno porte, graças à proximidade que tinha com Milton Franco, proprietário de aeronave e dono de horas consideráveis de voo. Foi a convite de Milton que Fiori foi para Batatais, cidade próxima a Ribeirão Preto. No plano de voo estava a partida do Linense contra o time local. O resultado, uma derrota por 4 x 0, deixou o Fiori desconfiado. Com a qualidade que o Linense tinha, dificilmente sairia de campo com uma derrota acachapante. Fiori passou a acreditar que havia uma espécie de aditivo de fora das quatro linhas e que motivara o adversário.

Mal sabia que uma goleada em campo seria o menor dos problemas.

Passada a frustração com o resultado, Milton e Fiori embarcaram de volta a Lins. A ideia era aterrissar em Lins antes do pôr do sol. Isso se uma tempestade de proporções bíblicas não tivesse atingido a aeronave no momento da passagem por Novo Horizonte. O vento a sacudia impiedosamente, ameaçando derrubá-la. Pousar de imediato tornou-se mais que necessário. Sem aeroportos próximos, Milton Franco decretou:

"Nós vamos ter que descer em alguma fazenda, Fiori. Não temos condições de continuar. O vento vai nos derrubar."

"Franco, eu estou com você!"

"Olha só, aqui é um bom lugar. Fica tranquilo aí..."

"Franco, mete a cara! Eu rezo e você pilota!"

Fiori pensava em Deus, em São Judas Tadeu, o santo de devoção e em quem mais pudesse ajudá-los naquele momento. Durante a descida, rezou um terço inteiro de pais-nossos e ave-marias. O avião rasgou o pasto. Os trancos e solavancos eram fortíssimos. As orações passavam a ser para que o aeroplano não batesse em nada à sua frente, já que o choque poderia ser fatal. Finalmente o monomotor parou e tudo ficou em silêncio. Uma imensa sensação de alívio tomou conta da dupla.

Milton Franco desceu do avião e procurou um toco de árvore. Com a velocidade do vento, poderiam perder o veículo que os levaria para casa. O piloto pegou uma corda e amarrou o aviãozinho em duas extremidades. Estavam seguros, todavia perdidos no meio do nada. Não havia uma casa sequer nos arredores. O sol já se havia posto e o breu era completo. Sem ter o que fazer, esperaram para decolar novamente ao amanhecer, já que a pista de pouso de Lins não operava à noite. O problema é que não havia como avisar os familiares. A distância era longa para o alcance do rádio da cabine. E celulares eram equipamentos que boa parte daquela geração jamais iria ver. Não houve como evitar a expansão dos boatos em Lins.

"O Fiori e o Milton Franco estão desaparecidos! Alguma coisa grave aconteceu! Devem ter caído! Morreram!"

Os rumores deixaram a cidade e as famílias desesperadas e sem esperança. A chuva havia castigado demais a região. "Eles não devem ter conseguido pousar", diziam muitos. Aos poucos, a cidade ia se preparando para o pior.

Enquanto Lins passava a noite em claro, Milton e Fiori acordaram no meio do pasto onde tinham passado a noite. Precisavam decolar imediatamente. O fato de não haver uma pista propriamente dita não era exatamente um problema.

"Ihhh, aqui nós subimos brincando!", dizia Milton.

Pouco tempo depois, a agonia da cidade chegava ao fim. Para tranquilizar a todos, Milton decidiu sobrevoar Lins antes do pouso. Voou baixinho e próximo às casas, uma maneira nada sutil de dizer "estamos vivos". A família Gigliotti só conseguiu se acalmar quando avistou a "barriga" do aviãozinho no céu.

Passado o susto, muito em breve Fiori voltaria a pegar a estrada. Só que dessa vez a viagem não teria data de volta. Para alguns, foi como obra do destino; para outros, a mão divina e, para outros ainda, uma mera coincidência, mas a rádio de uma cidade diretamente envolvida em sua estreia no dial viria bater à sua porta. A proposta era irrecusável e a mudança de vida inevitável.

Estava na hora de decolar de uma vez.

MUDANÇA DE ARES

"A Rádio Cultura de Araçatuba me levou pagando quatro vezes mais do que eu ganhava em Lins. A minha transferência foi um acontecimento que sacudiu toda a região", contou Fiori, anos depois, aos jornalistas Giovanna Rodrigues e Caio Ferraccina.

Ganhar em um mês o que recebia em quatro e viver em uma nova cidade, longe dos olhares vigilantes da mãe e das irmãs, animaram Fiori a aceitar o desafio. O jovem narrador viveria uma nova realidade: a partir daquele instante, acompanharia o São Paulo de Araçatuba, além de apresentar programas românticos e de auditório pela PR-8 Rádio Cultura.

O novo desafio veio acompanhado de alguns percalços. Por um motivo jamais revelado, nem ao próprio Fiori, ele foi proibido de entrar no Estádio Adhemar de Barros, em Araçatuba. Com a obrigação de narrar a partida, o jovem locutor precisava de uma alternativa. E a encontrou! O estádio, que tinha arquibancadas e muros baixos, ficava ao lado de um cemitério. Fiori não teve dúvida. Transmitiu a partida de pé em cima de um dos túmulos. Até aquele momento, a narração mais inusitada que fizera tivera como cenário o teto de uma oficina mecânica em Lins, quando o narrador não conseguiu entrar no velho Estádio dos Eucaliptos, também conhecido como o "Gigante da Madeira".

O que ou quem foi a verdadeira razão de Fiori ter tido vida curta em Araçatuba não se conhece. E, graças a isso, por pouco não ganha uma passagem de ida desta para a melhor. Fiori jamais revelou a identidade da moça, porém ao jornalista André Ribeiro contou que se tratava da filha de um fazendeiro que se apaixonou perdidamente pelo narrador. Era uma paixão tão incontrolável que, para encontrá-lo, a moça certa vez até pulou a janela do quarto do hotel onde ele se hospedava. Para que o romance não causasse ainda mais dores de cabeça, o pai da garota tentou um acordo. Fiori se casaria com a filha e, com isso, poderia ficar com uma de suas propriedades. Furioso, o jovem locutor foi contra a ideia.

"Eu disse a ele que amor não se compra e também não se vende."

Fiori entendeu, por um motivo qualquer, que a negativa seria aceita tranquilamente pelo fazendeiro e pela filha. Só percebeu que havia se enganado quando notou alguns capangas do pai da moça seguindo seus passos pela cidade. Assustado, não teve dúvida em percorrer, a pé, os 18 quilômetros que separam Araçatuba de Birigui. Refugiou-se lá por dois meses, até que decidiu retornar a Lins.

Antes de partir, Fiori ainda escreveu, sem querer, uma outra história trágica de amor na cidade. Um caso que só seria contado décadas depois a Antônio Francisco Gonçalves da Fonseca, o Chico Fonseca, um garoto que Fiori praticamente adotaria como filho e se tornaria seu confidente. Segundo Fonseca, Fiori se apaixonou por outra moça da cidade, mas o pai da menina, dono de um hotel, não dava a bênção ao romance pois, na época, achava-se que quem trabalhava em rádio era bandido, vagabundo ou as duas coisas juntas. Fiori, então, conquistou a simpatia da irmã mais velha da moça e passou a contar com a ajuda dela para os encontros secretos dos pombinhos. Tudo acontecia quando o pai das moças estava ausente. Só que, um dia, o velho descobriu a artimanha e deu uma surra de arame na moça. Fiori contou, décadas depois, que chegou a comprar um revólver e dizer à namorada que acabaria com a vida do pai dela porque ele não poderia proibir o romance entre duas pessoas que se amavam. Os dois chegaram à conclusão de que, para evitar uma catástrofe, a separação seria o único caminho. Fiori não precisou usar a arma, porém não conseguiu evitar a tragédia, a namorada morreria logo após o fim do romance. De amor. Na entrevista a Odinei Ribeiro, Aldo César e Dennis Calçada, ele reconheceu que as "cabeçadas" em Araçatuba encurtariam sua estada na cidade.

"Houve outros casos também. Levei uma mulher comigo, minha mãe descobriu. Ela e minha irmã foram a Araçatuba atrás de mim. Dona Rosária tinha um revólver na bolsa. Tirou, botou no meu peito e disse 'Essa mulher ou eu'."

O poder de sedução do jovem galã das ondas curtas e médias ainda causaria outros estragos. Virgulina ou Lina (como preferia ser chamada) conheceu Fiori num bordel em Lins. Logo iniciaram um romance. Lina poderia ser mulher de muitos homens, mas enxergou no narrador uma pessoa diferente, compreensiva e carinhosa. Só havia um "pequeno" problema. Ela namorava o ponta-direita do Linense, Moacir.

Após montar e dirigir o maior time da história da Portuguesa, entre 1951 e 52, Oswaldo Brandão aceitou o convite do ex-jogador, fazendeiro e político João Meira para dirigir o Linense. E logo percebeu que aquele triângulo amoroso tinha tudo para acabar mal. Conversou com Moacir e aconselhou-o a se afastar da moça, que já havia se decidido por Fiori. O ponta se exaltou e quis tirar satisfação com o locutor. A discussão não acaba em briga por pouco. Tempos depois Moacir entenderia a escolha de sua ex-namorada e desculpou-se com o novo amigo. Meses depois, com a ida de Fiori para São Paulo, o romance terminou. Ainda assim mantiveram contato. Quando retornou à cidade, encontrou Lina em seu novo endereço. A casa parecia um verdadeiro santuário de adoração a Fiori, com as paredes repletas de imagens e fotos do locutor. Mais tarde ela acabaria se mudando para São José do Rio Preto, onde se casou com um fazendeiro local. Fiori voltaria a ter notícias da ex-namorada tempos depois. E seria a última. Fiori foi surpreendido por uma notícia no jornal. No título estava escrito: "Fazendeiro mata amante com 17 facadas em São José do Rio Preto". Anos mais tarde, a filha de Lina revelaria o motivo do crime: ciúme do marido do amor platônico dela por Fiori.

Após a turbulenta – e perigosa – passagem por Araçatuba, ele estava de volta a Lins. Mas seria por pouco tempo. Àquela altura, o nome Fiori Gigliotti já havia chegado à capital. Deslumbrado com o sucesso repentino, o novato ainda custava a acreditar que dividia espaço nas cabines de rádio com alguns de seus ídolos, como Aurélio Campos, Wilson Brasil e Edson Leite. Em breve essa convivência se tornaria mais próxima e frequente. Um novo prefixo o aguardava. E mudaria sua vida para sempre.

CAPÍTULO 2

Futebol é com a Bandeirantes

primeiro tempo

A conversa não tinha o rádio em pauta. Era um papo acima de tudo informal. Edson Leite, titular de Esportes da Bandeirantes, atualizava uma série de assuntos com o amigo Paulo Bueno, de Bauru, quando resolveu mudar o rumo da prosa. Não tinha a menor ideia naquele momento, mas começava a alterar o curso da história.

"Estou precisando de um cara eclético lá na rádio, que abra a transmissão, faça comentários e narre."

Paulo, também amigo de Fiori, sabia que naquela região do estado não se falava em outro nome.

"É esse o cara".

Estar em São Paulo para uma rápida passagem tinha uma conotação. Chegar à cidade profissionalmente era razão para deixar Fiori atordoado. O que o impediu de encontrar o número 181 da Rua Paula Sousa, no centro da cidade, naquela tarde quente de verão de 1952. Era o dia 19 de janeiro e Fiori havia assumido o compromisso com Edson Leite. Faria o teste na Rádio Bandeirantes. Só que ele não recebeu um texto para ser lido em um estúdio para que seus avaliadores julgassem a dicção, a impostação da voz, a respiração e a capacidade de fazer uma boa leitura, como mandava a regra geral dos testes radiofônicos. Décadas depois, em palestra concedida a estudantes do curso de Comunicação Social da Universidade São Judas Tadeu, Fiori relembraria a história. A avaliação era muito maior.

"Hoje à noite jogam Santos e Seleção Paulista, na Vila Belmiro. Você é capaz de ir a Santos e narrar esse jogo ao vivo?"

O desafio foi aceito.

"Sim, eu sou capaz. Me dê a pasta com os textos publicitários, que eu vou lá irradiar."

Da cabine reservada à Rádio Bandeirantes na Vila Belmiro, Fiori teve cinco oportunidades para soltar o grito de gol. A Seleção Paulista venceu por 3 a 2. Mas o que realmente preocupava o jovem locutor era saber se ele havia agradado aos exigentes diretores da Bandeirantes. Uma expectativa que aumentava a cada quilômetro percorrido da Via Anchieta no regresso a São Paulo. Ao chegar à Rua Paula Sousa, já na madrugada, Fiori encontrou Edson Leite, João Sales, Murilo Leite e toda a Direção da emissora. Estava pronto para ouvir qualquer opinião que fosse, mas não esperava ver um papel em cima da mesa. Era o contrato que selaria o vínculo com a Rádio Bandeirantes a partir daquele instante, com um salário mensal de cinco mil e quinhentos réis.

"Não queriam dizer que me acharam bom.
Só me perguntaram se eu tinha vontade de ir para lá.
É claro que eu disse que sim."

Mas há um porém nessa versão. A memória pode ter traído o locutor. Segundo registros oficiais da Federação Paulista de Futebol e publicações como o *Almanaque do Santos*, do historiador Guilherme Nascimento (Magma Cultural) e páginas especializadas na memória do clube na Internet, como a da Associação dos Pesquisadores e Historiadores do Santos FC (ASSOPHIS), tal partida não foi realizada nessa data. O único embate entre o alvinegro praiano e o selecionado bandeirante naquele ano foi realizado em 14 de maio, na Vila Belmiro, estádio do Santos, com vitória da Seleção Paulista por 2 x 0. E nem se pode chamar de jogo propriamente dito, pois só um tempo da partida foi realizado. Divergências estatísticas e memoriais à parte, Fiori Gigliotti estava contratado pela Rádio Bandeirantes. Nascia assim uma relação carnal e marcante que pelas próximas décadas tornaria Fiori e Bandeirantes quase que sinônimos.

O salário não era assustadoramente maior, mas já estava bem acima da média do interior paulista. Dinheiro nem era o principal fator para sua decisão. Mais importante era a possibilidade de trabalhar em uma emissora que, já nos anos 50, colocava-se como uma das maiores do Brasil, embora ainda não tivesse o mesmo alcance que as rádios do Rio de Janeiro, àquela altura presença marcante nas regiões Norte e Nordeste. A partir daquele instante, Fiori "vencia o paredão" que separava a província da cidade grande, como ele próprio definiria, anos depois, sua ida para a capital. No entanto a mudança para São Paulo precisou ser adiada. Antes era preciso resolver algumas pendências pessoais. "Eu tinha um bar em Lins, chamado Bar do Fiori. E também um barco e um rancho de pescar. Tive de vender tudo antes de mudar."

Nem só bens materiais Fiori deixaria em Lins. Mais do que um príncipe encantado, o locutor iniciante era um tremendo galanteador. Mesmo jovem, sabia usar as palavras certeiras nos momentos oportunos. Foi assim que, além da família, deixou diversas paixões mal resolvidas para trás.

Entre essa paixões estava uma moça que queria iniciar um relacionamento sério, mas Fiori estava começando a vida em São Paulo e tentava ao máximo se desvencilhar de qualquer fator que o segurasse em Lins. De acordo com Chico Fonseca, esse era o argumento de que ele precisava.

"O Fiori não queria se prender a ninguém naquela época. Essa é a verdade."

Fiori deixaria mais lembranças em Lins. Entre elas, Ignez. Ele achou que jamais voltaria a encontrá-la. Não só estava enganado como ainda teria uma bela lembrança para toda a vida.

Passaram-se cinco meses até que Fiori conseguisse resolver tudo e embarcar de vez para o seu novo sonho feliz de cidade. Deu um beijo em Dona Rosária e seguiu rumo à capital, levando na bagagem quilos de esperança e também uma grande incerteza sobre o futuro que o aguardava.

O primeiro dia de trabalho efetivo de Fiori na Rádio Bandeirantes foi 1º de julho de 1952. Mas a estreia, mesmo na condição de contratado, ocorreu somente 18 dias depois. Entrou para a história por um desencontro de informações. Algo absolutamente compreensível para quem narrou milhares de jogos em quase 60 anos de carreira. Em entrevista aos estudantes Caio Ferracina e Giovanna Rodrigues, Fiori disse que seu primeiro jogo na condição de contratado da Bandeirantes foi Corinthians 3 x 1 Ponte Preta, no Parque São Jorge. Porém, segundo os registros oficiais, a partida à qual Fiori fez referência ocorreu somente no dia 31 de agosto daquele ano e o placar foi de 3 a 2 a favor do Corinthians. No dia 20 de julho, o Timão enfrentou o Áustria Viena no Pacaembu, pela Copa Rio, torneio disputado por oito equipes da Europa e da América do Sul. A partida foi vencida por 2 a 1 pelo Alvinegro do Parque São Jorge. Embora não reconhecido pela Fifa, o torneio tinha *status* de um campeonato mundial na época. Um ano antes, o vencedor havia sido o Palmeiras.

Naquele dia, Fiori viveu duas experiências marcantes e distintas que definiriam quem a partir dali seriam seus amigos e de quem ele deveria manter uma distância regulamentar. No "galinheiro", como era conhecida a tribuna de imprensa do Pacaembu, Fiori estava preparando a transmissão, quando foi surpreendido por uma mão que desalinhou seu bem cuidado penteado. Logo o susto deu lugar à raiva, pois Fiori tolerava uma série de brincadeiras, menos as que tocassem em seu cabelo. Ele tinha uma verdadeira obsessão pelo topete, que precisava estar milimetricamente alinhado. Carregava sempre consigo um pente de osso no bolso; afinal, se um vento soprasse, ele tinha como arrumá-lo. Ao virar-se para identificar o autor do "crime", Fiori deu de cara com Aurélio Campos. Já consagrado na narração esportiva, Campos ganhara ainda mais fama com a ida para a TV Tupi (a primeira emissora brasileira, inaugurada em 1950), onde apresentava o programa *O Céu é o Limite*. Aurélio desceu do estrelato para ir até o novato e desejar-lhe boa sorte. Era a confiança de que o caipira recém-chegado tanto precisava.

"Ô magrelo. Olha aqui! Você está começando em São Paulo. Então narre como você sabe, viu? Não comece a inventar. Você vai ganhar um lugar aqui entre os bons porque você é um deles. Eu o queria na minha equipe. Mas você está na Bandeirantes. Tudo bem. Boa sorte pra você!"

As palavras de Aurélio fizeram Fiori "estufar o peito", como ele mesmo relataria anos depois. Não somente pela mensagem de incentivo, mas sobretudo pela humildade de um monstro sagrado da comunicação. Muito diferente do que aconteceria logo na sequência.

"O outro sentou-se do meu lado e nem olhou na minha cara. Nem me cumprimentou. Nem me falou se eu era feio ou se eu era bonito e se eu ia ter sorte ou não."

Fiori preferiu ficar somente com a lembrança de Aurélio Campos e deu de ombros à ignorada do "outro", que ele jamais revelaria quem era. Mas seria justamente ele a motivação para Fiori enfrentar os primeiros problemas na cidade grande. Anos depois, seria a presença do "outro" que custaria a permanência dele na Rádio Bandeirantes. O desafeto que Fiori tentou esconder era Pedro Luiz Paoliello, uma das maiores lendas da narração esportiva brasileira.

Após a estreia, passariam três semanas para Fiori narrar um outro jogo. Ainda mais difícil que a ansiedade era superar a saudade. Em pouco tempo, ela chegou forte e implacável, capaz de arrancar lágrimas quase todas as noites dos olhos do jovem sonhador. Fiori não conseguiu trazer a família imediatamente para São Paulo. Assim que desembarcou, procurou a pensão Vera Cruz, no Largo São Francisco, no Centro, perto da Faculdade de Direito da USP. Para driblar a angústia, Fiori procurava passar a maior parte do tempo possível nos estúdios da emissora. Mas sofria quando era obrigado a ficar sozinho no quarto da hospedaria. Em entrevista ao programa *Grandes Momentos do Esporte*, da TV Cultura de São Paulo, em 1993, relatou aqueles tristes e solitários momentos. Marca registrada de Fiori, em seus relatos nunca prevalecia a primeira pessoa.

"Eu chorei muitas noites, enfiando a cabeça debaixo do travesseiro. Chorava de saudade da família, das namoradas... A gente tem que colocar no plural, porque naquele tempo a gente vivia o encanto do rádio. Quem trabalhava no rádio naquele tempo era um príncipe encantado. A mulherada dava em cima mesmo. A gente tinha um monte de namoradas naquele clima, naquele festival de sonhos e de poesias. A gente também gostava de pescaria, era um negócio muito lindo, convivia muito com a natureza. Ah, de noite a gente se esparramava em lágrimas e, debaixo do nosso travesseiro, a gente chorava

uma cascata de saudade. E, de qualquer maneira, isso me marcou muito. No entanto, fez muito bem pra nós, porque é preciso sofrer pra gente valorizar tudo que consegue".

As lágrimas de saudade atravessaram noites na fria São Paulo dos anos 50. Na realidade, foram quase 100, pois somente em outubro ele conseguiu trazer para São Paulo a mãe, as irmãs Chiara, Ana e Nair. A nova vida começava em uma casa simples, mas bastante confortável, na Rua João Teodoro, no Brás, também na região central de São Paulo. Na época, o bairro era um dos redutos da colônia italiana na cidade. Ao menos no lado pessoal a vida estava começando a se acertar, porque profissionalmente Fiori sabia que estava apenas dando início a uma longa caminhada. Boa parte dos seus rendimentos era consumido no pagamento do aluguel da casa, três mil réis mensais. Mesmo com Fiori trabalhando em uma grande emissora e começando a ganhar nome no rádio paulistano, a família passaria por alguns apertos. Houve situações em que Fiori só tinha dinheiro para uma condução. Então, se ia de bonde, voltava para casa a pé. E assim foi até que recebesse seu primeiro aumento de salário.

Fiori reservava as noites para o descanso. Ele dizia que esse foi um dos segredos de sua longa carreira. A maioria dos colegas fazia o contrário. Saía dos jogos, mesmo os noturnos, em busca dos prazeres perigosos da noite paulistana. Enquanto isso, o locutor dormia abraçado com o seu travesseiro, pois sabia que no outro dia era guerra.

Fiori entrou em uma espiral ascendente. A cada dia seu nome um tanto peculiar era mais respeitado na Rádio Bandeirantes e ganhava popularidade entre os ouvintes. Ele apresentava e produzia o programa *A Marcha do Esporte*, que ia ao ar de segunda a sexta-feira, às 18 horas. Com a chegada do narrador, a atração passou a ter novidades, muito bem aceitas pelo público. Fiori era o âncora do programa, enquanto Edson Leite tinha uma pequena participação em um quadro chamado *Pequenas Coisas de um Grande Futebol*. Em pouco tempo, Leite deixaria a atração. Com isso, Fiori ficou com o programa para ele.

Segundo o próprio Fiori relataria anos depois aos alunos da Universidade Santa Cecília, de Santos, ele era uma espécie de "faz tudo" em seus primeiros meses de Bandeirantes.

> *"Eu era o primeiro a chegar. Varria a redação, redigia todos os programas, apresentava os programas da tarde e da noite. Tinha o* Rádio Esporte Gilette, *que ia ao ar às 23h30. Eu ia irradiar em Ribeirão Preto, voltava e nunca o programa deixou de ir ao ar. Tudo de improviso".*

A realização profissional só não era completa quando o assunto eram as transmissões dos jogos. Como Edson Leite era o titular, cabia a Fiori atuar no "posto", ou seja, cobrir jogos secundários, enquanto o principal ficava com as partidas mais importantes e o comando das jornadas. Uma medida que, na concepção de Fiori, não causava desconforto, pois dava a ele diversas oportunidades de voltar ao interior de São Paulo, algo que ele sempre fazia com imenso prazer. Em entrevista ao jornalista André Ribeiro, detalhou a forma como trabalhava naqueles primeiros meses de Bandeirantes.

"O Corinthians jogava aqui com o Santos e o São Paulo ia jogar em Ribeirão Preto. Então, o jogo menos expressivo era o do São Paulo. Mas a Bandeirantes já fazia uma cobertura muito ampla das partidas. Então eu ia para Ribeirão Preto informar no plantão. 'Começou o jogo aqui, São Paulo 3 a 1, ou o Botafogo empatou'. Enfim, essas coisas."

O que Edson Leite e a cúpula da Bandeirantes ainda não conheciam, mas os ouvintes já tinham começado a perceber, era o vasto repertório semântico de Fiori, fruto de muita leitura, além da habilidade de usar as palavras certas nos momentos oportunos. O narrador já tinha o objetivo de fazer algo diferente para não ser apenas "mais um" na crônica esportiva paulistana. Só que, para isso, ele tinha de inovar. A grande oportunidade surgiu ainda em 1952, quando São Paulo e Juventus deveriam se enfrentar no *jovem* Pacaembu. Deveriam, porque as fortes chuvas, típicas do verão paulistano, impediram a realização da partida. Mas o indeciso árbitro da peleja não conseguia dar uma palavra final entre adiar o embate ou esperar que as condições climáticas melhorassem. Os ouvintes, àquela altura impacientes, começaram a ligar para a sede da Bandeirantes, perguntando o que estava acontecendo. Queriam saber se partida iria acontecer ou não. Fiori, então, teve uma ideia que, a princípio, o tornou o ser humano mais inconsequente da história do rádio até então. Tudo começou em um contato feito diretamente com Edson Leite, que se encontrava nas cabines do Pacaembu.

"Edson, vamos pegar esses ouvintes que estão ligando e colocá-los no ar, conversar com eles?"

"Você está louco, Fiori?"

"Vamos tentar. Acho que vai ser um estouro."

O que parecia uma insanidade se mostrou revolucionário. A audiência da Bandeirantes realmente explodiu. Os ouvintes começaram, enfim, a participar diretamente da transmissão, sem enfrentar a intransponível barreira imposta por muitos profissionais do rádio daquela época, que se autoproclamavam verdadeiros semideuses, fazendo do público mero espectador passivo de seu talento. Edson Leite não precisou mais pensar no que colocar no ar enquanto a decisão sobre a partida não era tomada.

Somente faltando poucos minutos para o horário do jogo, a arbitragem decidiu pelo seu adiamento. Naquela tarde, a Bandeirantes não precisou mais de bola rolando para segurar a audiência.

Edson Leite torceu o nariz, mas teve de dar o braço a torcer. Acabou apoiando a ideia da criação de um programa com o sugestivo e um tanto previsível nome *Conversando com os Ouvintes*. A atração ia ao ar todas as tardes em que não havia jogos. Era apresentada por Fiori e tornou-se um sucesso para a Bandeirantes. Ele contou que sabia o que estava fazendo desde quando teve a ideia inicial, naquela tarde de tromba d'água no Pacaembu.

"*Fui criticado. Falaram que colocar ouvinte no ar era o fim da picada. Mas hoje não há uma rádio que não faça isso.*"

Estava aberta a era da interatividade na comunicação brasileira, por mais que ninguém naqueles tempos soubesse o que isso significava. A novidade ganhou ainda mais força com outras invenções de Fiori. Sem temer críticas e reações adversas, levou para São Paulo atrações românticas que tanto sucesso faziam no interior. Foi assim que a Bandeirantes lançou o *Quando Fala o Coração*, que ia ao ar todas as noites, às 22h30. No programa, Fiori declamava textos e legendas românticas em cima de letras e até mesmo de nomes de música.

O *Quando Fala o Coração* arrebatou os ouvintes. Fiori passou a receber dezenas de cartas de fãs diariamente. E, como era de se esperar, iria também incomodar alguns colegas. Tanto que a "brincadeira" durou pouco. A chefia do departamento de Esportes colocou Fiori contra a parede e o obrigou a tomar uma decisão: ou bola, ou romance. A Direção fez tanta pressão que um dia Edson Leite o procurou para dizer que ele não estava marcando seu nome como locutor esportivo. Como nunca quis entrar em atrito com a Direção da rádio, Fiori decidiu abrir mão do programa. Mas criou o embrião daquela que seria uma de suas marcas registradas e que o acompanharia por toda a carreira, a ponto de torná-lo lembrado por décadas por colegas, ouvintes e admiradores: os bordões. O primeiro deles surgiu justamente no extinto programa romântico. Fiori, embora bastante galanteador, tratava seus ouvintes com o maior respeito. Sobretudo quando se tratava de alguém do sexo feminino que exibisse um anel de ouro no dedo anelar esquerdo.

"Às vezes, eu atendia uma ligação da dona Maria e logo perguntava "A senhora está sozinha?" E ela respondia: 'Não, estou com o meu marido". E aí eu ia agradecer a ligação e dizia 'um beijão pra você, querida'? Não dava. Então lancei 'um beijo no seu coração'. Era uma saudação respeitosa, que serve para mulher, homem e criança."

Ainda em início de jornada, o narrador já revelava traços da personalidade que o marcaria por quase oito décadas. Uma de suas principais características era a de nunca se acomodar e, principalmente, não achar que sabia tudo e que não seria necessário recuar, aprender ou mudar. Fiori estava particularmente feliz com seu momento, mas a autoavaliação mostrou que precisava se aprimorar ainda mais.

O locutor era fã dos maiores nomes na narração esportiva do rádio brasileiro do final dos anos 40, mas essa admiração não poderia transformar-se em imitação. Ele tinha uma convicção dentro de si: um fã de Ary Barroso não iria ouvir alguém que imitasse Ary Barroso. Buscaria o original. Ele queria ser único.

"Eu tinha que criar o meu estilo. Todo o mundo começa inspirado em um ídolo. O Nelson Gonçalves começou imitando o Orlando Silva. Depois, achou seu próprio estilo e com isso acabou mostrando ao mundo uma das vozes mais bonitas do planeta. Eu queria me diferenciar, porque o Edson Leite, o Pedro Luiz e o Aurélio Campos eram monstros sagrados da época. Se eu os imitasse, viraria carbono deles. Foi aí que comecei a criar os bordões."

Fiori acreditava também que a criação de bordões ajudaria a reforçar o nome da emissora. O ouvinte que tivesse dúvida sobre que rádio sintonizaria teria certeza de que estava na Bandeirantes ao ouvi-los, pois se tornariam produtos exclusivos dos narradores da casa. Não foi nada difícil para quem lia muito e era dono de um extenso vocabulário encontrar as palavras exatas para a criação dos termos. Foi assim que trocou sem nenhuma dificuldade as sequências de frases que a maioria dos locutores dizia no início de cada partida, como a tradicional "Apita o árbitro e começa o jogo!", por uma que se tornou marca registrada do seu talento e criatividade: *Abrem-se as cortinas, começa o espetáculo!*. O final da partida passou a ser tratado como o *Crepúsculo de jogo, torcida brasileira!*; a defesa do goleiro virou *segura com firmeza* e o lance do zagueiro que afastava o perigo da área com um chutão passou a ser *sossega a defesa*.

Nem todas criações emplacaram. Ele não viu boa recepção e logo abandonaria o *Tem bicho na roça.* – bordão usado para definir o momento de perigo para o gol adversário.

"Sempre fui um pesquisador. Se o ouvinte gostava, eu insistia. Se não, eu eliminava."

Fiori ainda criaria outros termos ao longo dos anos. Entraram para a história do rádio bordões como *Balão subindo, balão descendo..., Aguenta, coração!, É fogo, torcida brasileira!*, e aquele que fazia a alegria e o terror das torcidas, dependendo do placar do jogo naquele momento: *O tempo passsaaaaa*. Graças a eles, Fiori se tornaria um locutor ainda mais admirado e respeitado por fãs, colegas e até mesmo rivais.

NO PALITINHO

Com apenas um ano de Rádio Bandeirantes, Fiori aceitava com naturalidade o posto de narrador dos jogos secundários. Mas sabia que, em 1953, deveria por justiça assumir o segundo microfone da emissora, ficando abaixo apenas do titular e chefe da equipe, Edson Leite. O comandante também enxergava Fiori como seu segundo narrador, mas, por uma questão de respeito, não iria descartar Hélio Priolli. Naquela época, a condição de narrador mais antigo de uma emissora era respeitada. Seria natural, portanto, que o comandante da equipe escalasse Priolli para acompanhá-lo na transmissão da Copa América de 1953, que seria disputada no Peru. As coisas, entretanto, já não eram tão naturais assim.

Edson tinha, dentro de si, a vontade de levar Fiori para o Peru, porém não queria entrar em atrito com seu locutor mais antigo. O chefe decidiu adotar um procedimento pouco ortodoxo para definir seu companheiro de cobertura na Terra dos Incas. O escolhido sairia de uma disputa de palitos.

Hélio Priolli começou vencendo por 2 x 0. O veterano já se via sentado na poltrona do avião que levaria a equipe a Lima, capital peruana. Fiori, todavia não queria deixar escapar tão fácil assim a chance de narrar seu primeiro torneio internacional. Aumentou a concentração, melhorou e venceu de virada.

O debute estrangeiro de Fiori não marcou apenas a primeira das muitas viagens internacionais em nome da profissão.

Fiori aproveitou a viagem ao Peru para conhecer uma boa parte da rica história cultural do país em uma visita a Machu Picchu.

Profissionalmente, a viagem foi marcante para Fiori, mas a Seleção Brasileira não ajudou muito. Acabou derrotada pelo Paraguai na final, por 3 a 2 e perdeu o título continental.

Se a voz de Fiori ganhava o mundo, seu coração continuava mais caipira do que nunca. Nos mais de 50 anos em que viveu em São Paulo, sempre buscou uma maior aproximação entre capital e interior. Ele acreditava que a metrópole receberia de bom grado um pouco da cultura interiorana, sobretudo por conta do número cada vez maior de egressos da região que vinham tentar a vida em São Paulo. Além disso, ele já tinha dado mostras de ter um dom único, que o marcou por toda a vida: tocar o coração das pessoas.

O CANTINHO DA SAUDADE

Em 1956, estrearia o programa que faria até o fim da carreira e se tornaria mais uma de suas marcas registradas. Estava no ar o *Cantinho de Saudade*. A cada edição do programa, Fiori mostrava sua versatilidade ao narrar a história de uma personalidade do esporte, quase sempre ex-jogadores de futebol. O nome do homenageado só era conhecido no final da emotiva locução.

As gravações eram responsabilidade de João Bicev, mas coube a Fiori escolher a trilha sonora que fez história no programa: *The Lonely Ballerina*, de Mantovani and his Orchestra. Mesmo não tendo sido muito amigo do locutor, Bicev tem na lembrança a figura de um homem extremamente educado e profissional.

"O Fiori era de uma educação como poucas vezes eu vi. Um homem que sabia tratar todo o mundo de maneira igual. E outra coisa: as gravações com ele duravam o tempo exato reservado para o programa porque ele não tinha texto escrito e não errava jamais. Eu só tinha o trabalho de colocar a trilha e abrir o microfone. Ele gravava de improviso e de primeira."

O narrador criou o programa *Bandeirantes nos Esportes*, transmitido de segunda a sexta-feira, às 17h30. O noticiário era todo dedicado aos clubes do interior. A atração faria um tremendo sucesso e, ao mesmo tempo, daria a Fiori uma série de dores de cabeça com colegas e diretores da Bandeirantes. Sua ascensão começava a incomodar na emissora. E ele ainda ganharia mais um espaço para exibir seu talento. No *Chute na Canela*, o narrador analisava as atuações dos craques e pernas de pau em campo. Era mais uma chance para ele conquistar ainda mais visibilidade na imprensa paulista. Enquanto a carreira de Fiori decolava em velocidade vertiginosa, o chefe do departamento de Esportes da Rádio Bandeirantes demonstrava os primeiros sinais de cansaço da rotina de programas e transmissões, e, principalmente, da responsabilidade de comandar uma equipe inteira de profissionais com suas vaidades, sonhos e ambições. Em função disso, começou a planejar a passagem do bastão. Porém, Edson Leite tinha dúvidas sobre o futuro da rádio após a sua saída. Inseguro, demorou meses para tomar uma decisão. E, quando tomou, deixou Fiori extremamente incomodado.

CAPÍTULO 3

Intervalo para a troca de transmissores

"Edson levou o Pedro Luiz para a Bandeirantes porque achou que essa atitude seria muito inteligente. O grande concorrente do Edson era justamente o Pedro Luiz. Ele pensou: 'Se eu trago o Pedro para cá, não tenho mais concorrência", disse Fiori em entrevista ao jornalista André Ribeiro.

O locutor tinha um motivo para acatar a contratação e muitos para não concordar com ela. Como funcionário, sabia que deveria respeitar a hierarquia existente. Só que o chefão do departamento de Esportes não poderia interferir nos sentimentos do narrador. Com cinco anos de casa, Fiori sentia-se pronto para assumir a condição de narrador titular da rádio. E, dali a um ano, seria realizada a 6ª Copa do Mundo da história, o Mundial da Suécia. Fiori sonhava com a sua estreia na competição máxima do futebol, o que não conseguiria na condição de terceiro narrador. E havia ainda uma questão pessoal em jogo. Fiori entendia que o clima na emissora seria muito mais saudável se a maioria das pessoas agisse como Aurélio Campos no dia em que estreou como narrador na Rádio Bandeirantes. Ele jamais engoliu a "esnobada" dada por aquele locutor experiente que, a partir daquele instante, estaria tão próximo dele.

"Pedro Luiz era o maior narrador de São Paulo naquela época. Na minha estreia no Pacaembu cheguei para *irradiar* e ele estava à minha esquerda. Nem olhou na minha cara. Não disse nem um 'oi companheiro, boa sorte'. Nada! Foi então que eu percebi que jamais poderíamos trabalhar juntos."

Não havia dúvida. A chegada de Pedro Luiz motivou outra decisão. Fiori iria para a Rádio Panamericana.

Comandada por Paulo Machado de Carvalho, a emissora fazia parte de um grupo de comunicação formado pela rádio e pela TV Record. Carvalho via em Fiori um nome fundamental no processo de renovação do time e na inovação na forma de fazer rádio. Quando soube que perderia seu narrador mais promissor, Edson Leite foi mais uma vez ao interior em busca de um jovem talento para preencher a lacuna deixada por Fiori. A aposta agora era num garoto que, mesmo antes dos 20 anos, já auxiliava Sebastião Rodrigues, o Nenê, na PRI-5 – Rádio Difusora de Presidente Prudente –, na produção do programa esportivo diário e também nas transmissões dos jogos na emissora. A cidade tinha o Corinthians e a Prudentina na elite do futebol paulista. Depois de fazer locução comercial e passar um período trabalhando em Dourados, no Mato Grosso do Sul, o garoto havia voltado para a cidade e para a rádio onde começara. Edson Leite o conhecia de gravações amadoras de alguns jogos que ele tinha feito e enviado antes mesmo de ser contratado pela emissora.

Fiori também o conhecia e lembrava que, um dia, na mesma Presidente Prudente, dividiram a cabine de madeira do velho estádio Félix Ribeiro Marcondes. O garoto entrou de mansinho e posicionou-se ao lado dele, sem microfone nem equipamentos, muito menos linha de transmissão. Trazia consigo apenas um gravador. Ao ver Fiori, o jovem, tímido por natureza, praticamente travou e pensou em desistir do plano inicial: narrar a partida e levar o produto final para rádios que eventualmente pudessem se interessar pelo material. Fiori tratou de acalmá-lo e, apresentando-se ao garoto, incentivou-o a levar a ideia adiante. Naquele instante, o então locutor da Lins Rádio Clube não tinha a menor ideia do que iria acontecer àquele menino. E jamais acreditaria se alguém lhe dissesse que um dia ele seria um dos seus colegas mais próximos.

"Garoto, qual o seu nome?"

"Flávio Araújo."

Nas décadas seguintes, Araújo se tornaria um dos principais nomes do rádio paulista. Só na Bandeirantes ficou quase 25 anos. Além das narrações, também ocupou diversos cargos de chefia no departamento de Esportes. Era o nome ideal para suprir a perda de Fiori. Porém ainda faltava mais uma voz para completar o time. E ela viria da mesma rádio e cidade de Araújo. Era um jovem com quem Edson Leite tinha dividido a cabine de transmissão na decisão do Campeonato do Interior, disputada entre Prudentina e Bragantino. Edson Leite disse ao rapaz para assinar imediatamente com a Bandeirantes e cursar a sonhada faculdade de Direito na capital. Ele estava indeciso entre São Paulo e Bauru, a outra cidade em que havia o curso no estado.

"Nada contra Bauru, mas você precisa vir a São Paulo para trabalhar conosco na Bandeirantes e estudar lá."

Assim, o chefe de Esportes convenceu Joseval Peixoto a deixar Prudente para se tornar a nova estrela da rádio. Começava, então, uma passagem de três anos pela emissora, antes que o locutor, ainda jovem, se transferisse para a Panamericana e iniciasse o primeiro período de convivência com Fiori, sem sequer imaginar que os dois um dia voltariam a dividir o microfone da Bandeirantes.

A maior estrela da casa acompanhava de perto as movimentações na rádio. E decidiu participar delas. Pedro Luiz convidaria para a equipe um jovem redator do *Sport News*, um jornal do Grupo Bandeirantes com projeto gráfico moderno e fotos coloridas, algo novo para a época. Naquele ano, o rapaz trocara a Rádio Clube de Ribeirão Preto pela Difusora de São Paulo, popularmente conhecida como Tupi. A partir do contato com colegas em comum, aproximara-se de Pedro, que primeiro o convidou para escrever no *Sport News* e depois o levou para o principal veículo do grupo.

"Em um dos primeiros jogos em que trabalhei no Pacaembu, reencontrei o Fiori. Simpaticíssimo, lembrou-se de mim de uma tarde em que nos encontramos num jogo do Botafogo em Ribeirão Preto. Foi gentil, ao oferecer seus préstimos, dar-me alguns conselhos e convidar-me a visitar a Rádio Bandeirantes."

O novo contratado da Bandeirantes era Fernando Solera, profissional que também faria história no rádio e na TV de São Paulo.

CAPÍTULO 4

O bom filho à casa torna

segundo tempo

"Se o Fiori me amasse como amava a Rádio Bandeirantes, eu teria sido a mulher mais amada do mundo."

A frase é de Dona Adelaide, com quem Fiori foi casado por 44 anos. Discreta e avessa a entrevistas, a esposa de Fiori jamais a diria para algum repórter ou jornalista. Mas era a síntese perfeita da paixão que o marido nutria pela Rádio Bandeirantes. E olha que ela sabia o quanto era amada pelo marido. Mas sabia o significado e a importância para Fiori da emissora que o tirara da Lins para uma vida nova em São Paulo.

O locutor sabia que, profissionalmente, a decisão mais acertada naquele ano de 1957 era seguir para a Panamericana. A ida de Pedro Luiz para a Bandeirantes e a proximidade da Copa do Mundo da Suécia forçaram a troca de prefixo. Mas qualquer pessoa com alguma proximidade dele sabia que essa não era a sua vontade. Os ouvintes da Panamericana jamais notaram, mas Fiori sentia uma certa saudade quando se posicionava ao lado da cabine da concorrente nos estádios. Tampouco imaginavam que ele poderia retornar, se houvesse uma proposta boa para os dois lados.

E ela surgiria. Pedro Luiz ficou tentado com um convite considerado irrecusável da Rádio Tupi. Com isso, deixou a Bandeirantes. Levou consigo o comentarista Mário Moraes e outros membros da equipe. Na lembrança de Flávio Araújo, a saída de Pedro Luiz seguia uma tendência que ele próprio chamaria de "êxodo". Araújo teve a certeza de que mudanças profundas estavam ocorrendo na Bandeirantes, ao atender o telefone do quarto do hotel que ele dividia com o comentarista Mauro Pinheiro, em Londres, de onde transmitiriam o amistoso entre Inglaterra e Resto do Mundo em 1963, partida que celebraria os 100 anos da Federação Inglesa de Futebol e da criação do próprio futebol. Flávio Araújo não revelou de quem partiu a ligação, mas a conversa girou em torno do boato de que ele e Mauro Pinheiro seguiriam com Pedro Luiz para a Tupi. Flávio não somente negou a possibilidade como reforçou que os dois permaneceriam na Bandeirantes. E ouviu, do outro lado da linha, o comunicado de uma decisão tomada no Brasil.

"Então, a partir deste momento, você é o titular das transmissões esportivas da Bandeirantes".

No retorno ao Brasil, Flávio confirmou o que já imaginava: sem praticamente mais ninguém na equipe, precisaria de reforços para formar um novo time na Bandeirantes. E lembrou que, pouco antes da ida a Londres, ele havia feito sua primeira viagem à Europa acompanhando uma longa excursão da Seleção Brasileira. O *tour* havia começado por Portugal, passado por diversos países e chegado ao Egito e Israel. Na ocasião, a Panamericana enviou José Carlos Silva e Leônidas da Silva, o famoso Diamante Negro, que trocou as chuteiras pelo microfone, para a cobertura. José Carlos contou a Flávio que Fiori estava bastante insatisfeito na emissora. Ele jamais soube os motivos, mas encontrou o argumento de que precisava para convencer a alta cúpula da Bandeirantes a fazer uma proposta ao seu ex-funcionário.

"Sugeri que convidássemos o Fiori e também o Ênnio Rodrigues, locutor que era de Araraquara. Eu fui pessoalmente a Curitiba convidar o Willy Gonser, que chegou a estrear na Bandeirantes, mas depois não ficou. Esse era meu projeto para recompor a equipe", diz Araújo.

A Direção da Bandeirantes acatou a sugestão de Araújo. E ofereceu a Fiori um salário quatro vezes maior do que ele recebia na Panamericana. Décadas depois, ele não tinha ideia de quanto recebia, mas tinha na memória que era um dinheiro suficiente para viver muito bem. Assim, Fiori estava de volta à velha e amada casa. E por cima!

O locutor reencontraria uma "nova" Bandeirantes em 1963. A emissora havia mudado seu conceito de equipe esportiva. Deixou de ter um time, "numeroso e qualitativo, mas caro", nas próprias palavras de Fiori, para trabalhar com uma equipe mais reduzida. A ideia era realocar as peças e trabalhar com os nomes disponíveis para formar um bom time. Além de Flávio Araújo e Mauro Pinheiro, outros profissionais, como Luís Augusto Maltoni e Luís Aguiar, permaneceram na casa. Ênnio Rodrigues titubeou, mas acabou convencido pelo narrador, depois de uma conversa bastante franca na praça central de Araraquara, cidade onde morava. Fiori ainda conseguiu levar para a Bandeirantes o repórter Roberto Silva. Ele chegou como narrador, mas, após ouvir algumas transmissões, Fiori achou a voz do colega grave demais ou, como ele mesmo classificaria, "de trombone". A sugestão para que ele se tornasse repórter foi aceita e nascia assim um dos melhores profissionais da imprensa esportiva brasileira. A esperteza e a capacidade pouco comum de se antecipar aos fatos fizeram com que Fiori o apelidasse de Olho Vivo, alcunha que o acompanhou por toda a carreira. Mauro Pinheiro, na visão de Fiori, poderia ser classificado como um *gentleman*, sobretudo por andar com flores na lapela e comprar todos os jornais possíveis e disponibilizá-los para os colegas. O único senão era que fumava muito charuto. Uma mania que, na lembrança de Fiori, por pouco não provocou uma tragédia.

"Certa vez, a equipe estava hospedada em um hotel e o Mauro Pinheiro sentou-se para ler os jornais e fumar charuto à noite. Ele foi lendo com aquele charutão na boca. Aí o sono veio e o negócio caiu no lençol. Eu estava dormindo do outro lado. Aí acordei com um grito: 'Fiori! Acorda! O colchão tá pegando fogo!'"

Fiori lembrava que ele e Pinheiro conseguiram água suficiente para evitar o que poderia ter se tornado um incêndio de grandes proporções.

É FOGO, É FOGO, É FOGO!

A nova Bandeirantes aqueceu o mercado paulista. No final de 1963, ela já exibia os maiores índices de audiência esportiva do *dial*: 73% dos rádios nas partidas de futebol estavam sintonizados na frequência da emissora da Paula Sousa. E as mudanças não ocorreriam só no esporte. No jornalismo, a Bandeirantes foi à Rádio América, emissora parte de seu conglomerado, e de lá trouxe o apresentador Salomão Ésper, que nas décadas seguintes se transformaria em um dos maiores nomes da casa e do radiojornalismo.

Ainda em 1963, Fiori foi transmitir um jogo da Seleção Brasileira em Moscou, capital da União das Repúblicas Socialistas Soviéticas. Fiori quase morreu de fome na potência comunista. Era uma época em que o governo soviético impunha uma série de restrições para estrangeiros que visitavam o país. No auge da Guerra Fria com o Ocidente, tudo, mas absolutamente tudo, precisava ser previamente informado às autoridades, inclusive horários de entrada e saída do hotel, idas a restaurantes e deslocamentos pela cidade. Pelo combinado entre a embaixada brasileira e o comitê de imprensa russo, os radialistas só teriam direito, nas refeições, a um pato assado temperado com um molho com gosto bem "exótico". No segundo dia em Moscou, Fiori reclamou com o representante do comitê. Ele não aguentava mais a "iguaria" dos *chefs* moscovitas.

"Não consigo comer isso. Parece cachorro louco. Se o problema é dinheiro, eu pago para poder comer uma refeição melhor", propôs o locutor, tirando do bolso um bolo de rublos (a moeda local).

Depois de falar o que podia e, principalmente, o que não podia, Fiori conseguiu dobrar a severa representante russa, que autorizou que outra refeição fosse servida. Minutos depois, um garçom deixou na mesa do quarto uma travessa com um prato coberto com uma tampa de inox. O radialista ficou impressionado com a bela apresentação da comida. No entanto, assim que a tampa foi aberta, ele voltou a fechar a cara. Tratava-se de uma simples omelete, acompanhada de uma fatia de pão de trigo.

À vontade com o microfone da Bandeirantes nas mãos e ao lado de colegas de confiança, o locutor estava inspirado para criar mais bordões e, com isso, atrair mais ouvintes. Foi a partir de 1963 que o radialista passou a demorar um segundo a mais para dar o grito mais esperado do jogo. Quando a bola estufava a rede, Fiori soltava *É fogo, é gol!* para, na sequência inflar o peito e soltar a voz.

E viriam mais bordões. Um chute forte em direção ao gol passou a ser resumido com um verbo no passado: *Castigou!*. Quando a partida tinha um final dramático, Fiori mandava um Agueeeeenta, coração!. Se um jogador buscava um drible e era interceptado por um adversário, Fiori soltava *tenta passar e não passa*. E resumia o lamento por um gol perdido ou a tristeza de uma derrota com o famoso *Agora não adianta chorar*.

Bordões não faltariam para descrever os acontecimentos daquela noite de 14 de novembro de 1963. O Maracanã seria testemunha de uma das maiores partidas da história do futebol. Santos e Milan se enfrentariam na disputa do título mundial daquele ano. O Alvinegro da Vila Belmiro lutaria para reverter o resultado da primeira partida, vencida pelos italianos por 4 x 2 em Milão. O esquadrão *rossonero* não tomou conhecimento de Pelé e companhia e venceu como se estivesse diante de um time qualquer. Para deixar tudo ainda mais complicado, o forte Milan contava com a presença de dois brasileiros campeões do mundo com a camisa canarinho. Um deles era José João Altafini, o Mazzola, que, depois de ser campeão mundial pelo Brasil em 1958 foi negociado com o clube *rossonero*. Na época, a Confederação Brasileira de Desportos, equivalente à CBF atual, tinha por política evitar convocar jogadores que atuavam no exterior. O rápido, forte e goleador centroavante revelado pelo Palmeiras ficou fora da lista do técnico Aymoré Moreira na campanha do bi mundial no Chile, em 1962. Contrariado, acabou utilizando sua cidadania italiana para atuar pela *Squadra Azzurra*. O outro era Amarildo. Substituto de Pelé nas quatro últimas partidas da Copa do Chile, o Possesso, como ficou conhecido pelas furiosas atuações nos gramados chilenos, fora negociado pelo Botafogo com o Milan no início daquele ano.

Naquela época, a decisão era disputada em dois jogos, um no país do time campeão sul-americano e outro no do europeu. Quase um mês depois do primeiro embate, o Santos entrou em campo no Maracanã com a obrigação de vencer e sem poder contar com a sua estrela maior. Uma contusão tirou Pelé da decisão. Coube a Almir Pernambuquinho a árdua missão de substituir o Rei do Futebol. Almir, que já tinha passagem pelo futebol italiano (havia atuado por Fiorentina e Genoa), entrou em campo motivado pela decisão e, principalmente, pelas declarações de Amarildo. Ao desembarcar no Rio, o atacante brasileiro do Milan disse que o tempo de Pelé já havia passado. No primeiro toque dele na bola, Almir deu-lhe uma violenta entrada que fez Fiori lembrar-se de Íbis, o zagueiro alto e forte que literalmente quebrou-lhe uma perna em Lins quando o aspirante a craque tentou aplicar um drible humilhante no defensor. Almir não chegou a tanto, mas deu dois recados. O primeiro era que, para ser campeão mundial, era preciso antes passar pelo Santos. O segundo foi em tom mais ameaçador.

"Essa foi por mim e pelo Negão", referindo-se à caçada dos italianos a Pelé no jogo de ida.

Só que o Santos encontrou um Milan ainda mais acertado que o da primeira partida. No Maracanã, os rubro-negros dominaram completamente a equipe brasileira no início do embate. Em 17 minutos, venciam por 2 a 0, gols de Mazzola e Mora. O resultado praticamente definia o campeão do mundo de 1963. A vida do Milan era tão tranquila que, durante o intervalo, uma garrafa de champanhe teria sido aberta no vestiário italiano, numa cena presenciada por um jornalista brasileiro e imediatamente relatada aos santistas. A festa antecipada mexeu com o brio dos brasileiros. Olharam uns para os outros e, mesmo sem dizer nenhuma palavra, tomaram a decisão: virariam aquele jogo.

Os alvinegros estavam tão "mordidos" com a atitude dos italianos que partiram para cima deles assim que o árbitro apitou o início do segundo tempo. Mas o descrédito na virada era tão grande que o próprio Fiori narrou sem muito entusiasmo o primeiro gol alvinegro. O tento foi marcado por Pepe, em uma cobrança de falta na qual o ponta-esquerda, famoso pelas "bombas" de canhota que soltava, contou com o auxílio da tromba d'água que desabou sobre o Rio de Janeiro naquela noite. O narrador só começou a ter um pouco de esperança aos nove minutos, quando a indignação de Almir Pernambuquinho transformou-se no gol de empate. Aos 20 minutos, o meio-campo Lima, num chute de longa distância, anotou o gol da virada e Fiori se deu conta de estar diante de um jogo histórico, que se transformaria em um dos maiores de todos os tempos. Após ouvir o comentarista Mauro Pinheiro descrever o lance como "um momento de rara beleza", Fiori narrou com emoção singular o que se passava no encharcado gramado do Maracanã.

Ouça o gol de Almir na final do Mundial Interclubes de 1963 – Santos 4 x 2 Milan

"Vai se transformando em vitória, torcida brasileira, aquele pesadelo terrível que vivemos na primeira etapa, quando perdia por dois tentos a zero. Ganha o Santos por três gols a dois e essa torcida carioca vibra, levando para os jogadores que representam o futebol do Brasil todo o calor do seu incentivo, todo o calor do seu entusiasmo."

Quando, aos 22 minutos, Pepe marcou o quarto gol, também de falta, Fiori narrou o momento como uma "explosão de contentamento".

Ouça o gol de Pepe na final do Mundial Interclubes de 1963 – Santos 4 x 2 Milan

A vitória santista por 4 a 2 forçou a realização da terceira partida, disputada dali a dois dias, no mesmo Maracanã. E seria mais um confronto épico, vencido pelo Santos por 1 x 0 numa cobrança de pênalti convertido pelo zagueiro Dalmo Gaspar. A penalidade havia sido marcada após um mergulho suicida de Almir Pernambuquinho nas chuteiras do grande defensor italiano Cesare Maldini, pai do jogador que fez história no mesmo Milan e foi campeão do mundo com a Itália na Copa de 2006. Após a marcação, houve um grande tumulto entre os dois times. Inconformado com a marcação, Maldini acabou expulso pelo árbitro argentino Juan Brozzi. Após a confusão, Dalmo estufou as redes da meta defendida pelo goleiro Balzarini. A vitória transformaria o Santos no primeiro time do planeta a conquistar o bicampeonato mundial de clubes.

Ao mesmo tempo que o Peixe se consolidava como uma das maiores potências da história do futebol, Fiori ia escrevendo de maneira definitiva seu nome na galeria dos maiores narradores do País.

Alguns ouvintes talvez não tenham percebido, mas Fiori encarou o confronto entre alvinegros e *rossoneri* não apenas como uma partida entre dois clubes de futebol. Ele o transformou num verdadeiro duelo entre países. Prova disso era que tratava o Santos como "o time brasileiro" contra o "escrete italiano".

Famoso no estado de São Paulo, Fiori ainda não era um nome nacional, muito por conta da histórica rivalidade entre paulistas e cariocas. Mas, àquela altura, sua voz já havia ultrapassado as fronteiras paulistas e chegado ao sul de Minas Gerais. Em Muzambinho, pequena cidade do interior mineiro, um jovem não desgrudava o ouvido da rádio Bandeirantes. Era fascinado pelo estilo de Fiori, como ele brincava com as palavras. Uma admiração que despertava no garoto o desejo de trabalhar um dia em rádio e, quem sabe com seu ídolo Fiori. Era Milton Neves.

VALORIZAÇÃO

Fiori sempre deixou claro que o principal motivo da ida para a Rádio Panamericana fora a contratação de Pedro Luiz, em 1957. Então seria de estranhar que um convidasse o outro para dividir os microfones e as atenções de uma mesma equipe. Porém, para surpresa geral, Pedro, já na Rádio Tupi, apresentou uma proposta bastante atraente para Fiori trocar de ares. O antigo desafeto não somente a aceitou como chegou a assinar um pré-contrato para transferir-se imediatamente. O acordo só não foi fechado porque a Bandeirantes demoveu-o da ideia antes que ele passasse no Departamento Pessoal. O interesse da Tupi foi um dos raros momentos em que Fiori soube se aproveitar de uma situação para se valorizar. Desejado pela concorrente e ciente de que a Bandeirantes não queria perdê-lo, viu-se diante da inédita possibilidade de pedir o que bem entendesse.

"Quero ser o narrador titular das transmissões de futebol."

Foi atendido de imediato. Flávio Araújo foi consultado apenas por respeito. Tanto a Direção da rádio quanto o próprio Flávio sabiam quais seriam as consequências de uma resposta negativa. Ninguém queria se responsabilizar por uma nova saída de Fiori da Bandeirantes. No final, acabou sendo bom para todo o mundo. O locutor ficou satisfeito com o reconhecimento, a rádio manteve sua estrela e Flávio viu ali a oportunidade de levar sua voz para outros campos, pistas, ringues e quadras. Naquele momento havia outras modalidades, como o boxe, em alta com as conquistas mundiais de Éder Jofre. O basquete também vivia grande momento, com o bicampeonato mundial do time de Amauri, Vlamir, Kanela e Ubiratan, em 1959 e 1963.

"Eu gostava muito de transmitir outras modalidades, como o boxe, o basquete e, alguns anos depois, o automobilismo, esportes que me proporcionaram os melhores momentos da carreira. Então não houve problema algum de deixar o futebol para o Fiori", disse Araújo.

Se a troca de posto com ele foi ética e transparente, o mesmo não se podia dizer de outras armadilhas e arapucas que estavam sendo armadas para o locutor. Uma delas seria consumada numa tarde de sábado, um dia após uma apresentação do Escrete do Rádio, o famoso time de futebol criado por Fiori que se apresentava pelo interior e tinha como "craques" os integrantes da equipe esportiva da emissora. O nome da cidade não foi lembrado, mas o fato é que Fiori, na época acumulando a chefia do departamento de Esportes, resolveu esticar sua estada por lá após os 90 minutos da peleja. A ideia era pescar um peixinho nos rios da região. Só que o narrador fora escalado para apresentar o programa *A Bola no Ar*, transmitido no sábado, às 12 horas. Com a ausência dele, sobrou para dois membros da equipe dividirem os microfones da atração. Isso até o primeiro intervalo comercial ir ao ar. Com a luz do estúdio apagada, um disse ao outro:

"Viu que belo chefe temos? Um irresponsável que vai jogar bola, estica o passeio e a gente fica aqui se danando. Você, como secretário do esporte, tem que fazer alguma coisa", intimou o "colega".

Por volta das 14 horas, um diretor da rádio já falava com a esposa de Fiori por telefone.

"Eu falei para ele tomar cuidado. Isso aqui é um ninho de cobras. Mas agora já aconteceu", disse à esposa do narrador.

Um memorando escrito e assinado pelo superintendente geral Murilo Leite determinava a suspensão do locutor por três dias e a imediata escalação de Flávio Araújo para a partida entre São Paulo e Portuguesa, que seria realizada no domingo. Se Araújo não fosse localizado, o jovem Alexandre Santos, que anos depois ficaria célebre por apresentar o programa *Gol, o Grande Momento do Futebol* na TV Bandeirantes, assumiria o microfone. A ordem era que qualquer um transmitisse. Menos Fiori. Flávio Araújo chegaria à emissora por volta das 16 horas daquele sábado. Cabisbaixo e pensativo, estava preocupado com uma possível reação negativa do amigo. Convencido de que Fiori jamais pensaria algo ruim a respeito dele, Flávio, a contragosto, transmitiu o jogo. Fiori acatou a decisão e não foi à Bandeirantes no domingo. Mas, na segunda-feira, foi um dos primeiros a chegar. Com o memorando em mãos, foi direto à sala do responsável pela decisão e comunicou sua demissão. Assustado e acuado, Leite pediu a Fiori para reconsiderar a decisão e acabou com o gancho ali mesmo. Fiori reconsiderou.

Nas palavras do amigo e colega de trabalho Mário Lopomo, Fiori era um excelente funcionário, mas não tinhas as qualidades (e os defeitos) para ser um bom chefe. Para Lopomo, um comandante por vezes tem de ser duro e demonstrar uma autoridade digna de quem se considera acima do bem e do mal. Fora a dificuldade de dizer não, Fiori tinha outras "virtudes" que não combinavam com a liturgia do cargo de chefia. Ele sempre procurava enxergar e, principalmente, encontrar um espaço para profissionais em início de carreira ou para cidades esquecidas pela grande mídia. E foi por estender a mão aos novatos e pela sua paixão pelo interior que Fiori passou a colecionar problemas internos na emissora. Por mais que o *Bandeirantes nos Esportes* tivesse uma audiência massacrante nas cidades interioranas, era interesse da emissora também ser a mais ouvida na capital e na Grande São Paulo, onde os índices de audiência eram mais importantes comercialmente. Com José Paulo de Andrade, que Fiori conhecera ainda garoto nos estúdios da Panamericana e anos depois se tornaria um dos maiores nomes da Bandeirantes e do jornalismo de rádio, houve atritos um pouco maiores, pois o chefe o designava para apresentar o programa.

"E eu, um *capitalino*, um paulistano legítimo, embora meu pai fosse de Franca, nunca fui muito amigo daquela exaltação ao interior."

Na lembrança de Zé Paulo, era impossível Fiori não notar que ele não estava à vontade no comando do programa. Então o chefe tomou uma decisão.

"Você não tem espírito para apresentar este programa, Zé."

Era o que o apresentador ansiava ouvir.

"Muito obrigado por ter percebido, Fiori."

A autoavaliação de José Paulo de Andrade sempre o apontou como um "pentelho" do rádio. No final dos anos 50, era figurinha carimbada no auditório da Rádio Nacional, de São Paulo. Ficava na Rua Sebastião Pereira, 218, onde, anos mais tarde, seria construída a estação Santa Cecília do metrô. Muito antes de começar a trabalhar em rádio, Zé Paulo acompanhava o *Programa Manoel de Nóbrega*. Ele se divertia com o talento e a picardia do apresentador e humorista Ronald Golias. Foi com José Paulo no auditório que o apresentador do programa que levava seu nome anunciou ao público a estreia de um locutor de comerciais que acabara de desembarcar do Rio de Janeiro e que, a partir daquele instante, passaria a fazer parte do elenco da atração. Era um tal de Silvio Santos.

As carreiras cresceram paralelamente. José Paulo via seu nome decolar nos microfones da Rádio Bandeirantes e Silvio deixou de ser apenas um locutor comercial para, no fim dos anos 60, iniciar sua trajetória para se tornar um dos maiores apresentadores de televisão do Brasil. E foi nos estúdios da TV Paulista que o animador conheceu um rapaz dono de uma voz privilegiada e deu a ele a oportunidade de atuar como seu assistente. Nascia assim uma das parcerias mais bem-sucedidas da telinha. Mas antes de formar uma dupla inesquecível com Silvio Santos, Luís Lombardi Neto passara pela Rádio Bandeirantes, onde chegou com as bênçãos de Fiori Gigliotti. Ele havia sido aprovado logo de cara no primeiro teste realizado na emissora. Não somente pela aprovação, mas principalmente pela gentil acolhida, Fiori ganhou uma admiração ainda maior da família Lombardi, fã do locutor desde meados de 1962, quando suas narrações na Rádio Panamericana na Copa do Chile eram acompanhadas com entusiasmo num velho rádio Belmonte na sala de estar da casa do Bom Retiro.

Luís Lombardi ia construindo seu nome na rádio, quando seu irmão, Reinaldo, começou a frequentar os estúdios da Rádio Bandeirantes. Foi motivado pela presença constante do irmão de Lombardi que Alexandre Santos fez o convite a Reinaldo para atuar no "QG Esportivo" da rádio. Ele faria parte da equipe que informaria os resultados das partidas que não estavam sendo transmitidas ao vivo. Foram necessários apenas dois anos para Fiori comprovar o que já previa: enquanto o irmão era um locutor de extremo talento, Reinaldo Lombardi mostrava uma imensa capacidade para atuar na produção esportiva. Na lembrança de Reinaldo, a presença de Fiori tornava o ambiente leve e agradável para trabalhar. "Era prazeroso. Eu colaborava com todos os programas de esportes. O Fiori era um grande amigo e um ótimo diretor."

Para Reinaldo, a proximidade com Fiori ia além das relações de trabalho e passava, principalmente, pela amizade e pela confiança.

Mas essa harmonia e leveza não seriam duradouras. José Paulo de Andrade relembra um problema que teve início na mudança repentina no modelo de transmissão da Bandeirantes. Na época, além do locutor principal na cabine, havia outros dois que ficavam posicionados atrás dos gols somente para narrar os escanteios cobrados. De uma hora para outra, Fiori decidiu que eles não teriam mais essa função. O narrador jamais deu uma explicação convincente para a decisão, mas todos desconfiavam que a razão estaria numa partida entre Palmeiras e Portuguesa, vencida pelo time alviverde por 4 x 3. Ele se irritou pelo fato de três dos sete gols nascerem de cobranças de tiro de canto, tirando dele a primazia de narrar a maioria dos tentos assinalados naquele embate. Então Fiori baixou a norma de que apenas o locutor principal transmitiria a partida inteira. Zé Paulo não gostou da ordem. Foi falar com o chefe.

"Fiori, você está nos tirando um direito que te fez aparecer muito nos tempos em que não era titular da Bandeirantes. Quantos escanteios você narrou? E quantos gols saíram desses lances? E agora você quer nos impedir de ter essa evolução na carreira."

"Ah, mas o ouvinte quer ouvir o gol narrado pelo narrador principal", retrucou o chefe.

O cargo, segundo Zé Paulo, determinou a vitória de Fiori na discussão.

Além dos debates com a equipe, Fiori acumulava outras funções que pouco tinham a ver com suas atribuições de chefe e estrela da companhia. Realizada em 1965, a mudança da sede da Bandeirantes da Rua Paula Sousa, no Centro, para a Rua Carlos Cyrillo Júnior, 92, no Morumbi, trouxe muitas soluções. E alguns problemas também. Ampla e funcional, a sede tinha espaço para abrigar, além da rádio, os estúdios da futura TV, que iniciaria suas operações dois anos depois. Mas os edifícios localizados no entorno da emissora estavam atrapalhando transmissão do sinal, mais potente que o da antiga sede. A solução seria passar a fiação por uma nova tubulação. Para isso seriam necessários quilos e mais quilos de concreto, o que demandaria um investimento muito maior do que o planejado. Para diminuir o custo, a Direção da casa pediu ajuda ao seu principal nome.

Dessa vez, além da fama do narrador, seria necessário explorar o tino comercial de Fiori. A ideia era procurar uma empresa do ramo para oferecer uma permuta, que consistiria em trocar produtos por espaços publicitários na programação da rádio. Se isso não fosse possível, que então se conseguisse um bom desconto na aquisição dos materiais utilizados na obra. Fiori não precisou sair por aí batendo de porta em porta. Foi direto àquela que estaria sempre aberta para ele, a qualquer momento. Era a de Osvaldo Takashi, dono da Conibra Materiais para Construção. Amigo e fã do locutor, o empresário de ascendência japonesa tinha interesse em colocar sua empresa na grade publicitária da Bandeirantes. Mas tinha como única exigência que os comerciais tivessem a locução de Fiori Gigliotti.

Muito bem recebido pelo ídolo, Takashi convidou o apresentador para um almoço em sua casa no qual fechou o contrato com a rádio. Fiori não receberia um centavo de comissão, já que, na época, a política interna do grupo não permitia que as estrelas da casa comercializassem espaços publicitários. O locutor só cobrou a emissora quando o então responsável pelo Departamento Comercial deixou a empresa, anos depois. Ainda assim, enfrentou um cabo de guerra, pois os 20% que deveriam ser pagos a título de comissão foram transformados em 5%. Takashi ficou sabendo de toda a celeuma e chamou o narrador para uma conversa. Disse ao apresentador para não se desgastar com aquilo que ele mesmo acertaria a comissão.

O pagamento "por fora" transformou uma relação que nasceu comercial em uma grande amizade. Aos sábados, sempre que podia, Fiori ia à Conibra para tomar café e bater papo com aquele que carinhosamente chamaria de Japonês. E não foi apenas desta vez que Fiori se mostraria útil aos patrões.

Anos depois, o herdeiro e futuro presidente do grupo, João Carlos Saad, o Johnny, o chamaria em sua sala. O governo de São Paulo estudava um aumento de 18% na alíquota de imposto dos veículos de comunicação com sede no estado. E isso em tempos de inflação galopante no Brasil. O que poderia ser, inicialmente, considerado apenas como um pedido foi entendido por Fiori como quase uma ameaça.

"Fiori, você precisa procurar seus amigos deputados do interior. Se essa lei for aprovada, estaremos arruinados. Eu e outros empresários vamos ter de demitir para cortar gastos. Muita gente vai sair prejudicada, se você não agir", disse Saad, num tom bastante ameaçador.

O locutor entendeu o recado. Pegou a estrada rumo ao interior para pedir o apoio dos amigos políticos. No roteiro, foram visitadas, entre outras, as cidades de Ribeirão Preto, Presidente Prudente e Santa Fé. Não satisfeito, foi à Assembleia Legislativa no dia da votação do projeto e praticamente intimou os parlamentares, dizendo que, caso a lei fosse aprovada, a imprensa abriria guerra contra aqueles que votassem a favor do aumento da tributação. A votação avançou pela madrugada e só foi concluída às 3h40, com a proposta sendo derrubada pelo plenário da Assembleia. Em sua sala na Bandeirantes, Johnny Saad aguardava ansioso o desfecho da votação e ficou radiante quando soube do resultado. Segundo contaria Fiori anos depois, como agradecimento recebeu apenas um "muito obrigado" do patrão.

As gentilezas à família Saad não parariam por aí. Em uma das reuniões das equipes dos departamentos de Esportes e Jornalismo, Fiori foi apresentado a um jovem que havia acabado de assumir a responsabilidade de cuidar do telex da emissora. Locutor e, na época, chefe do departamento de Esportes, Darcy Reis perguntou quem era aquele novato que havia trazido um recado a ele. Tratava-se de um vizinho da família Saad no bairro de Santa Cecília. O garoto fora incentivado por Johnny a cursar Jornalismo, principalmente após o falecimento prematuro e repentino do pai. O jovem seguiu o conselho do vizinho, que lhe prometera um emprego na Bandeirantes, caso entrasse na faculdade. Ao ingressar na primeira turma da Faculdade Objetivo, que mudaria seu nome para Universidade Paulista (UNIP), ele cobrou o cumprimento da promessa, já que precisaria pagar o curso. A vaga aberta era no telex e foi aceita de imediato. Fiori perguntou o nome dele e gostou da resposta.

"Meu nome é Pedro Luiz", respondeu o garoto.

"Olha só... Nome de narrador! Você pode ir longe com esse nome."

Mas não foi a associação ao xará célebre que lhe traria fama no meio. Anos depois, ele acrescentaria seu sobrenome familiar à sua assinatura profissional. Assim nascia Pedro Luiz Ronco, um dos mais célebres nomes do rádio paulista nas últimas décadas. Cada vez que era chamado para entrar no ar, o radialista despertava a atenção dos ouvintes pelo epíteto sonoro e pouco comum. Foi de Fiori a ideia de dizer o nome dele inúmeras vezes, sob a alegação de que, em um veículo sem imagem como o rádio, a maneira mais eficaz de torná-lo conhecido era com a repetição contínua do seu nome. Ronco não tinha intenção de seguir os passos do célebre homônimo, tampouco a de ser repórter de campo. Não que existisse algum tipo de preconceito contra a função, mas Pedro era o primeiro a reconhecer que sofria de um problema que não poderia jamais dominar um repórter de campo: paixão.

"Eu sempre fui louco pelo Corinthians. E sabia que não iria dar certo ficar no gramado. Primeiro porque eu acabaria xingando alguém. Segundo porque se a meta do Corinthians estivesse sendo atacada, eu era capaz de entrar no campo para tirar a bola dali."

Sabendo desse "defeito" e buscando inovação nas transmissões, Darcy Reis encontrou uma função até então inédita no rádio e a entregou a Ronco. Nos jogos, ele faria uma espécie de plantão policial nos arredores e no interior dos estádios. Trabalharia nos postos policiais e informaria ocorrências comuns nas partidas, como brigas, detenção de cambistas, prisão de torcedores armados ou carregando substâncias ilícitas.

Nem Pedro imaginava, mas a função permitiu que registrasse alguns casos bastante curiosos, como o casal flagrado em "conjunção carnal" nas arquibancadas do Morumbi durante um clássico. Como se o fato não fosse suficientemente incomum e inusitado, o pior ainda estaria por vir. O marido da moça flagrada foi procurá-la no plantão policial da casa são-paulina. Além da questão jurídica, o traído tinha outro problema de ordem pessoal para resolver. Ao entrar no ar para relatar o caso a Fiori, Ronco ouviu uma resposta ainda mais curiosa do narrador.

"Deixe, Pedro. Deixe... Capivara por capivara, no Morumbi ele vai encontrar aos montes."

Ao deixar a reportagem, Ronco ganhou ainda mais fama pilotando um programa que se tornou um grande sucesso do rádio paulistano. Com uma mistura de humor e notícia, *A Hora do Ronco* foi por anos líder de audiência nas manhãs da FM paulistana.

Grande incentivador de Ronco e dos novos talentos da casa, a principal estrela da Bandeirantes não teve como não perceber que algumas mudanças começavam a acontecer a seu redor. Em 1972, Edson Leite já havia parado de narrar jogos e Pedro Luiz enxergava o ocaso como locutor (ou "crepúsculo", na linguagem de Fiori) cada vez mais próximo. As emissoras começaram a colocar em prática os planos de renovação das equipes. A Panamericana foi uma das primeiras. A começar pelo nome. Deixou a antiga nomenclatura para trás e passou a se intitular Jovem Pan, em 1965, numa clara busca pelo rejuvenescimento da marca. No Esporte, a Direção da Pan foi a Marília buscar um jovem que começava a se destacar pelo estilo irreverente de transmissão, com uso de uma linguagem muito mais jovial e arejada. Só alguém como Osmar Santos teria a coragem de empunhar o microfone de uma grande emissora paulistana e chamar a bola de "gorduchinha". Em pouco tempo, o *moço de Marília*, como Fiori o chamava, cativou boa parte da audiência e transformou-se na maior revelação em décadas do *dial* paulistano.

No embalo, a Bandeirantes também promoveu mudanças, mas sabia que mexer no posto de titular de Fiori seria um verdadeiro tiro no pé. Por isso o alvo do investimento foi a segunda equipe, aquela que atuava nas partidas de menor expressão. A estratégia da Bandeirantes foi justamente ir à Jovem Pan e tirar de lá uma lenda da emissora: Joseval Peixoto. Ele aceitaria o convite, mas não gostou da proposta de substituir Darcy Reis. Joseval procurou o superintendente Murilo Leite e sugeriu uma alteração na proposta apresentada.

"Vamos manter o Darcy Reis na narração e na chefia. Na escala, o Fiori, eu e o Darcy narramos os jogos."

Joseval conseguiu manter Darcy na Bandeirantes. E Fiori jamais o enxergou como ameaça ao seu posto de titular. O trio dividiu as transmissões até 1974, período que o próprio Joseval classificou como "produtivo", pois muitos clássicos eram disputados nas tardes de sábado. Assim, tanto ele quanto Fiori narraram partidas de extrema importância. Porém, Joseval retornaria à Jovem Pan, na qual dividiria a titularidade das transmissões com um Osmar Santos já com *status* de estrela. Em dezembro, Pedro Luiz, na época na Rádio Nacional, anunciou sua aposentadoria depois da histórica decisão paulista entre Palmeiras x Corinthians, contribuindo assim para o processo de renovação promovido pelas emissoras de rádio. No ano seguinte, a Jovem Pan foi à Tupi buscar o locutor responsável pelas informações da Loteria Esportiva. Com a carreira iniciada na cidade mineira de Lavras, José Silvério havia passado por emissoras de Belo Horizonte e Rio de Janeiro antes de desembarcar em São Paulo, onde se tornou, em 1975, o terceiro narrador da Jovem Pan, ao lado de Osmar Santos e Edemar Annuseck, o segundo da escala. No início de 1976, a narração de Silvério agradou tanto a Direção da Jovem Pan que ele assumiu o posto de segundo narrador. Com a saída de Osmar Santos para a Globo no ano seguinte, Silvério tornou-se titular.

Ouça o gol de Ronaldo na final do Paulista de 1974 – Palmeiras 1 x 0 Corinthians

"Eu deveria ter ido com o Osmar e seria o segundo narrador na Globo. Mas a Jovem Pan me ofereceu a titularidade e eu, ainda novo na época, não esperava que a rádio fosse depositar tamanha confiança em mim", disse Silvério.

Até aquele momento, ele mal conhecia Fiori. Por não ser o primeiro locutor, quase nunca narrava a mesma partida que o titular da Bandeirantes. O único encontro entre os dois havia acontecido em Montevidéu, no Uruguai, durante a Copa Libertadores da América de 1973. E só ocorreu porque os dois representantes brasileiros na competição, Palmeiras e Botafogo, estavam no mesmo grupo dos uruguaios Nacional e Peñarol. Os dois times foram jogar em datas próximas na capital uruguaia. Fiori viajou a serviço da Bandeirantes, enquanto Silvério transmitiu a partida do Alvinegro carioca pela Rádio Continental, do Rio de Janeiro. Na lembrança de Silvério, os dois mal conseguiram conversar.

A Bandeirantes ainda faria outras mudanças no futuro, quase sempre sob o argumento da renovação. Uma dessas tentativas envolveria o próprio Silvério. E Fiori seria atingido.

AMIGOS PARA SEMPRE

Quando se dirigiu às cabines de transmissão do Pacaembu, na época localizadas junto às cadeiras numeradas do estádio, Mário Lopomo não poderia jamais imaginar o que aconteceria com ele em um futuro próximo. Especialista em móveis e estofados, trabalhava em uma loja na Rua Bandeira Paulista, no Itaim Bibi. Ele não fazia ideia de que estava a poucos metros do apartamento em que Fiori vivia com a família desde 1967, na Avenida Nove de Julho. Perguntado sobre a possibilidade de um dia trabalhar na emissora do narrador, daria uma risada como resposta, dada a total improbabilidade de aquilo acontecer. Entretanto um dia Fiori passou na calçada em frente à loja e foi convidado por Lopomo para entrar e ser apresentado aos funcionários, muitos deles fãs do narrador. A maneira calorosa como foi recebido fez com o locutor passasse a frequentar o estabelecimento, sempre com uma parada obrigatória para um café com o novo amigo Mário Lopomo.

"Para mim aquilo já era o máximo: ser amigo do meu ídolo."

Lopomo continuaria sendo apenas mais um amigo fora do ambiente do rádio, se o destino não lhe pregasse uma "segunda peça". Ele tinha um amigo que era locutor de quermesses e parques de diversões da Vila Olímpia, zona sul de

São Paulo. Além dos bicos, trabalhava na portaria da Rádio Bandeirantes. Esse amigo insistia para que Lopomo fosse visitá-lo. Depois de tanto insistir, Lopomo resolveu aceitar o convite para um café na rádio. Ao final do papo, o amigo o levou até a sala do diretor do departamento de Esportes da emissora na época, Dinamérico Aguiar. Só não esperava o que aconteceria na conversa.

"Senhor Dinamérico, este é o Mário, um amigo que gostaria muito de trabalhar aqui na rádio."

Mais surpreso ainda Lopomo ficaria com o resultado da ousadia do amigo. Dinamérico pediu a João Zanforlin, que anos depois se tornaria um famoso advogado na área de Direito Esportivo, que também era diretor da rádio nos anos 70, o recebesse. Esse, por sua vez, passou a bola para João Carlos Guerra, conhecido como Guerrinha, que pediu a Lopomo para, no domingo seguinte, estar na rádio às 14 horas. Como qualquer um sabe, esse é o dia nobre do futebol no *dial*.

Sem nenhuma intimidade com o microfone, o diretor do Flamengo e do Juventus, dois times de várzea da Vila Olímpia, jamais havia sonhado em trabalhar no rádio esportivo. Talvez por isso não tenha estranhado a ironia da esposa ao telefone, quando deu a notícia de que um novo emprego estava garantido.

"E você vai fazer o quê lá? Ser o faxineiro?", brincou a mulher.

Na data e no horário combinados, Mário chegou à sede da Bandeirantes. E recebeu de Guerrinha um rádio velho e a ordem de ouvir o jogo que estava sendo transmitido. A cada gol marcado, ele deveria avisar o chefe. Na lembrança de Lopomo, o aparelho era tão velho que deveria ser da época da II Guerra Mundial. Cheio de furos, o trambolho veio acompanhado de um fone de ouvido.

"Eu ouvia futebol na Panamericana e depois passava para a Excelsior, quando pegava os resultados dos páreos, e depois voltava para a Panamericana".

Começava ali uma viagem no túnel do tempo à sua infância. Aos 10 anos, ele ajudava o pai, Ângelo, na função de rádio-escuta, justamente a que passaria a ocupar na Rádio Bandeirantes. Foi no início dos anos 50, quando o Jóquei Clube de São Paulo mantinha uma agência de apostas em sua sede social, na Rua Boa Vista, esquina com a Rua XV de Novembro, no centro da capital. Era a famosa "Quintandinha", que funcionava no subsolo do imóvel. Na lembrança de

Mário, "seu Ângelo" ia todos os domingos pela manhã fazer apostas ali, porque à tarde ele ia para a "ximbica", no Itaim, onde *bookmakers* faziam as apostas clandestinas do Jóquei. Cabia a Mário, naquela época, marcar os resultados dos páreos para o pai conferir mais tarde.

Na Bandeirantes, Mário só não empunhou o microfone. No mais, fez de tudo um pouco. O trabalho que mais o agradou foi num esporte que Fiori jamais narrou: o boxe. Na primeira metade dos anos 70, era comum as emissoras de rádio transmitirem os combates realizados nas noites de sexta-feira no Ginásio do Ibirapuera, em São Paulo. Sem o interesse do principal narrador da casa, cabia a Flávio Araújo transmitir as lutas. E foi em uma dessas transmissões que Mário Lopomo teve a ideia de trazer um pouco dos gramados para os ringues. Sugeriu acionar o "gaguinho eletrônico" ao fim dos três minutos de cada assalto de luta. Era o mesmo sinal que avisava os narradores de futebol da necessidade de chamar o giro de tempo e placar dos jogos, um dos espaços comerciais mais lucrativos para a emissora.

Araújo gostou da sugestão e decidiu levá-la adiante. Ele só pediu que, em vez dos três toques usados nas transmissões de futebol, fosse dado apenas um, mais prolongado, que indicaria ao locutor e aos ouvintes que aquele assalto havia terminado. Mas a coisa complicou quando foi conversar com um dos operadores da rádio. O funcionário resistiu à ideia. Disse que não faria e pronto. Lopomo conhecia assim os reais bastidores de uma emissora de rádio. Para convencê-lo, teve de apelar e usar o nome do narrador.

"Então ok. Mas o Flávio Araújo aprovou e está contando com isso", retrucou.

Décadas depois, Lopomo não soube dizer se foi por respeito ou medo de demissão que o operador aceitou a mudança.

Sua capacidade de improviso foi fundamental em outro momento delicado, quando um dos membros do controle geral avisou que o *Cantinho de Saudade*, que deveria ir ao ar em um domingo qualquer de 1972, não estava gravado. Fiori, como sempre fazia, chegou à rádio no sábado por volta das 17 horas. Ao tomar conhecimento do problema, coçou a cabeça e olhou para Lopomo.

"Mário, não sei o que fazer, não tenho ninguém para homenagear."

Começou então um rosário de sugestões e respostas negativas. Naquele momento, quase todos que mereceriam a lembrança de Fiori num dos programas de maior audiência da rádio já tinham recebido a deferência do narrador. Mário Lopomo dizia um nome e Fiori negava.

"Fiori, e o Rodrigues Tatu?"

"Esse eu já fiz."

"O Waldemar Fiúme.?"

"Também."

"Romeu Pellicciari?"

"Morreu no ano passado. Também já fiz. O Mauro Pinheiro até me ajudou no texto."

"E o Oberdan Cattani. Já morreu?"

Ao ouvir a sugestão, Fiori bateu três vezes na mesa.

"Deus me livre, vira essa boca pra lá!"

Nenhum dos dois sabia mais o que fazer. Foi nesse momento que atravessaram um corredor e encontraram um jornal caído no chão. A chamada da página era: "Morreu Tininho, jovem revelação do Guarani de Campinas, no treino de ontem à tarde".

Mário Lopomo deu um grito e Fiori foi checar a informação. Tininho era um garoto recém-promovido ao time titular do Bugre e despontava, naquele início dos anos 70, como umas das revelações do futebol paulista. Pela idade, ainda não havia construído uma trajetória que rendesse boas histórias. Fiori foi para o estúdio assim mesmo e gravou, sem nenhum texto escrito, uma das mais emocionantes edições do *Cantinho de Saudade*.

"Sei lá onde o Fiori foi buscar tanta inspiração para falar daquele rapaz. Mas foi emocionante o que ele pôs no ar. Se ele tivesse a mesma vocação que Pedro Luiz tinha para transmitir vários esportes, seria para sempre o maior locutor esportivo de todos os tempos."

O GOL QUE VALEU O TÃO SONHADO CAMPEONATO

Como todo grande locutor esportivo, Fiori se equilibrava na linha tênue que separa a imparcialidade da paixão. Por maior cuidado que tomasse, nem sempre escapava da acusação de que gritava mais ooooooooo nos gols de um time do que de outro. E, por um bom tempo depois daquela inesquecível noite de 13 de outubro de 1977, o *locutor da torcida brasileira* passou a ser visto como o *narrador da Fiel*, como é conhecida a torcida por sua paixão enlouquecida pelo time. Isso apesar de seu coração, há décadas, pulsar em verde e branco. De nada adiantou dizer que Fiori simplesmente tinha relatado, em segundos, o desabafo e o grito sufocado pelos quase 23 anos de jejum de grandes títulos. Ao narrar o gol de Basílio sobre a Ponte Preta, na final do Campeonato Paulista daquele ano, o narrador passou a conviver com a acusação de ser mais um do "bando de loucos", como os corintianos do século XXI gostam de ser chamados. Tudo por ter colocado o máximo de emoção possível na locução do gol redentor no microfone da Bandeirantes. Mas não era um gol qualquer. Era o momento que determinava o fim de um período em que, mesmo sem nenhum título importante, a Fiel cresceu na mesma proporção da sua angústia e sofrimento. Por isso, aquele gol precisava ser narrado como nenhum outro havia sido até então. E não só porque tinha sido marcado por Basílio, companheiro de outras jornadas do Escrete de Rádio na várzea paulista.

"Passa para Wladimir, Wladimir para Basílio. Basílio avançando, empurrou na ponta esquerda para Romeu. Romeu correu, alcançou, preparando a emoção. Atenção! Jogada perigosa para a Ponte Preta, abre o jogo na ponta direita para Vaguinho. Deixou pro Zé Maria, correu, vai alcançar, alcançou, arrumou, vai levantar pela ponta direita, preparou, chutou... a bola acabou batendo em Ângelo, levantou os braços e é toque! O árbitro da partida marca. Ele põe as mãos sobre a cabeça, mas é claro, para... tentar dramatizar, perturbar ou confundir, mas houve o toque. Esperaaaança corintiana, tormeeeento para a Ponte Preta!

Prepara-se Zé Maria pra levantar. Balão subindo e descendo, cobrou. Movimentada a bola, acabou ficando na boca do gol, confusão, entrou Geraldão, armou, correu, chutou Basílio... GOOOOOOOOOLLLLL!!! Basílio!! Basílio, Basílio, torcida brasileira!! O gol que pode valer o título! O gol do grito, o gol do desabafo! O gol que pode fazer a cidade explodir num carnaval sonhado, esperado, programado, preparado pela torcida alvinegra! Houve uma confusão tremenda, torcida brasileira! A bola chegou a bater no poste e voltou! Basílio, ali, na boca do gol, não perdoou, castigou! Basílio, Basílio! Basílio para a história, torcida brasileira! Todo mundo gritando, todo mundo cantando! Gente chorando, gente rindo, gente festejando! Os foguetes estão no ar! A fumaça ofusca, mas não consegue ofuscar a grande alegria da torcida corintiana! O tempo passa, 36 minutos da etapa final! Demorou, torcida brasileira! Basílio, Basílio Basílio, número oito! Um para o Corinthians, zero para a Ponte Preta! A grande final! O gol que pode valer o tão sonhado campeonato! O gol que pode produzir o grande grito!"

Ouça o gol de Basílio na final do Paulista de 1977 – Corinthians 1 x 0 Ponte Preta

O gol produziu uma catarse poucas vezes vista dentro ou fora de um estádio. A taça erguida em 1977 recolocou o Alvinegro do Parque São Jorge na rota das conquistas e devolveu a autoestima perdida à segunda maior torcida do País. Mais do que isso: eternizou Basílio na galeria dos grandes heróis do clube. Dali em diante, muitos campeonatos e torneios seriam conquistados, outros ídolos surgiriam, mas poucos seriam tão amados e idolatrados quanto o Pé de Anjo.

O triunfo teve tanta repercussão que até um disco com o gol do título narrado pelos principais locutores de São Paulo foi gravado. Estavam lá as vozes de José Silvério, pela Jovem Pan e Osmar Santos, pela Globo, e, claro, a inesquecível narração de Fiori, pela Bandeirantes.

Após ganhar sua cópia, Basílio ouviu as gravações à exaustão.

"Dos meus gols que o Fiori narrou, esse foi disparado o mais emocionante."

Os que acusavam Fiori de *"corintianismo"* jamais conseguiram – ou não quiseram – entender que, quando empunhava o microfone, Fiori não tinha time do coração. Com o equipamento desligado, o *Calabrês*, carinhoso apelido dado pela esposa em referência à sua origem italiana, tinha sua preferência, sim. Mas seu clube de coração estava localizado em um outro parque. E esse não era o São Jorge, como diria décadas depois aos estudantes da Universidade São Judas.

"Alguns acreditam que somos palmeirenses porque Gigliotti realmente não é nome de baiano. Outros acreditam que somos são-paulinos porque o nosso filho Marcelo é são-paulino. Há os que acham que somos torcedores da Portuguesa porque é o time da nossa esposa, filha de portugueses. E há até os que pensam que somos santistas porque somos do tempo do Pelé e até do pai do Pelé. Mas nosso time de verdade é o Escrete do Rádio."

Ao mesmo tempo em que foi tensa, nervosa, controversa e emocionante, a final do Campeonato Paulista de 1977 não foi encerrada no momento em que o árbitro Dulcídio Wanderley Boschilla apitou pela última vez no gramado do Morumbi. O fato de o Corinthians conquistar um título após 22 anos de espera fez aquele jogo durar muito mais do que os 90 minutos regulamentares. Em Campinas, a indignação com o resultado e, principalmente, com a polêmica arbitragem de Boschilla, que expulsou o irascível centroavante Rui Rei após reclamação abusiva, com apenas 16 minutos de jogo, provocou no torcedor da Macaca uma ira proporcional à alegria corintiana. E o alvo escolhido para o troco foi a imprensa paulistana. Para os fanáticos pontepretanos, os narradores da capital haviam torcido descaradamente pelo Corinthians naquela decisão e comemoraram o título como se fossem os mais fiéis dos corintianos. Fiori não escapou da "acusação". Sentiu na pele a raiva da fração alvinegra de Campinas quando estacionou seu carro na frente do Estádio Moisés Lucarelli, onde Ponte Preta e Corinthians fariam, naquele início de 1978, a primeira partida após a inesquecível noite de 13 de outubro do ano anterior. Dona Adelaide não gostava de entrar nos estádios e, quando viajava com o marido, costumava ficar no carro até o final da transmissão. Naquele dia não foi diferente. Na companhia do filho do casal, o garoto Marcelo e de um amiguinho dele, ela viu Fiori e Pedro Luiz Ronco se dirigirem às cabines do estádio da Macaca. Para alguns torcedores, bastou no entanto o fato de as placas do veículo indicarem que ele era da capital para que começassem a balançá-lo. Quando a senhora Gigliotti botou a cabeça para fora a fim de ver o que estava acontecendo, um homem puxou seus cabelos e disse *"Vamo virá"* (sic). As crianças, no banco de trás, começaram a chorar. O sangue português ferveu. Dona Adelaide desceu do carro e partiu para a briga contra integrantes de uma das torcidas mais problemáticas do futebol paulista. Um jogador de basquete da região viu a cena e foi ajudá-la a enfrentar a horda enfurecida. Apesar da pouca idade na época, Marcelo se lembra do episódio e se diverte ao recordar a reação da mãe.

"Minha mãe não quis nem saber. Saiu na mão com eles."

Sabe-se lá como, mas a notícia da confusão chegou à cabine da Bandeirantes. Fiori saiu de lá às pressas, levando Pedro Luiz Ronco com ele. Ao chegar ao carro, foi reconhecido por outros torcedores que, mais ponderados, procuraram acalmar os ânimos.

Tragédia mesmo a Bandeirantes viveria três meses depois. O impacto foi tão devastador que a Direção da rádio não conseguiu mensurar rapidamente as consequências da notícia que acabara de chegar. Na noite de domingo, 16 de abril de 1978, durante um jantar com a família, Vicente Leporace sofreria um ataque cardíaco fulminante que poria fim à sua vida. O Brasil perdia assim um dos maiores nomes da comunicação. Ator em diversos filmes dos anos 50, Leporace havia apresentado a *Gincana Kibon*, sucesso de audiência na TV Record e sido criador, redator e apresentador do *Jornal da Manhã* na Rádio Record, considerado uma revolução para a época. Contratado pela Rádio Bandeirantes em 1962, havia criado o programa O *Trabuco*, no qual lia e comentava, quase sempre com doses nada homeopáticas de ironia, as notícias publicadas nos jornais. Isso durante o conturbado período político que antecedeu ao Golpe Militar de 1964. Seu sarcasmo e acidez o levaram a sofrer uma série de processos. Com isso, as autoridades imaginavam que o calariam à força. O tiro saiu pela culatra. Sua audiência só aumentou. A maior parte dos rádios em São Paulo estava sintonizada na Bandeirantes entre 8 e 9 horas da manhã.

Fiori não pôde ir ao velório de Leporace. Estava em Londres, na cobertura de amistosos da Seleção Brasileira. Ao retornar ao Brasil, gravou um *Cantinho de Saudade* especial, produzido, evidentemente, com a mais pura sensibilidade e improviso.

Ouça o Cantinho de Saudade em homenagem ao radialista Vicente Leporace

Em pouco tempo, a tristeza pela perda daria lugar a uma imensa preocupação. Em menos de 12 horas após a partida de Leporace, O *Trabuco* deveria estar no ar. Porém não havia como pensar no programa sem a presença de sua alma e voz. Uma solução improvisada, todavia, acabou se transformando, durante décadas, em um dos programas de maior audiência da grade da Bandeirantes. Na manhã de 17 de abril de 1978 estreava o *Jornal Gente*, comandado por José Paulo de Andrade e Salomão Ésper. Em pouco tempo, o substituto do lendário O *Trabuco* começou a tomar corpo e ganhar força. A audiência atingiu índices surpreendentes. Ao perceber a tendência, a Bandeirantes decidiu reforçar o time de apresentadores com uma solução caseira. Foi ao primeiro andar do prédio da Rua Radiantes e de lá trouxe o âncora do *Jornal Bandeirantes*, o mais importante telejornal da casa. Joelmir Beting aceitou o convite e tratou de encerrar o contrato que tinha com a Rádio Gazeta, para onde havia migrado em 1975 depois de três anos na Jovem Pan. Amigo pessoal de Osmar

Santos, mas acima de tudo um admirador do futebol e do rádio esportivo, Joelmir tinha nas cores verde e branca do Palmeiras sua grande paixão. Mas curiosamente foi um dos rivais do seu time que lhe proporcionou um dos maiores reconhecimentos que recebeu do esporte e do próprio ofício. Santos e Fluminense jogavam no Maracanã pelo Rio-São Paulo de 1961, quando Pelé partiu com a bola dominada do campo do Alvinegro Praiano e só parou nas redes defendidas pelo goleiro Castilho. Quando chegou à redação do jornal em que trabalhava, *O Esporte,* em São Paulo, ele e o secretário de redação Walter Lacerda tiveram a ideia de oferecer um placa de bronze a Pelé como homenagem pela obra-prima feita no Maracanã. Nascia assim a placa do gol que originaria, anos depois, a expressão *gol de placa*, sinônimo de grandes feitos. No ano seguinte, Joelmir deixaria o esporte e passaria para o jornalismo econômico. Mas o vírus seria transmitido para o filho Mauro. O garoto trilharia o mesmo caminho dele, seja na escolha do time de coração, seja na paixão pelo jornalismo esportivo. Mauro era tão fanático pelo negócio que chegava a ouvir jogos escondido dos pais nas noites de quarta-feira, quando invariavelmente dormia muito além do horário permitido a um pré-adolescente que tinha aula na manhã seguinte. Mauro Beting evitava locutores que "davam azar" ao transmitir grandes derrotas do Palmeiras. Fiori não estava entre eles. Mauro enxergava nele um símbolo da Segunda Academia palmeirense, como era denominado o timaço comandado por Ademir da Guia e craques como Leão, Luís Pereira, Leivinha e César Maluco, na primeira metade dos anos 70. Para o filho de Joelmir, Fiori era um narrador único.

"Assim como você ouve uma nota do guitarrista David Gilmour, do Pink Floyd, ou do Mark Knopfler, do Dire Straits e sabe de quem se trata, só de ouvir a respiração você sabia que era o Fiori."

Mauro aproveitou a transferência do pai para a rádio e o acompanhou uma tarde nos corredores da emissora. Àquela altura, Joelmir tinha uma coluna diária que ia ao ar logo após a *Marcha do Esporte.* Entrou no estúdio quando Fiori, Luiz Augusto Maltoni e Ênnio Rodrigues o deixavam. Foi o primeiro, mais rápido e marcante encontro de Mauro com sua referência de narração esportiva. Ainda haveria muitos outros encontros, mas nenhum como aquele.

"Eu sempre fui extremamente tímido, mas ele me cumprimentou e me tratou muito bem, como se me conhecesse desde o berço. Meu pai ainda falou a respeito do Palmeiras e ele fez algumas brincadeiras. Mas a admiração era tanta que eu não conseguia nem olhar para Fiori."

EM TIME QUE ESTÁ GANHANDO TAMBÉM SE MUDA

O Escrete do Rádio passaria por novas e drásticas transformações no início da década de 80. Era tarde da noite e Flávio Araújo não arredava o pé da antessala de Johnny Saad. Julgava inaceitáveis as últimas atitudes do filho do fundador do Grupo Bandeirantes de Comunicação, João Jorge Saad. Foi de Johnny a ideia de promover mudanças radicais na equipe esportiva da rádio. Os argumentos para a decisão não foram bem digeridos pela equipe. O que mais irritou a todos era o argumento de que seria necessário rejuvenescer o time pois já havia até avôs na equipe. Entre os que seriam afetados pela ordem estava Darcy Reis. Em férias na Bahia, recebeu um telegrama que comunicava sua demissão num momento em que acumulava funções diretivas na rádio e na televisão. Motivado pelos baixos índices de audiência do Mundialito de Futebol de 1980-81, disputado no Uruguai, Johnny mandou demitir os profissionais que estavam envolvidos na cobertura do evento. Para o lugar deles enviou a toque de caixa Ney Costa e Edson Bolinha Cury, que mais faziam programas de entretenimento que de esporte. Flávio Araújo não aceitou as decisões e os argumentos de Johnny Saad. Ouviu uma resposta ainda mais esquisita quando argumentou que, se a presença de *avôs* na equipe estava incomodando, ele próprio, Flávio, deveria ir embora.

"Johnny disse para mim que não e tirou de sua gaveta um plano de cobertura que eu tinha feito para a Copa do Mundo na Espanha. A Bandeirantes seria a primeira a chegar à sede do próximo Mundial. Ele virou para mim e disse 'Nem pense nisso. Aqui está seu plano por mim aprovado. Pode ir se preparando para mudar-se para a Espanha'. No dia seguinte, ao chegar à emissora, fui chamado ao RH e informado de que estava despedido".

Flávio Araújo permaneceu na Bandeirantes para cumprir um mês de aviso prévio e, ao deixar a emissora onde passou décadas da vida, assinou com a Fundação

Cásper Líbero e transmitiu a Copa do Mundo de 1982 pela Rádio Gazeta.

As mudanças de Johnny atingiriam diretamente o primeiro time de comentaristas da emissora. A Bandeirantes dispensou o comentarista Mauro Pinheiro e, na sequência, Flávio Adauto foi buscar Dalmo Pessoa na Gazeta. O estilo do comentarista gerava controvérsias. Combativo, ácido e desprovido de "papas na língua", Dalmo teve sua contratação questionada por quem acreditava que ele não iria dar certo ao lado de um conciliador como Fiori. Ele colecionava admiradores e desafetos quase na mesma proporção. Suas opiniões polêmicas e contundentes não poupavam técnicos, jogadores e dirigentes. Dizia o que pensava e considerava certo. Vindo de Bauru, antes de entrar na imprensa trabalhou em uma farmácia na Praça Oswaldo Cruz e em uma agência do Banco Bradesco na Avenida Bernardino de Campos, na região da Paulista, emprego que abandonou por não aceitar ordens absurdas da chefia como, por exemplo, lavar a agência aos sábados.

Dalmo havia entrado no jornal Gazeta Mercantil por influência de um tio. De lá, passou pelo jornal *Mundo Esportivo* e pela Rádio Piratininga até chegar à Rádio Gazeta. Quando foi anunciado na Bandeirantes, quase ninguém acreditou que daria certo. Nos corredores da emissora era comum alguém dizer que o porra louca do Dalmo não vai se dar com o Fiori. Na lembrança do comentarista, logo nas primeiras transmissões ambos perceberam que a parceria seria longa.

"Deu certo desde o começo porque o Fiori era do interior e as pessoas de lá são muito sensíveis, embora eu seja a exceção à regra. A convivência se tornou muito boa. Ele gostava de pescaria e eu também, uma herança do meu pai, que era homem do campo."

Um entrosamento que nasceu dentro das cabines de transmissão. Segundo Dalmo, ele e Fiori entendiam-se apenas pelo olhar, o que contribuiu para uma bem-sucedida parceria. Porém Dalmo se indignou quando tomou conhecimento de que sua contratação se dera para cobrir a saída de Mauro Pinheiro, comentarista histórico do rádio paulista e brasileiro. Não seria a primeira e a última injustiça que testemunharia.

"A empresa tem o direito de demitir quem quiser e quando quiser. Mas alguns profissionais merecem um pouco mais de consideração. Se tem uma coisa que eu detesto e abomino é injustiça."

Para Fiori, as mudanças repentinas no Escrete do Rádio representaram o segundo susto que levaria durante a cobertura do Mundialito do Uruguai. O primeiro fora vivido em meio à transmissão de Brasil e Argentina, no Estádio Centenário, em Montevidéu. A proximidade entre os países levou uma multidão de azul e branco ao palco da primeira final de Copa do Mundo da história. Para manter acesa a tradicional rivalidade, a massa *hermana* provocava a minoria brasileira chamando-a de *macaquitos*. Não bastasse isso, os argentinos ainda jogavam suas bandeiras nos brasileiros. Uma delas caiu justamente na cabine de imprensa ocupada pela equipe da Bandeirantes. Foi o suficiente para Dona Adelaide, numa das raríssimas vezes em que acompanhou o marido fora do Brasil, usasse uma daquelas flâmulas como pano para lustrar seus sapatos. Não satisfeita, a senhora Gigliotti ainda cuspiria no símbolo maior da pátria de Gardel, Maradona e Evita. Indignados, os argentinos partiram para cima da imprensa brasileira. A *pelea* foi inevitável. Um "belo" presente para Fiori, que havia levado a família para acompanhá-lo depois de passar por uma pequena cirurgia em Jundiaí. No procedimento foram retirados alguns nervos de uma das orelhas, numa tentativa de cessar dores nas costas que tanto o incomodavam. Não funcionou. Posteriormente seria descoberto que o incômodo era causado por um desnível na centimetragem de suas pernas, ainda sequela das fraturas provocadas pelas disputas futebolísticas do passado. Nada que uma palmilha nos sapatos não resolvesse.

Enquanto isso, no Brasil, Johnny Saad voltava atrás e decidia que Darcy Reis seria mantido na emissora. Fiori preferiu não se manifestar sobre as chegadas e partidas dos novos profissionais na rádio. Se houve algum fator positivo nas mexidas realizadas pela Bandeirantes foi a abertura de oportunidades para jovens talentos em todos os setores. Para Fiori, isso ainda envolvia uma questão afetiva. Alguns novatos eram, como ele, do interior e vindos de cidades que estavam no caminho de Águas de São Pedro, estância turística que se tornara o destino das férias da família do apresentador desde 1978, quando comprou uma casa por lá.

Não seria apenas pela origem que ele gostaria de cara dos novos companheiros, que se sentiram muito bem acolhidos pelo nome que já era um mito no *dial* brasileiro. O piracicabano Tony José tinha por hábito ouvir a Bandeirantes no pomar da fazenda onde morava, porque de lá escutava o rádio de um vizinho ligado no último volume. A família de Tony não tinha o equipamento em casa. Para a narração, a Bandeirantes encontrou um profissional de Americana, cidade da região de Campinas. Quando começou a narrar pela Rádio Clube da cidade, ouviu de um colega o conselho para encurtar seu nome, até porque era complicado chamar José Francischangelis Júnior no ar. O amigo sugeriu que a primeira letra do seu nome fosse pronunciada por extenso e que ele acrescentasse um sobrenome sonoro para marcar sua assinatura profissional. Assim nascia Jota Júnior.

Tony e Jota tinham algo em comum. Os dois estavam na Rádio Gazeta antes de irem para a Bandeirantes. No caso de Tony, foi Darcy Reis quem o convidou e o escalou para uma jornada com Fiori no comando, antes mesmo que os dois tivessem sido apresentados. Interiorano e, até por isso, conhecedor da fama do locutor, Tony viveu uma das maiores emoções da sua vida ao ouvir Fiori anunciar "Vem aí Tony José, o moço de Piracicaba" pela primeira vez no rádio paulista.

"Na hora respirei fundo e falei o que precisava no ar. Mas foi emocionante. Não me achava digno de tamanha honra."

Tony passou a dividir as escalas do plantão com Paulo Edson, que havia trocado a famosa equipe 1040 da Rádio Tupi pela Bandeirantes a convite de Hélio Ribeiro, e não precisou de muito tempo para entender como era fácil trabalhar com Fiori, mesmo alocado no estúdio e o locutor nas cabines dos estádios. A forma clara e objetiva dele de narrar permitia a Tony entender qual era o momento certo para abrir o microfone e transmitir a notícia ou informe.

Jota Júnior havia conhecido Fiori quando estava na Gazeta, na qual havia conseguido uma vaga por meio de um concurso. Foi em uma viagem ao Rio de Janeiro que ele se aproximou do ídolo. Apresentou-se e os dois conversaram como se fossem amigos de longa data. O que se tornariam de fato nos anos seguintes.

No início de 1983, Fiori Gigliotti havia ultrapassado a barreira dos 35 anos de carreira. Pela legislação trabalhista brasileira, já poderia se aposentar. E, para surpresa geral, foi o que realmente pensou fazer. Ele e Osmar Santos foram os convidados do *Programa Galeria*, na rádio Eldorado FM. Com apresentação de Flávio Guimarães, a atração ia ao ar aos domingos, às 19 horas. Na quarta-feira, 29 de setembro, a principal dupla de narradores do *dial* de São Paulo gravou sua participação. Foi um bate-papo bastante agradável. Durante a gravação, Fiori levou ao conhecimento dos ouvintes uma decisão que provocou espanto e uma tristeza incomensurável para muitos fãs: ele estava praticamente decidido a encerrar a carreira. Era evidente que não por falta de fôlego e disposição, ainda mais para alguém que havia completado 54 anos com a saúde em dia. No entanto o desejo do locutor estava além dos microfones e tinha a ver com a sua vida pessoal. Ao anunciar a aposentadoria, Fiori lembrou aos ouvintes que transmitir a emoção e a alegria do futebol todos os finais de semana cobrava um preço. E não era barato.

Ouça a entrevista de Fiori Gigliotti e Osmar Santos - Rádio Eldorado

"Nós temos um moleção de 14 anos. Daqui a pouco, ele arruma uma gata, casa, tchau, e nós nem o curtimos."

Ao fazer menção a Marcelo, Fiori resumiu em poucas palavras a intensa vida dos homens que trabalhavam com esporte naquele início dos anos 80. Eram quartas, sábados, domingos e feriados assistindo às famílias reunidas nos estádios, mas sem poder ver a sua própria. De quantas festas familiares e aniversários não tiveram de abrir mão por causa dos compromissos profissionais? Muitas vezes, passavam por cima dos problemas familiares para atender a esses compromissos. Na prática, o jornalista esportivo levava uma vida muito parecida com a dos artistas da bola. Mas sem a mesma conta bancária e a fama dos personagens de suas crônicas, textos, transmissões e narrações. Fiori abriu o coração para os ouvintes de Flávio Guimarães. Como de hábito, sempre na primeira pessoa do plural.

"Houve uma ocasião em que íamos *irradiar* um clássico no Pacaembu e, na saída para o estádio, tivemos a notícia de que nossa mãe havia sido atropelada. Corremos para o Hospital Dom Pedro II, atrasamos nossa chegada ao estádio. Por dentro, estávamos como um vulcão eclodindo porque sentíamos vontade de ir atrás do cara que atropelou a nossa mamãe porque não parou para ajudá-la. A gente tinha vontade de matar aquele miserável naquele instante, mas felizmente ela estava bem socorrida e nós fomos transmitir o jogo. Agora, nós não podemos chegar no microfone e dizer 'Olhem, nós não estamos bem emocionalmente porque a nossa mamãe foi atropelada e vocês vão nos perdoar porque hoje nós vamos fazer uma transmissão bem abacaxi'. Não! Isso a gente tem que recolher e exteriorizar coisas completamente diferentes para enriquecer a transmissão e para demonstrar, acima de tudo, a nossa preparação moral, espiritual e, principalmente, profissional."

Fiori citou ainda um episódio ocorrido em uma data próxima à da gravação do programa. Foi em um sábado no qual o Escrete do Rádio teve um compromisso em Pinhalzinho à tarde e deixou a cidade por volta das 18h10. Cabia a Fiori, na ocasião, enfrentar os 281 km que separam aquela cidade de Limeira, onde a Associação Atlética Internacional enfrentaria o Corinthians no Estádio Major José Levy Sobrinho pelo Campeonato Paulista. Um problema no carro fez com que Fiori parasse. Sem margem de segurança, o imprevisto o obrigou a vencer a distância em tempo recorde. O narrador chegou a Limeira às 20h10 para abrir a jornada 20 minutos depois. Não bastassem a distância da família e os percalços, *o locutor da torcida brasileira* tinha outras razões para desligar seu microfone. Bastava a ele olhar para quem estava ao seu lado na entrevista.

"Há uma safra de novos valores sensacional, inclusive comandada pelo Osmar. Entendemos que, como outros pararam, como o Edson Leite e o Pedro Luiz, está chegando a hora de a gente parar para tratar das galinhas e das vaquinhas. Tem que saber parar com saúde, sem a bengala na mão e reumatismo."

Àquela altura consagrado na Rádio Globo e dividindo com Fiori e José Silvério a quase totalidade dos aparelhos ligados durante as transmissões de futebol, Osmar Santos entendeu o posicionamento de Fiori e até brincou com o factoide lançado por Flávio Guimarães de que ele seria o novo titular da

Bandeirantes. Poderia, em nome de uma concorrência que fatalmente ficaria enfraquecida, aplaudir a decisão de Fiori. Mas não foi o caso.

"Como homem de rádio, fico com dor no coração. O Fiori é um patrimônio e inspirou um pouco meu início de carreira. Depois eu criei meu estilo. Eu acho que o rádio vai perder uma figura muito simpática, carismática e envolvente. Por isso eu não concordo com essa decisão."

A aposentadoria seria adiada para alguns anos depois. Mas não seria por decisão de Fiori.

A TELINHA DO FUTURO

"O rádio não vai morrer. O rádio vai continuar, mas o futuro da comunicação é a televisão. Jota, se o Luciano, que é um cara respeitável, confiável, está chegando, eu acho que você deve aceitar. Mas a decisão é sua."

A conversa no cafezinho da Bandeirantes, no térreo da sede no Morumbi, acontecia com a maior franqueza. Depois de três anos narrando na rádio, Jota Júnior recebera um convite para integrar a nova equipe de esportes que estava sendo implantada na TV, sob o comando de Luciano do Valle. O locutor acabava de trocar a TV Record pela TV Bandeirantes, depois de quase uma década de sucesso na TV Globo como principal locutor. Chegou para implantar o maior projeto esportivo já visto na televisão brasileira. E Luciano seria o responsável pela empreitada. A ideia era ir além do futebol e abrir espaço para o que, na época, era chamado de esporte amador. A proposta era dar visibilidade para modalidades com pouca divulgação na mídia brasileira. Boa parte dessa motivação, é verdade, vinha do fato de a TV Bandeirantes não possuir os direitos de transmissão dos principais campeonatos do Brasil. Mas o que Luciano do Valle desejava mesmo era repetir na televisão o mesmo impacto que a Rádio Bandeirantes causava nos anos 60, quando liderava a Cadeia Verde-Amarela, rede de emissoras de rádio que se formava em todo País para transmitir as partidas da Seleção Brasileira.

Na televisão, o projeto se tornaria conhecido pela marca de *Show do Esporte*. Luciano nunca seria chamado de o *moço de Campinas* por Fiori. Até a transferência para a TV Bandeirantes, no final de 1983, eles haviam se encontrado poucas vezes nos estádios. Em conversas curtas, Luciano percebera que Fiori precisava de poucas palavras para dar lições de profissionalismo e humildade. Mas foi com a mudança para a televisão que *o locutor da torcida brasileira* viu o quanto o narrador enxergava o futuro da comunicação.

"Quando nos encontrávamos ele perguntava 'Como vai a televisão?'. Ele sabia da minha luta pelo veículo. O Fiori era uma pessoa que torcia muito pelos companheiros. E ele sabia o quanto era importante que a emissora crescesse na parte da televisão, sem deixar o rádio de lado", contou o Bolacha, apelido que recebera pelas bochechas um tanto salientes.

Pensando no fortalecimento do time, Luciano sondou Jota Júnior para trocar as ondas curtas pelo sinal das antenas de TV. Com o convite formalizado, ficou na dúvida e procurou Fiori para pedir sua opinião. Deixou o café com a certeza de que deveria migrar para o primeiro andar do prédio da Rua Radiantes, onde estavam instaladas a redação e parte dos estúdios da Rede Bandeirantes de Televisão.

Não era a intenção da estrela da rádio abrir mão de Jota Júnior, principalmente pelo grau de amizade e respeito que havia entre os dois. Mas Fiori tinha um motivo a mais para ficar tranquilo com a saída do companheiro, embora fosse sentir bastante sua ausência. Para substituí-lo, bastaria um contato com o interior de São Paulo. E a ligação foi para um número com DDD 014, o da cidade de Marília, a 438 quilômetros da capital. Foi de lá que Fiori saiu tempos antes com o nome de um locutor que começava a ter seu trabalho comentado no interior. O mesmo narrador que, oito anos antes, em 1975, fora apresentado por seu pai a Fiori em uma partida disputada pelo Escrete do Rádio em Bernardino de Campos. A partida foi transmitida pela Rádio Difusora de Santa Cruz do Rio Pardo, cidade natal do calouro. Um dirigente da emissora sugeriu que Fiori desse uma oportunidade para aquele garoto que acabara de conhecer, mas que demonstrava explicitamente idolatria e devoção pelo narrador titular da Rádio Bandeirantes. Além do pontapé inicial na carreira, Fiori proporcionou ao garoto um momento de emoção, ao entregar-lhe uma foto do Escrete do Rádio com uma mensagem que se revelaria uma premonição.

"Ao amigo e futuro colega Éder Luiz, um abraço carinhoso do Fiori Gigliotti."

Marília se tornara um berço de grandes narradores. O primeiro deles foi Osmar Santos. Seu sucesso motivou vários colegas a seguirem seus passos, entre eles, seus irmãos Oscar Ulisses e Odinei Edson, além de outros grandes narradores da região, como Osvaldo Maciel e Dirceu Maravilha – os quatro com passagens pelas rádios do Grupo Bandeirantes. Na Difusora, a oportunidade de Éder Luiz surgiu com a ausência de um dos locutores da rádio. A ida para Marília em pouco tempo proporcionou maiores possibilidades como, por exemplo, narrar uma partida entre o time local e o Palmeiras, quando, em um novo encontro com Fiori, o pai do locutor pediu de maneira mais enfática uma oportunidade para o filho em São Paulo. Ao ouvir o apelo, Fiori sugeriu a gravação de uma fita cassete com alguma partida narrada pelo jovem. No dia seguinte, o pai percorreu em tempo recorde os 438 quilômetros que separavam Marília de São Paulo para entregar o material nas mãos de Darcy Reis. Com a saída de Jota Júnior, no começo de 1984, Fiori já sabia quem iria anunciar pelo microfone da Bandeirantes, fato concretizado em pouco tempo.

"E agora, torcida brasileira, apresento o moço de Marília, Éder Luiz."

Três décadas depois, Éder Luiz revelou o que pouca gente sabia na época: mesmo com sua contratação encaminhada, ele precisou passar por um teste nos mesmos moldes daquele a que Fiori se submetera no longínquo ano de 1952, em sua estreia na Rádio Bandeirantes. Só que em vez da Seleção Paulista, coube a Éder narrar uma partida da Seleção Brasileira Sub-21 contra a Romênia, em Curitiba. Ele ainda teve de esperar uma semana após o jogo para ter a certeza de que seria efetivado na emissora, fato muito comemorado pelo novato na época.

"Me considero um privilegiado, pois trabalhar ao lado de Fiori foi aprender, aprender, aprender e sempre aprender, pois ele era um locutor extraordinário em todos os aspectos, na improvisação, narrações sempre emocionantes. Considero-me um privilegiado por ter trabalhado ao lado dele."

A colheita em Marília poderia estar encerrada, não fosse a equipe visionária que Fiori tinha ao seu redor. E foi o produtor musical Cayon Gadia, que acabara de chegar da Rádio Capital, quem indicou o nome de um novo profissional para a rádio. Ainda um garoto em Marília, Dirceu jamais sonhou que um dia trabalharia com Fiori quando começou sua paixão pelas transmissões futebolísticas. Mesmo sem ter ideia disso, repetiria algo que o consagrado narrador fazia ainda nos seus tempos de garoto em Lins: narrava qualquer jogo que visse com uma lata de massa de tomate na boca simulando um microfone. Naquele início da década de 1980, o nome Dirceu Marchioli já tinha sua fama no interior. Mas foi um bordão utilizado na Rádio Verinha de Marília que o fez ainda mais famoso. Ele se apropriaria do refrão de um dos maiores hits dos anos 1970, a música *Fio Maravilha*, de Jorge Ben, que na época ainda não era Ben Jor, para se referir às transmissões da emissora.

"Esse é o futebol maravilha da Verinha."

Levado por Osmar Santos para algumas transmissões como *freelancer* na Rádio Globo, Dirceu tornou-se conhecido em São Paulo e logo assinou seu primeiro contrato profissional com a Rádio Tupi. Seu grande incentivador foi Milton Camargo. O chefe do departamento de Esportes da rádio não só foi buscá-lo em Marília como conseguiu convencer a Direção da rádio a permitir que o novo narrador usasse a marca que o fez famoso em Marília: Dirceu Maravilha. Três anos após sua chegada, a Tupi acabaria com a sua equipe esportiva. Dirceu passou por um curto período na Rádio Capital. Após a indicação do produtor Gadia, Éder Luiz passou a integrar o time da Bandeirantes e logo caiu nas graças da Direção da emissora. Seu jeito de narrar era completamente diferente do de Fiori. Maravilha criava bordões mais jovens e ousados, numa linha próxima à de Osmar Santos, o que deu à Bandeirantes dois estilos distintos e uma vantagem competitiva em relação à concorrência. Dirceu sempre defendeu a tese de que o narrador, por vezes, exerce o papel de animador de estádio.

"Se você narra um jogo ruim e deixa claro o quanto esse jogo está fraco, o ouvinte desliga o rádio. Você tem que transformar uma partida ruim em um embate histórico."

Dirceu não demoraria até ser nomeado segundo narrador da Bandeirantes. Mais à frente, ganharia a preferência para tornar-se o primeiro – o que mudaria a vida de Fiori de maneira definitiva.

BOLA DIVIDIDA

Antes de Éder Luiz, Fiori ainda ganharia um outro concorrente, já com peso e consagrado, nas transmissões dos jogos mais importantes de cada rodada. Estrategicamente, a ideia da Bandeirantes tinha tudo para dar certo. Fiori, com estilo de narração mais poético, romântico e vasto vocabulário, cativava a velha guarda. Osmar Santos e José Silvério conquistavam os ouvintes mais jovens, por conta da irreverência e do dinamismo com o microfone nas mãos. Como Osmar Santos "voava" na Globo desde 1977, buscar Silvério seria a grande tacada da Bandeirantes para conquistar a liderança absoluta da audiência do rádio esportivo paulistano. Mas, pelo que ele lembra, havia ainda uma questão comercial em jogo.

"Eu fui para a Bandeirantes em 1985 para dividir as transmissões mais importantes com o Fiori. Mas a condição era mais favorável para mim porque naquele momento todas as pesquisas me apontavam como o locutor mais ouvido de São Paulo. A Bandeirantes estava mal de audiência e, logo que eu cheguei, a rádio passou para primeiro lugar. Mas isso causaria algumas confusões."

Silvério lembra que, ao contrário da Bandeirantes, a Jovem Pan viu seus índices de audiência despencarem após a sua saída. A emissora ficou até ameaçada de não transmitir a Copa do Mundo, que seria realizada no México, em 1986, pois tinha dificuldade para comercializar publicidade para aquele Mundial. Com o risco real de ficar de fora da maior festa do futebol mundial, a Pan não economizou esforços nem dinheiro para trazer Silvério de volta. Ofereceu um salário muito maior do que o locutor recebia na emissora do Morumbi. Uma proposta que, além de ser financeiramente vantajosa, ainda acabava com a concorrência interna com um dos pesos pesados do *dial*. Mas antes de voltar à nova velha casa, Silvério viveu um momento inusitado na decisão do Campeonato Paulista de 1985, entre São Paulo e Portuguesa, no Morumbi. Narrou o primeiro tempo da partida pela Bandeirantes e o segundo pela Jovem Pan, com a polícia na porta da cabine. A Bandeirantes tentou impedir sua volta pois tinha contrato com o narrador. Mas não houve jeito. José Silvério se recusou a revelar os motivos, além da proposta financeira, que o levaram de volta à Jovem Pan. O boato jamais confirmado foi de que Fiori dera um ultimato à Bandeirantes, ao tomar conhecimento de que ele e Silvério dividiriam as transmissões dos jogos do Brasil no México: "Ou ele ou eu.".

Uma outra versão diz que Silvério desistiu da ideia da divisão das transmissões e João Saad, presidente do Grupo Bandeirantes, decidiu que a casa ficaria com Fiori.

A campanha brasileira no México em 1986 não deixou saudades. Com a base de 1982 envelhecida e Zico ainda se recuperando de uma grave lesão no joelho, o Brasil parou nas quartas de final, eliminado pela França de Platini na disputa por pênaltis. Na volta ao Brasil, o titular do microfone número 1 da Bandeirantes estava convencido de que a equipe esportiva da rádio poderia ser melhorada. Não se tratava de insatisfação com os profissionais da casa. Mas Fiori acreditava que, com o aumento do número de profissionais, a emissora poderia ampliar sua cobertura esportiva sem que para isso fosse necessário sobrecarregar as estrelas do Escrete. Estava tão convicto dessa necessidade que passou boa parte do Mundial de olho nas cabines da Rádio Globo. O olhar de Fiori tinha uma direção. Era Antônio Edson.

Além de ter um estilo que agradava a Fiori, Edson era um grande amigo de Jota Júnior. Quando Júnior foi para a Rádio Brasil de Campinas, Tonico assumiu a função de narrador principal da Rádio Clube de Americana. Depois de uma passagem por Limeira e de dois anos dividindo o microfone com Jota na Brasil, em 1980 Edson seguiu para a Rádio Globo. Desde então vinha sendo monitorado pela Bandeirantes. Ele acabaria aceitando o chamado do Morumbi, mesmo sabendo que precisaria se adequar à linha da emissora, bem mais séria e sisuda que a da antiga casa.

"Eu brincava que, na Bandeirantes, a transmissão era de terno e gravata. Era tudo muito sério. Tão sério que eu, em outras emissoras, era chamado de Tonico ou Tonicão. Na Bandeirantes, não. Lá eu era Antônio Edson. Tinha até um aviso para ninguém me chamar por apelido no ar."

Embora fingisse alguma alienação, Fiori sabia perfeitamente que havia dentro da Rádio Bandeirantes um movimento para tirar dele a chefia, função que voltara a ocupar e o posto de narrador titular. Por vezes, alguns colegas até tentavam convencer a Direção da emissora de que, por causa da idade, o locutor já não estaria mais dando conta do recado. O próprio Fiori revelaria esse movimento na palestra aos estudantes da Universidade São Judas Tadeu.

"Tinha muito invejoso querendo me derrubar."

Reinaldo Lombardi não quis entrar em detalhes, mas respondeu afirmativamente quando perguntado a respeito das manobras feitas dentro da emissora. Dirceu Maravilha recordou que, em meados de 1988, houve uma reunião, da qual Fiori obviamente não participou, com todos os membros da equipe de esportes da emissora. O objetivo era encontrar um substituto para Fiori. Só não houve uma definição ali porque não havia a segurança de que alguém teria o carisma e a competência para substituí-lo. Para João Zanforlin, que havia deixado a rádio e se transferido para a TV Bandeirantes com as bênçãos de Fiori, o cargo ocupado pelo narrador era objeto de desejo e inveja dos colegas. Na lembrança de Zanforlin, Fiori, por mais que não quisesse, precisaria abrir mão de amizades para manter o *status* que ocupava.

"A vida supermovimentada do Fiori era incompatível com as responsabilidades de um cargo de chefia. Por sorte, ele teve ao seu lado o 'faz-tudo' Osvaldo dos Santos, que, na prática, era quem comandava o departamento."

Para Antônio Edson, faltava a alguns colegas a cultura de saber respeitar uma hierarquia.

O que poucos colegas percebiam, ou não tinham boa vontade para perceber, era quão incômoda era a chefia para Fiori. E quantas foram as vezes em que ele se viu diante do conflito entre tentar agradar a todos e a obrigação de cumprir aquilo que o cargo exige. Fiori não era e nunca foi um disciplinador. Pelo contrário. A generosidade era um de seus principais atributos, qualidade reconhecida até por gente que não convivia cotidianamente com ele.

É o caso de Chico Lang. Durante a Copa América de 1991, Lang fora designado pelo jornal *A Gazeta Esportiva* para acompanhar a Seleção Brasileira. A Seleção Canarinho havia se classificado de forma dramática para as quartas de final da competição continental, ao vencer por 3 a 1 o Equador em uma partida na qual a vitória por dois gols de diferença era imprescindível. O desafogo veio aos 44 minutos do segundo tempo, com um gol do meia Luiz Henrique. Com a classificação, a delegação brasileira deixou Viña del Mar para jogar a fase seguinte em Santiago, onde Chico não havia reservado hotel.

Com um carro alugado, Chico seguiu para o hotel que abrigava a equipe da Bandeirantes. Lá encontrou Fiori, de quem era fã desde os tempos em que ouvia partidas do Corinthians no quintal de casa, no bairro da Pompeia, zona oeste de São Paulo. O então repórter conhecera Fiori no velho estádio Palestra Italia, quando escrevia para o *Mundo Esportivo*. Sem saber o que fazer e onde ficar, Chico acabou pedindo auxílio para o ídolo. A resposta não foi das mais animadoras. Fiori estava sozinho num quarto com cama de casal. Os dois logo chegaram à conclusão de que dormir juntos não seria a melhor solução. Em segundos, Fiori encontraria uma saída. Lembrou-se de que tinha um velho amigo na capital chilena. Anotou num papel o nome, rua e número do conhecido.

"Vai lá e diz que eu te mandei."

Chico ainda precisaria de um outro favor do narrador. Ao abrir a porta do Honda alugado, bateu acidentalmente na porta de outro veículo. O dono viu a cena e queria briga, exigindo que Chico pagasse o conserto. Fiori interveio de imediato.

"Ele não vai pagar nada! Foi um acidente e nem amassou a lataria. E, se você encostar a mão no meu amigo brasileiro, vai se ver comigo."

Ao chegar ao local indicado, Chico viu que se tratava de um hotel. E nem precisou pronunciar o nome de Fiori Gigliotti ao ser recebido pelo proprietário do local.

"Ah, Don Fiori!"

A indicação rendeu a Chico o melhor quarto e o direito de receber o café da manhã lá mesmo.

Integrante da equipe da Rádio Bandeirantes, Éder Luiz não tinha motivos para ficar preocupado com acomodações. No entanto foi durante as transmissões da Copa América que ele precisou do apoio do líder, principalmente ao perceber que nem sua voz chegava ao Brasil.

"Eu estava em um nível alto de tensão e nervosismo pois não sabia se a transmissão chegava ao Brasil. Como locutor titular da Bandeirantes, ele me deu dicas e me tranquilizou."

DESCOBRINDO A AMÉRICA

O ano de 1992 marcaria as comemorações do quinto centenário da chegada de Cristóvão Colombo às Américas. Um dos pontos altos da celebração foi a estreia de *1492 – A Conquista do Paraíso*, dirigido por Ridley Scott, com Gérard Depardieu no papel do navegador genovês que içou velas da Espanha com a ideia fixa de provar que a Terra era redonda. A expedição desembarcou em uma ilha do arquipélago das Bahamas, no Caribe.

Quinhentos anos depois da chegada dos europeus aqui, o futebol brasileiro de clubes ainda parecia um estranho no continente. Criada em 1960, a Copa Libertadores da América era quase que inteiramente dominada por argentinos e uruguaios. Apenas Santos (em 1962 e 1963), Cruzeiro (1976), Flamengo (1981) e Grêmio (1983) ousaram desafiar a supremacia das equipes dos países das margens do Rio da Prata. Uruguaios e argentinos faturaram 23 títulos do torneio até aquele ano. Era fato também que clubes brasileiros não davam grande importância à Libertadores, preferindo concentrar suas atenções nos campeonatos locais ou até mesmo em excursões para a Europa, como o Santos nos anos 60. Mas isso mudaria com o São Paulo de Telê Santana.

Uma década após a trágica eliminação brasileira da Copa da Espanha, o treinador continuava a lutar contra a insistente fama de pé-frio. Telê assumira o comando do São Paulo na segunda metade de 1990. Foi vice-campeão do Brasileiro daquele ano e, a partir de 1991, iniciou a montagem da estrutura que transformaria o Tricolor na maior potência do futebol brasileiro. O São Paulo conquistaria os títulos paulista e brasileiro daquele ano, o que garantiu sua vaga para o torneio de clubes sul-americano em 1992. Depois de um início oscilante na competição, o time se acertou e embalou. Classificou-se em segundo lugar no Grupo 2. Na sequência, passaria por Nacional do Uruguai, Criciúma e Barcelona, do Equador, para encontrar os argentinos do Newell's Old Boys na grande final. Na partida de ida, em Rosário, o time da casa venceu por 1 a 0. O São Paulo tinha a obrigação de vencer o jogo de volta.

Na noite de 17 de junho, o estádio do Morumbi recebeu mais de 105 mil torcedores. As emissoras de rádio registravam uma audiência monstruosa. Para sorte delas, nenhuma das grandes emissoras de TV adquiriu os direitos de transmissão do campeonato. A única que se apresentou foi a pequena Rede OM, de Curitiba, de propriedade do empresário e deputado José Carlos Martinez. Apesar de ser uma rede local, a OM ousou ao tirar da Globo seu principal locutor. Galvão Bueno empunhou o microfone da emissora naquela histórica noite. Quem estava na capital pôde assistir à partida pela TV Gazeta, que retransmitiu o sinal da rede paranaense. Fora da cidade, só era possível acompanhar os lances do grande time de Müller, Cafu e Raí pela antena parabólica.

Em campo, uma partida temperada com todos os ingredientes de uma típica final entre brasileiros e argentinos. O São Paulo venceu no sufoco, por 1 a 0, gol de Raí numa cobrança de pênalti. O resultado levou a decisão para a disputa dos tiros livres diretos da marca de pênalti. O São Paulo vencia por 3 a 2 quando o zagueiro Gamboa partiu para sua cobrança. Em um Morumbi envolto em um silêncio quase sepulcral, o goleiro Zetti saltou no canto esquerdo, espalmou e fez o estádio quase ruir com a vibração da massa tricolor. Naquele momento, o São Paulo não somente conquistava o título máximo de sua história como faria o futebol brasileiro começar a dar o devido reconhecimento ao torneio.

Da cabine da Rádio Bandeirantes, Fiori sublimou a defesa de Zetti e a conquista são-paulina de poesia e, sem ter a menor ideia disso, emocionou milhares de torcedores e ouvintes. Entre eles estavam o filho Marcelo, são-paulino até a medula e um garoto de nove anos fã do narrador, que fez questão de ouvir a partida pela Bandeirantes. Naquela noite, Rafael Spinelli decidiu que iria dedicar-se à narração esportiva. Rafael e Fiori ainda seriam muito próximos.

No Morumbi, em uma cabine próxima à da Bandeirantes, a equipe da

Rádio Eldorado estava encerrando uma transmissão que nem deveria ter sido iniciada. Naquele ano, a emissora criou um programa de esportes com oito horas de duração, aos domingos. A atração trazia informações das principais partidas do fim de semana e contava com a presença de um repórter em algum estádio paulistano, que não fazia a transmissão dos jogos. A equipe havia se deslocado naquela noite ao Morumbi apenas para informar os ouvintes quando, ainda no caminho do estádio, recebeu uma ordem da Direção para que a partida fosse transmitida na íntegra. O comandante do time, o jornalista Mário Marinho, sabia a quem entregar a responsabilidade. Conhecido na emissora por apresentar o *Jornal da Eldorado* e o *Caderno de Sábado*, Nivaldo Prieto foi pego de surpresa com a notícia. Ele estrearia no novo ofício justamente naquele que seria o jogo mais importante do ano no Brasil. Ao mesmo tempo assustado e feliz com o desafio, Prieto inspirou-se em um locutor que ele ouvia desde a infância, quando a família se reunia para ouvir futebol pelo rádio. A exemplo de Fiori, o novato buscou um estilo próprio. Não queria ser uma xérox dos outros nomes consagrados.

Anos depois do primeiro encontro naquela final, Fiori estava de costas para a porta da cabine da Rádio Bandeirantes e, de uma forma que Nivaldo Prieto jamais entendeu, percebeu sua presença ali e o chamou.

"Prieto, venha cá por favor."

Nivaldo já estava na televisão, mas não havia esquecido a grande escola que foi o microfone da Eldorado, principalmente a partir do momento em que a emissora decidiu efetivá-lo como narrador titular. Foi a partir dali que ele adotou a prática de gravar as transmissões de Fiori Gigliotti para saber de que forma poderia ser diferente e não se parecer com a maioria. Nivaldo não tinha a mínima noção do objetivo de Fiori ao chamá-lo à cabine, mas atendeu ao chamado e ocupou o lugar de Dalmo Pessoa ao lado do narrador. Fiori não fez nenhuma pergunta. Como se tivesse tido uma premonição ou o dom da adivinhação, deu início ao discurso.

"Filho, tenha paciência. Tudo isso na sua vida vai passar. Todos nós passamos por isso e é muito difícil. Mas você vai conseguir vencer, você tem que ter fé em Papai do Céu. Confia em Deus e ele vai te dar forças. Ele vai te ajudar e você vai superar tudo isso."

Prieto, em um misto de surpresa e resignação, entregou-se.

'Fiori, está muito difícil."

"Mas vai dar tudo certo."

Prieto não se preocupou em saber como Fiori havia descoberto e não só respeitou como ficou admirado com o conselho que acabara de receber, ainda mais em um momento tão difícil da vida, em que Waldomiro, seu pai, lutava contra uma cardiopatia e ele tentava se recuperar de outras perdas familiares. Prieto percebera ali que Fiori conseguia ser ainda mais humano do que demonstrava no ar. O pai de Prieto, Waldomiro, viria a falecer pouco tempo depois dessa conversa.

Despertar o desejo de narrar em uma criança e inspirar um jovem narrador como Nivaldo Prieto poderiam ser suficientes para Fiori, àquela altura da vida, começar a desacelerar. Mas ele ainda seguia na sua obstinada busca por novos talentos para o meio que o consagrou. E mais um deles bateu na porta de sua cabine em um jogo na Vila Belmiro. Era um jovem com pouco mais de 20 anos que, naquele dia, empunhava o microfone da Rádio Anchieta de Itanhaém. Ele fora até ali só para pedir um autógrafo ao ídolo e inspiração. Fiori não quis ficar apenas na assinatura e escreveu uma dedicatória que soou como um presságio.

"Um abraço ao amigo e futuro narrador Odinei Ribeiro."

No ano em que o Brasil descobriu a América no futebol, Fiori Gigliotti testemunhava o surgimento de três narradores com os quais iria conviver de uma maneira inesquecível em pouco tempo. Ele só não havia encontrado ainda uma voz feminina para a locução esportiva. Ao participar do *Programa Topa Tudo por Dinheiro*, do SBT, teve a missão de avaliar as narrações de duas moças escolhidas no auditório pelo apresentador Silvio Santos. Elas teriam de narrar o primeiro gol da vitória do São Paulo sobre o Palmeiras, por 2 a 1, na segunda partida decisiva do Campeonato Paulista de 1992. Seria o gol marcado pelo atacante Müller. Fiori elogiou o esforço das moças. Acabou por escolher aquela que narrou com maior precisão o lance. Posteriormente, a pedido de Silvio, narrou o mesmo lance com seu estilo clássico, elegante e inconfundível. Foi aplaudido por todo o auditório.

Coincidentemente foi em um clássico entre São Paulo e Palmeiras que Fiori proporcionou uma das maiores emoções ao atacante autor do gol narrado pelas garotas. Müller marcou dois dos três gols do Tricolor na vitória por 3 a 1, na semifinal do Paulista vencido pelo São Paulo, em 1987. Tricampeão mundial pelo clube e pela Seleção em 1994, ele ficou mais emocionado ainda ao ouvir no carro a narração dos gols.

"Fiori emocionava porque era uma referência na narração, um pioneiro que tinha o estilo dele. Eu ouvia muito a Bandeirantes por causa dele."

Nos corredores da rádio, o cartaz de Fiori não era o mesmo que o de ruas, estádios e corações da audiência. Na metade de 1994, a emissora havia encomendado uma pesquisa com seus ouvintes. Na primeira parte da enquete, os entrevistados respondiam quem era, na opinião deles, o narrador preferido da Bandeirantes quando Fiori Gigliotti não estava no ar. A segunda questão era dizer quem era o segundo narrador preferido em um âmbito geral. Não valia citar os titulares de nenhuma emissora. Nas duas enquetes, o nome de Dirceu Maravilha ganhou a preferência.

No final de 1994, depois de não ter sido eleito deputado em sua segunda tentativa de fazer carreira política, Fiori preparava-se para mais uma decisão na carreira. Com mais de quatro décadas de estrada, nenhum jogo, por mais importante que fosse, seria capaz de alterar sua rotina dominical. No começo da tarde, ele sairia da sua casa, na Avenida 9 de Julho, e seguiria para o Estádio Paulo Machado de Carvalho, onde Palmeiras e Corinthians decidiriam o título brasileiro. Para o Alviverde até uma derrota por um gol bastava para a conquista do título, pois havia vencido, com tranquilidade, o primeiro jogo por 3 a 1.

Não era necessário alterar o itinerário. Bastaria a Fiori seguir pela 9 de Julho, acessar a Avenida Paulista, ir até a Avenida Doutor Arnaldo, descer pela Major Natanael e seguir pela Capivari até o portão que dá acesso à imprensa do velho Pacaembu. Fiori, porém, resolveu dar mais uma de suas "inventadas" de caminho que tanto irritavam Marcelo.

"Não havia nenhum motivo, mas ele gostava de mudar o trajeto."

Marcelo dirigia o Gol preto enquanto Fiori, no banco do passageiro, indicava quais ruas o filho deveria seguir. Para a surpresa dos dois, o carro entrou em uma via tomada por torcedores do Palmeiras. Marcelo temeu pelo que poderia acontecer a um veículo com a cor predominante do time rival. Havia também a preocupação com o horário, que começava a ficar apertado, pois se aproximava o momento em que Fiori deveria dizer *Torcida brasileira, carinhosamente boa tarde!* na cabine da Bandeirantes no estádio. Só que uma grande surpresa estava reservada. Um integrante da Mancha Verde reconheceu o locutor no carro e avisou os demais membros da torcida.

"É o Fiori! Abre espaço aí que ele precisa chegar logo no estádio!"

Em uma torcida organizada, missão dada é missão cumprida. Fiori aceitou o pedido dos torcedores mais próximos, saiu do carro e sentou-se no capô. Marcelo desligou o motor do carro e deixou que os integrantes da organizada empurrassem o veículo. Os membros da Mancha Verde conduziram o veículo até a entrada do Pacaembu com um grito que deixou Fiori feliz, porém constrangido.

"Ense, ense, ense, o Fiori é palmeirense!"

Na lembrança de Marcelo, a presença de Fiori e os gritos dos torcedores provocaram um fenômeno quase impossível de ser visto em dias de grandes jogos: torcedores que ocupavam a rua abriam caminho para bloqueá-la novamente assim que o carro passava.

"A gente parecia Moisés atravessando o Mar Verde."

No Pacaembu, Marques abriu o placar para o Corinthians, aos seis minutos do primeiro tempo. Rivaldo, quase no crepúsculo do jogo, completou a jogada iniciada por Edmundo e empatou a partida. O Palmeiras conquistava o octocampeonato brasileiro, que na época foi considerado o tetra pois não havia a unificação dos títulos da Taça Brasil (1960 e 1967) e do Robertão (1967 e 1969), homologada em 2010 pela CBF. Seria o quinto título importante do clube em apenas três anos da chamada Era Parmalat, em referência à empresa de laticínios italiana que despejou um caminhão de dinheiro nos cofres do clube. A cogestão entre o Palmeiras e a empresa ainda traria outros títulos importantes ao clube e o transformaria no time a ser batido na segunda metade dos anos 90. Aquela final marcaria a última vez que Fiori gritaria *É fogo, é gol!* com prazer e alegria no microfone da Rádio Bandeirantes.

Ouça os gols da final do Brasileiro de 1994 – Palmeiras 1 x 1 Corinthians

O TEMPO PASSA

Em dezembro de 1994, Fiori não tinha ideia de que a pesquisa de opinião com os ouvintes estava sendo finalizada. Tanto que, tão logo terminaram o Brasileirão, as festas, os jantares e as premiações, seguiu com a família para o seu cantinho em Águas de São Pedro. Do miniestúdio montado anos antes em um dos quartos da casa, Fiori participava de alguns programas da emissora. Eram aqueles típicos de fim de ano em que repórteres e comentaristas fazem apostas e prognósticos sobre o que poderia acontecer com os grandes times e com a Seleção no ano seguinte. O Palmeiras de Fiori era apontado como o grande favorito para a temporada de 1995, mesmo perdendo o treinador e três titulares absolutos. A meta era a inédita conquista, na época, da Copa Libertadores, título que havia escapado duas vezes: em 1961, para o Peñarol e, em 1968, para os argentinos do Estudiantes. O que Fiori sequer desconfiava é que ele não estava nas projeções da emissora para 1995.

O locutor não teve tempo nem chance de argumentar quando a Direção da Bandeirantes o convocou para uma reunião em seu primeiro dia de trabalho em São Paulo após as férias. O aviso foi curto e direto: a partir daquele instante, o narrador titular da Rádio Bandeirantes seria Dirceu Maravilha. A Fiori restava a condição de segundo narrador, aquele que trabalharia nas partidas secundárias, que normalmente ocorriam aos sábados ou às quintas-feiras. Se um clube considerado grande jogasse no mesmo horário da partida principal, Fiori seria o posto, ou seja, apenas transmitiria as principais informações, sem narrar o jogo. Vice-presidente de rádios do Grupo Bandeirantes de Comunicação, Mario Baccei afirmaria, quase 20 anos depois, que o processo era mais do que natural e Fiori sabia que era inevitável.

"Nós caminhávamos para um tempo novo e o próprio tempo mostrava que ele iria narrar menos. A renovação é um processo natural em qualquer empresa e precisa ser muito bem entendida. Não se trata de desprezo, de pegar um grande patrimônio e jogá-lo fora. Isso é parte do profissional e da empresa. Era um comum acordo. Na época, o próprio Fiori sentia essa necessidade. Só que, talvez, não houvesse nenhuma figura despontando e não houve a oportunidade de avançar mais rápido. Mas sempre foi um desejo dele."

Para Baccei, a mudança seria saudável para o próprio Fiori. Ele afirma que não viu tristeza no olhar de Fiori. Nem revolta.

"Aparentemente, foi normal. Não teve nenhuma grande crise, pelo menos não demonstrava isso em algumas reuniões que fazíamos. Se havia uma grande crise, não aparecia, não se percebia."

Fiori ouviu a argumentação da Bandeirantes, mas jamais entendeu os motivos, sobretudo porque a Jovem Pan mantinha José Silvério no topo dos narradores e a Globo subia Oscar Ulisses à condição de titular. Osmar Santos se recuperava de um grave acidente que sofrera em dezembro de 1994, dois dias depois daquela final no Pacaembu, na estrada que liga Marília a Lins e que, por consequência, afetara de maneira irreversível a parte do cérebro responsável pela fala. Nunca mais o *Pai da Matéria* soltaria sua voz e irreverência pelas ondas do rádio. Ao tomar conhecimento da deliberação da Direção da rádio, Paulo Edson não entendeu.

"Quer dizer que, se tivesse um clássico no domingo, ele faria Juventus e São Bento no sábado, por exemplo? Nada contra essas equipes, mas um nome como Fiori não merecia isso."

Beneficiado pela decisão, Dirceu Maravilha também entendeu o posicionamento da emissora. E, como não poderia ser diferente, aprovou a mudança. Porém, olhando pelo lado de Fiori, Dirceu sabia o quanto a alteração era maléfica para o locutor que se tornara um mito do rádio brasileiro.

"Naquela época, a rádio estava em um período de transição, querendo dar uma incrementada e vendo alguém em quem podia apostar mais. Mas gostaria que essa transição fosse feita de maneira mais sutil. A casa decidiu por mim, pela audiência, pelo trabalho e pelo tempo de casa dele."

A Dirceu coube não só a responsabilidade de assumir a titularidade como também um desafio muito maior: mostrar que não havia sido ele o responsável pelo que muitos consideraram uma "puxada de tapete" em Fiori.

"Uma coisa é certa. Foi um trabalho normal da Direção. Ninguém foi passado para trás, não houve puxada de tapete. Não pedi nada, não forcei nada. Essa mudança veio também pelos anunciantes. Quem sabe do meu comportamento e do meu caráter sabe que eu jamais faria isso, ainda mais com o Fiori."

Marcelo Gigliotti via na expressão do pai o quanto a decisão o havia ferido, mas também isentou Dirceu Maravilha. Para o filho, o colega não teve responsabilidade no processo de mudança. A decisão foi única e exclusivamente da Direção da Bandeirantes.

Quase duas décadas depois, Salomão Ésper usa da cautela para analisar as razões que levaram ao afastamento de Fiori do posto de titular das transmissões da Bandeirantes, função que ocupou por mais de três décadas (descontados os cinco anos de Jovem Pan). Ícone da emissora, Ésper procura não se dirigir especificamente ao colega, mas fala do estilo de narração, cada vez mais associado a romantismo e tradicionalismo. Dirceu tinha esse estilo mais jovial e dinâmico.

"Começa-se sempre a falar em 'fadiga do material'. E eu acho que é uma coisa natural. Injusta, mas natural. É a novidade. Quando a novidade é boa, ela praticamente dita caminhos. Fiori não deixou de ser bom porque surgiu um outro bom. Ele tinha ouvintes fidelíssimos, que jamais desligaram de sua transmissão diante de qualquer novidade, por mais alvissareira e potente que fosse. Não houve sacanagem, talvez um erro de apreciação."

Salomão comparou a troca da velha guarda na Bandeirantes ao surgimento da Jovem Guarda. Para ele, nomes consagrados como Orlando Silva, Nelson Gonçalves e Elizeth Cardoso não resistiriam àquela novidade, que um dia também não seria mais jovem, mas deixaria como legado alguém como Roberto Carlos. Falava de dois reis: um da música, outro do rádio esportivo.

Ele também recordou ainda que João Jorge Saad jamais permitiu que nenhuma violência atingisse Fiori. E recordou o episódio ocorrido em 1985, quando José Silvério foi contratado como um possível substituto do Mestre.

"Quando houve a necessidade de se preparar para gerações futuras, foi contratado o José Silvério. O Fiori falava em fazer mais uma Copa, algumas temporadas e depois passaria mais tempo cuidando da equipe. Poderia ser comentarista. Ele mesmo, sabendo que um dia o inevitável aconteceria, tratou disso. Mas não prematuramente."

Salomão não confirmou a realização da pesquisa para a escolha do segundo narrador. Mas recordou-se que os anunciantes tinham voz ativa dentro da emissora. E eles também queriam novidades.

De saída da Bandeirantes, Éder Luiz estava pronto para assumir um projeto ousado na Rádio Capital. Deixaria de ser apenas um locutor para ser o gerente de toda uma equipe esportiva. Éder tinha consigo a plena certeza de que fora seu desempenho durante a Copa do Mundo de 1994 que o "empurrara" para esse caminho. Ele acreditava que a mão de Fiori havia impulsionado sua carreira. Por isso, pela amizade, pelo respeito e, sobretudo, pela admiração que nutria por Fiori, Éder jamais aceitou os argumentos da Bandeirantes.

"Na minha maneira de ver, naquele momento o Fiori foi muito injustiçado. Os índices dele continuavam inabaláveis e, qualquer modificação que uma empresa vá fazer, deve ter um embasamento para uma troca. Mas ali eu já sentia um desgosto muito grande do Fiori, por tudo aquilo que ele representou para a Rádio Bandeirantes. Ele sempre amou a empresa e, desde que começou o Escrete do Rádio, criou um novo momento para a rádio. Aquela iniciativa deu grande repercussão à emissora e o Fiori, sem dúvida, foi o grande responsável por aquilo. Fiquei bastante magoado com tudo isso. Foi uma das grandes injustiças que já vi no rádio até hoje."

Além da admiração que, mesmo depois de anos, continuava a crescer, Éder ainda havia saído da Bandeirantes com a bênção do Mestre. Dois anos depois, ele voltaria para o Grupo, para levar o esporte à frequência FM da rádio.

O descontentamento com a mudança brusca e repentina era mais do que visível. No entanto quem conhecia Fiori sabia que, por menos que concordasse, ele jamais desacataria uma decisão da Direção da Bandeirantes. Dessa maneira, passou a exercer a função determinada pela emissora. Logo começou a perceber que as mudanças estavam sendo rapidamente colocadas em prática, sobretudo no que dizia respeito ao rejuvenescimento da equipe. Nomes como os repórteres Alessandro Sabella, Sérgio Loredo e Eduardo Affonso passaram a integrar os quadros da emissora. Dois anos depois de chegarem ao time, já trabalhavam diretamente com Fiori. Entre eles, estava também Ricardo Capriotti. O então repórter desembarcou na emissora em 1993, depois de passar pelas rádios Cacique, de Sorocaba, e Gazeta, em São Paulo. Contratado pelo novo chefe de Esportes da Bandeirantes, Sérgio Cunha, foi apresentado a Fiori, então diretor de Esportes, assim que acertou a transferência para o Morumbi. Na lembrança de Capriotti, Fiori deu a ele a melhor recepção possível.

"Fui levado até a sala do Fiori e ele me recebeu muito bem. Foi a forma como ele me tratou que passou segurança e confiança para eu começar meu trabalho na rádio."

Foi em uma transmissão com Capriotti que Fiori precisou, e muito, da ajuda do colega. Corinthians e Portuguesa jogavam no Pacaembu, em outubro de 1994, pelo Brasileiro. O Alvinegro vencia por 2 a 0, quando aconteceu um lance que o repórter preferia não ter visto, aos 42 do segundo tempo.

Em uma cobrança de falta rápida de Aritana, a bola espirrou na barreira e sobrou para o volante Simão diminuir o placar. No momento do lance, Fiori lia um texto publicitário e perdeu a jogada. Ao voltar o olhar para o campo, viu os jogadores do Corinthians colocando a bola no meio de campo para a partida ser reiniciada. Sem entender, acionou Capriotti, que buscou em segundos uma maneira de informar o gol sem constrangê-lo. Disse ao narrador que a falta havia sido cobrada com rapidez e que nem a torcida da Lusa tinha visto o lance.

Em menor número, com o clássico quase decidido, os torcedores da Lusa quase não foram ouvidos na comemoração do gol que Fiori não narrou. A jornalista Letícia Gomes, prima de Mauro Beting e torcedora do Corinthians, estava no Pacaembu, na Gaviões da Fiel. Ela também não viu o gol rubro-verde, enquanto comprava sorvete, nem ouviu a manifestação das torcidas no estádio. Só foi entender o motivo do desespero dos torcedores corintianos nos minutos finais, quando olhou para o placar e viu anotado o gol do rival que ela não ouvira nem Fiori vira.

"Há como entender a incompreensão dele com o gol da Portuguesa. É um risco que as transmissões têm com os textos comerciais lidos pelos locutores na cabine. Foi parecido com um pênalti perdido, como o do Zico, em 1986, ou pelo Baggio, naquele mesmo 1994, no Mundial. Só acontece com quem está em campo. E causa espanto quando ocorre com um craque como Fiori."

A Bandeirantes não parecia demonstrar a mesma tolerância e compreensão com aquele que se tornara quase que um sinônimo da própria rádio. Ao mesmo tempo que Fiori figurava como segundo narrador, havia uma grande pressão para que o locutor mais antigo da casa ficasse cada vez mais longe dos microfones. Enquanto a emissora cada vez mais o afastava daquilo que mais sabia e gostava de fazer, diretores de uma concorrente se aproximavam cada vez mais dele. Por mais improvável que pudesse ser, depois de 32 anos de Bandeirantes Fiori iria mudar de ares. Seu próximo destino: Rádio Record.

CREPÚSCULO DE UMA ERA

O telefone da casa da produtora Ana Marina Maioli tocou no meio das suas férias. A mensagem foi transmitida de uma forma tão direta quanto desagradável. Dentro da política de rejuvenescer a equipe esportiva, na linha de frente ou nos bastidores, a Rádio Bandeirantes não contaria mais com os serviços da profissional. Ana Marina jamais soube e sinceramente não quis saber quem foi o responsável por sua demissão após 15 anos de serviços prestados à rádio. Ela lembra que Fiori ficou triste quando foi comunicado.

"Ele me disse que não sabia que eu iria sair. Até hoje não sei se é verdade. Mas ele ficou chateado porque tivemos uma boa relação depois que ele se tornou chefe do departamento de Esportes."

Fiori não ficou apenas chateado. A saída de Ana Marina era o indício de que os profissionais mais antigos estavam com o prazo de validade para vencer. O narrador sabia que ele era a "bola da vez". Dar a ele a chefia do departamento, mas não a autonomia que um chefe poderia ter, era uma política cada vez mais visível, na medida em que, a cada retorno de férias de um funcionário do time, Fiori era surpreendido com a sua demissão. Tudo sem que ele sequer fosse consultado. Com a proposta da Record em mãos, Fiori antecipou-se a qualquer ligação da Bandeirantes e foi à sala da alta cúpula da emissora. A carta de demissão foi recebida com surpresa. Na lembrança de Marcelo Gigliotti, a Direção da Bandeirantes tentou oferecer vantagens para que Fiori não deixasse a emissora. Tudo em vão.

"Meu pai disse: 'Estive aqui por 38 anos e vocês nunca me ofereceram nada. Venderam propagandas usando meu nome e nunca me deram comissão por isso. Agora que eu quero sair, vocês me oferecem vantagens? Agora eu não quero mais.'"

Na lembrança de Mario Baccei, a alta Direção da Bandeirantes ficou sem alternativa.

"Ninguém chegou para ele e disse que ele estava demitido. Ele saiu, resolveu sair. E nós respeitamos a posição dele."

De acordo com Marcelo, Fiori teve de dar o comunicado de maneira rápida e direta, sob o risco de arrepender-se no meio da conversa, algo bastante possível em se tratando da relação do pai com a Bandeirantes. Mas, àquela altura, Fiori já havia dado o sim à proposta recebida da Record. Mesmo assim, não foi um dia fácil. Marcelo conta que ele chegou em casa arrasado. Aquele dia havia acabado com ele.

Jamais houve, mesmo após mais de duas décadas, um consenso a respeito dos motivos que levaram ao divórcio de Fiori Gigliotti da Rádio Bandeirantes. Há até quem diga que ele foi demitido, versão desmentida pelo filho. Segundo ele, o contrato do pai com a Bandeirantes estava perto do fim e, diante de uma boa proposta da Record e da evidente falta de vontade da Bandeirantes com relação a Fiori, o pai esperou a data do término do vínculo para colocar em prática sua inesperada mudança de casa. A unanimidade, no entanto, era que quase ninguém aceitou a saída de Fiori da Bandeirantes. Quase duas décadas depois, José Paulo de Andrade continuava a acreditar que, se houvesse maior boa vontade da empresa, Fiori teria permanecido.

"Foi muito triste a saída do Fiori. Considerei-a como uma injustiça. Ele não deveria ter saído, mas, infelizmente, a politicagem ainda vigora dentro de qualquer empresa. Infelizmente, o Fiori se foi e nós perdemos um dos maiores talentos da história da Bandeirantes, que foi prejudicado por medíocres."

A saída não foi somente triste. Criou em Fiori um grande sentimento de amargura, principalmente quando o narrador olhava para trás e via o quanto tinha aberto mão de benefícios para si em prol da rádio. Pelo que lembra Milton Neves, Fiori poderia ter ficado milionário, não fosse o amor pela Bandeirantes.

"Isso ele me confidenciou depois. Disse que, por várias vezes, vendeu publicidade para a Bandeirantes e não recebeu nada em troca. A rádio ficava com a maior parte e o departamento de Publicidade com a comissão. Quando o Fiori foi autorizado a vender, já não tinha mais o mesmo nome. E olha que ele teve um nome que só os homens da televisão de hoje têm."

Na lembrança de Marcelo, Fiori jamais foi o responsável por vendas de quotas publicitárias. Entretanto, o nome dele era um dos principais atrativos oferecidos pelo Departamento Comercial na negociação com anunciantes.

Em casa, por mais que não tentasse aparentar, o sofrimento de Fiori era visível. Dentre muitas lembranças, estava o discurso em cima de um caixote de madeira, quando os funcionários da Bandeirantes ameaçavam uma greve por atraso de salários. Fiori usou todo o seu poder de oratória e muito do amor que tinha pela Bandeirantes para demover os colegas da ideia de paralisação. Quando a decisão foi tomada, Fiori percebeu que, atrás de um vidro, sem que ninguém pudesse vê-lo, estava um emocionado Johnny Saad, que retribuiu a gentileza de Fiori com um abraço fraternal, que mostrava o quanto era próxima a relação do narrador com os patrões. Em retribuição por tudo que fizera, o pai de Johnny, João Jorge Saad, cogitou a possibilidade de oferecer ao narrador um cargo na alta cúpula da Bandeirantes num futuro próximo.

Esse futuro nunca chegou.

Com José Silvério, a saída da Bandeirantes foi comentada uma única vez, em uma carona que o narrador da Jovem Pan deu a Fiori após a participação dos dois em uma palestra universitária. Pelo teor e pela iniciativa, o diálogo soou como um pedido de desculpas de Fiori pela maneira como tratou Silvério na Bandeirantes em 1985.

"Pois é, Silvério... Eu te tratei tão mal e agora acontece isso."

"Por isso, Fiori, que eu trabalho onde sou feliz e tenho a consciência de que a empresa não é minha", respondeu o ex-concorrente.

Tony José considerou a saída traumática e recordou que, em conversas posteriores, Fiori demonstrou toda a sua mágoa com a empresa para a qual dedicou mais da metade da sua vida.

"Ele deu tudo pela casa. Ele fez a Bandeirantes, viajou por esse interior todo buscando torres de transmissão para a TV. Ele era muito ligado ao João Saad. Mas, quando o Fiori saiu, ele estava doente e a estrutura já era outra. Não havia mais aqueles compromissos sentimentais, do fio do bigode. Pelo que a gente ouvia nos bastidores, havia uma pressão velada para que ele virasse comentarista, mas ele estava relutante. Por duas vezes o vi derramar lágrimas."

Se daria certo ou não, Tony José não sabe dizer. Mas para o colega e amigo Fiori era um dos pilares da emissora. Poderia ter sido tratado de outra forma.

Consagrado e com o *Show do Esporte* a todo vapor nos domingos na TV, Luciano do Valle também ficou triste com a forma com que Fiori deixou a casa à qual dedicou quase 40 anos de vida.

"Acho que o Fiori merecia uma grande homenagem. Não deveria ser do jeito como foi. Ele deveria ter encerrado a carreira na Rádio Bandeirantes. Ele tinha uma identificação com a emissora. Você falava em Fiori, falava em Bandeirantes. Falava em Bandeirantes, falava em Fiori. Falava nos dois, falava em Cadeia Verde-Amarela."

Repetindo a sina de grandes colegas de ofício, Luciano morreria às vésperas de uma Copa do Mundo, a do Brasil, em 2014.

À Rádio Bandeirantes restou a adaptação a uma nova realidade, um processo em que o saber ouvir mostrou-se de grande importância, sobretudo quando se tratava das reclamações de ouvintes e anunciantes. Na lembrança de Mário Baccei, o trauma era esperado. O vice-presidente de rádios do Grupo não lembrou ao certo se houve uma queda no faturamento por conta da saída de Fiori, embora o vazio tenha sido bastante perceptível.

"Pode ser que tenha havido a perda institucional da figura, que poderia ser uma marca importante na relação com o mercado. Mas, no final, todo o mundo perdeu e todo o mundo ganhou."

As cortinas foram fechadas em dezembro de 1995 na rádio da vida de Fiori.

RELEMBRE ALGUMAS NARRAÇÕES HISTÓRICAS DE FIORI GIGLIOTTI

Cantinho de Saudade - Jogadores Lidu e Eduardo (1969)

Ouça os gols de São Paulo 4 x 4 Palmeiras - Segundo turno do Brasileiro de 1985

Ouça o gol de Jairzinho - Brasil 1 x 0 Inglaterra, Copa de 1970

Ouça o gol de pênalti marcado por Zé Maria - Fluminense 1 x 1 Corinthians

Ouça o gol marcado por Evair de pênalti na final do Paulista de 1993 - Palmeiras 4 x 0 Corinthians

CAPÍTULO 5

A *famiglia* Gigliotti

Maestro, arranjador, pianista e vibrafonista, o paulistano Sylvio Mazzucca já era um nome consagrado da música brasileira naquele início dos anos 50. Estudou piano desde os seis anos e, por várias vezes, substituiu o pai como pianista nas missas da Igreja Nossa Senhora Achiropita, a da famosa festa, no italianíssimo bairro do Bixiga, em São Paulo. Aos 12 anos, começou a tocar profissionalmente na orquestra de baile da Sociedade Recreativa Esportiva Gabriele. Ao completar 18 anos, foi convidado para tocar na Rádio Educadora Paulista, a PRA-6, onde ficou até 1938. De lá seguiu para a Rádio Tupi. Em 1947, já com a batuta em mãos, tornou-se diretor artístico da Rádio Bandeirantes e começou a apresentar programas musicais ao vivo na emissora, em um tempo no qual os espectadores acompanhavam o trabalho dos radialistas *in loco*, como se fosse um grande teatro. O formato permitia uma proximidade muito maior entre locutores e ouvintes. Há quem diga que muitos profissionais do rádio aproveitavam os intervalos para interagir com a plateia, em sua maioria formada por mulheres. Nem é preciso dizer que, muitas vezes, a proximidade não era das mais ingênuas.

Com plateias lotadas, o programa de Mazzucca, morto em 2003, fazia um sucesso estrondoso nos fins de tarde do *dial* paulistano. Para garantir um lugar perto do palco, era necessário chegar bem cedo. Os mais adiantados ainda pegavam o final da *Marcha do Esporte*, programa que antecedia a entrada do maestro no ar. Uma delas era Therezinha Nanini, telefonista da Carvalho Meira, empresa especializada em portas e artigos para banheiros. O escritório ficava na Rua Líbero Badaró, a poucos quilômetros da Rua Paula Sousa, da primeira sede da Rádio Bandeirantes. De tão assídua, Therezinha havia se tornado amiga de Fiori Gigliotti, na época o responsável pelo quadro inicial da atração esportiva, que tinha o sugestivo nome de Chute na Canela, em que o locutor analisava a atuação de técnicos e jogadores em campo. Sempre que podiam, Fiori e Therezinha batiam longos papos após a gravação.

Um dia, a telefonista foi ao auditório acompanhada por uma amiga e colega de empresa. Fiori se aproximou para cumprimentá-las quando olhou para aquela figura até então desconhecida para ele. Mal sabia que aquele encontro mudaria para sempre suas vidas, como revelaria Adelaide.

"Eu ia aos programas de auditório da Bandeirantes com os meus pais e minha amiga Therezinha. Naquele dia, fui para ver o Del Río, um cantor espanhol muito famoso naquela época, mas gostei mesmo do locutor com o bigodinho do Clark Gable."

Filha de imigrantes portugueses que se estabeleceram na zona norte da cidade de São Paulo, Adelaide Gonçalves Govinhas contou que aquele gentil cavalheiro foi logo oferecendo um café para ela e a amiga. Depois foi a um bar vizinho à rádio, do seu Benito, e comprou bombons Sonho de Valsa para elas. Na lembrança de Adelaide, Fiori usou todos os recursos possíveis para ficar o máximo de tempo perto delas. Tanto a amiga quanto ela perceberam logo as intenções do galanteador. Mas o locutor nem precisou forçar a barra para isso. Ela também agradou de cara.

"De olhar, já gostei. E aquela voz me encantou."

Percebendo que estava sobrando na história, Therezinha inventou uma desculpa para ir embora e deixá-los a sós. Os dois, então, seguiram a pé para o Vale do Anhangabaú. Chegando lá, pararam para comer um lanche. Na sequência, Fiori a levou ao Largo do Paissandu, onde ela pegou o ônibus para voltar para casa. Não seria uma despedida definitiva. Muito pelo contrário. Ali, naquela parada de ônibus, seria dado o primeiro de milhares de beijos entre eles. Começava o que Adelaide definiria como um conto de fadas. Mas com várias feitiçarias pelo caminho.

Fiori dedicava boa parte do dia à Bandeirantes, mas não deixava a namorada de lado. O expediente de Adelaide na Carvalho Meira ia até as 19 horas. Quase todas as noites, ele a buscava na porta do trabalho. Os encontros começaram a criar problemas em casa e no serviço. Na empresa, seu Isaías, o dono, começou a implicar com a funcionária. Fiori tinha o hábito de visitá-la na empresa. Às vezes, passava horas e horas lá. Um dia o chefe chamou Adelaide e deu o ultimato.

"Fala para esse moço vir te buscar aqui às seis horas e vocês passam a noite conversando. Agora passar a tarde toda aqui não dá, né?", ralhou seu Isaías.

Em casa, a situação era um pouco mais complicada. O pai de Adelaide, o português Manoel Rodrigues Bento, quis saber o que a filha fazia tantas horas pela rua depois de terminar o expediente. Ela morava com o pai, a madrasta Laura e a meia-irmã, Joaquina. A mãe, Arminda Gonçalves, tinha partido quando ela ainda era muito nova. Adelaide não mentiu, mas ouviu a primeira dentre as inúmeras broncas homéricas que tomou por conta da relação.

"Agora vai ficar namorando pra baixo e pra cima, e isso não vai dar em nada. Gosto das coisas claras aqui em casa."

O ponto de encontro do casal era nas lanchonetes do centro de São Paulo. Não aconteciam todos os dias, já que os salários dos dois não permitiam grandes extravagâncias. Mas um dia Fiori e Adelaide receberam uma ajuda do acaso. Uma das saídas acabou financiada por dinheiro encontrado em plena calçada. Gostavam de andar pela região. Quando podiam, comiam um filé com espinafre no famoso restaurante do Carlinhos. Curtiam os cinemas da Cinelândia, como era conhecido o trecho da Avenida São João entre o Vale do Anhangabaú e a Avenida Ipiranga. *O Ladrão Silencioso*, estrelado por Ray Milland e Rita Gam, com direção de Russell Rouse, era um dos filmes preferidos dessa fase do casal.

Com o passar do tempo, Fiori passou a acompanhar Adelaide até sua casa.

Descia do ônibus um quarteirão antes do endereço. Tudo para evitar o encontro com o sogro bravo. Só que, um dia, ele cansou dessa rotina. E disse a Adelaide que iria se apresentar ao pai dela. A ideia era acabar com qualquer tipo de receio e desconfiança. A data foi marcada. Fiori se arrumou e entrou nos domínios de seu Manoel. Recebeu do futuro sogro a autorização para namorar, junto com alguns conselhos nada simpáticos.

"Olha lá! Vocês vejam bem. Namorar não é brincadeira. Ela trabalha e tem que cuidar da vida dela. Fiquem à vontade, mas veja lá como você vai agir, rapaz."

Manoel cumpriu o papel que se esperava de um pai. A preocupação era compreensível pelo fato de não conhecer o moço que havia se interessado pela filha. Mas a verdade é que Fiori mal tocou nela enquanto os dois namoraram. Quase todos os dias, ele a esperava na saída do trabalho para que os dois pudessem se ver. Passar a noite juntos? Nem pensar. E Manoel não esperava receber tal pedido. Assim, o casal seguia para os cinemas e lanchonetes do centro de São Paulo. Tudo no maior respeito. Para alívio do pai da moça.

O primeiro carro Fiori só compraria em 1959, já quando estava na Rádio Panamericana. E ainda assim era um modelo 1952... Resolveu surpreender a namorada e apareceu no trabalho dela. Estacionou em frente ao Largo São Bento. Abriu a porta como o verdadeiro *gentleman* que era. Mas alguma coisa deu errado. Tentou dar a partida uma, duas, três vezes e... nada! O inglês Morris Oxford, um carro importado "popular" da época, recusava-se a pegar. Constrangido, Fiori tentava entender o que havia de errado com a máquina. Nada estava errado, exceto um pequeno detalhe: falta de gasolina. Fiori tinha acabado de tirar o veículo da agência e, claro, precisava encher o tanque para circular. Foi até um posto no Anhangabaú, pediu um regador, abasteceu e só depois seguiu em direção à zona norte.

Surpresa mesmo ela teria no dia em que Fiori lhe fez um comunicado. Não foi uma sugestão, tampouco um pedido. Só queria informá-la sobre uma decisão tomada e que seria posta em prática. Ele disse à namorada que naquele momento a prioridade era a carreira. E que ele ainda era muito novo e queria aproveitar a vida. Se quisesse mesmo passar o resto dos seus dias com ele, ela teria de esperar.

O "viver" foi traduzido ao pé da letra. Fiori queria desfrutar o que a voz e a fama dos radialistas podiam oferecer. A Rádio Bandeirantes começava a torná-lo conhecido em São Paulo. Era evidente que outras "oportunidades" surgiriam.

O que Adelaide jamais conseguiu entender, até porque não dava nenhum motivo para isso, era o ciúme que Fiori tinha dela. O sentimento era tão forte que ela tem poucas lembranças de jogos aos quais tenha assistido no estádio ao lado do marido. Como todos os lusitanos ou descendentes da zona norte, Adelaide torcia pela Portuguesa. O estádio do Canindé, sede do clube, está localizado na região. Anos depois, a primeira dama do rádio esportivo brasileiro contaria que, por dezenas de vezes, ficou em casa segurando a vontade de ir ao campo. Mas não ia para evitar problemas dentro de casa.

"Os colegas do Fiori eram muito gentis e me tratavam muito bem. Quando me viam, me cumprimentavam e conversavam. Ele ficava transtornado de tanto ciúme. Tive de parar de ir aos estádios."

Mas o ciúme que sentia de Adelaide não era a única preocupação de Fiori naquele início dos anos 60. Emília Gigliotti não precisaria nem pedir. O carinho de Fiori pela irmã era tamanho que ela tinha, embora não usufruísse, o direito de abrir a porta da casa paulistana do irmão e entrar na hora que bem entendesse. O mês de abril de 1960 ainda não havia acabado, quando o locutor passou a ter mais companhia na casa da Rua Bresser, no Brás, outro reduto italiano da cidade na época, para onde Fiori se mudara quando trouxe de Lins a mãe Rosária e as irmãs Anna, Nair e Chiara. O trágico falecimento de Antônio de Antoni, marido de Emília, com apenas 38 anos de idade, vítima de um câncer no estômago, provocou uma reviravolta na vida da irmã. A quarta filha de Ângelo e Rosária sentiu tanto a perda do companheiro que não conseguiu seguir a vida em Lins, onde cresceu, casou e até aquele momento criava os filhos Ronaldo e Regina Célia, a Celinha. A mudança para São Paulo acabou se tornando, mais do que necessária, vital. A mãe e os irmãos insistiram: ela precisava começar uma nova vida longe das lembranças do marido.

O cunhado era parceiro de pescarias de Fiori no Rio Tietê, no trecho entre Lins e Promissão. Quando Antônio ficou doente, Fiori comprava ricota fresca no Mercado Municipal de São Paulo e levava para o pai de seus sobrinhos nas visitas que fazia a Lins. Na cidade não havia o produto e Fiori soube que era um dos poucos alimentos que o cunhado ainda podia ingerir. Antônio gostava muito de ricota. Fiori ainda faria mais por ele. Quando soube que o cunhado estava com vontade de comer uvas italianas, mandou buscá-las diretamente do país de origem.

Antes da morte de Antônio, a conexão São Paulo-Lins era bastante movimentada. Os sobrinhos de Fiori, Ronaldo e Celinha, costumavam passar as férias escolares na casa do tio, na capital. Uma dessas viagens tornou-se ainda mais marcante para o garoto. Aos cinco anos de idade, Fiori deu a ele uma passagem de avião. O trecho entre a cidade da família e a capital foi percorrido a bordo de um DC-3 da Real Companhia Aérea, que, anos mais tarde, seria comprada pela Varig. Ao desembarcar no Aeroporto de Congonhas, Ronaldo ficou deslumbrado ao se deparar com os Viscounts e os Constellations estacionados na pista. Na época, aquelas aeronaves eram o que havia de mais moderno na aviação brasileira.

"Foi minha primeira experiência aérea e uma emoção inesquecível. Fiquei extasiado. Eu era apaixonado por aviões. Quando pequeno, dizia que queria ser piloto", conta o sobrinho.

Com a vinda definitiva para São Paulo, Ronaldo passaria a ter um segundo pai. Fiori dava toda a atenção possível ao sobrinho, preocupando-se com a sua formação e estudos. Substituiu assim a figura do pai de um jeito muito afetivo e zeloso. Na memória de Ronaldo, Fiori chegava em casa depois do trabalho, por volta das 23 horas e quase sempre era aguardado por toda a família, que se reunia para o lanche. Eram servidos café com leite, biscoitos, pães, doces e salgados que o tio trazia de uma padaria de Santana, após deixar Adelaide em casa. Depois da comilança, Fiori e os sobrinhos brincavam com miolo dos pães, que invariavelmente viravam bolinhas que rolavam pela mesa de fórmica verde da cozinha. Quando a "corrida de miolos" não acontecia, Fiori divertia os pequenos imitando um gato e o Pato Donald. Isso quando não brincava com Lulu, um pequinês, mascote da família. Ronaldo também não esquece os passeios pela cidade a bordo do Morris Oxford do tio.

Celinha era muito pequena quando Fiori e, mais tarde, parte da família tinham mudado para São Paulo. Foi na fase da alfabetização que a sobrinha aperfeiçoava a leitura nas férias, que passava sempre na casa da avó e dos tios. Ela lia todas as revistas em quadrinhos da coleção de Fiori. Gostava especialmente dos heróis Fantasma e Mandrake. Durante a noite, a diversão do locutor era deixar a sobrinha próxima à eletrola, aparelho de som em forma de móvel, em que ele ouvia discos de vinil de Maysa, Dolores Duran, Agostinho dos Santos, Dick Farney, Nora Ney, entre outros. A casa era também onde passavam os Natais e reuniam-se para ouvir as histórias das viagens de Fiori a trabalho ao exterior, privilégio para pouquíssimos brasileiros naquela época. Eram retornos muito aguardados, pois Fiori vinha com a bagagem abarrotada de presentes para a família. Doces lembranças jamais esquecidas por Celinha.

"A árvore de Natal era enfeitada por ele, com muito bom gosto, sempre ao som de Bienvenido Granda cantando Sinceridad *e* El Reloj, *que ele cantava muitíssimo bem. Lindas músicas! Fomos acolhidos com todo o amor do mundo por todos. Com sua bondade e sensibilidade, tio Fiori preenchia com muito carinho o vazio deixado pelo meu pai."*

Tamanha dedicação resultou no convite que talvez mais tenha honrado Fiori. E que seria aceito de imediato. Emília o queria para ser o padrinho de Ronaldo, o primeiro neto de Ângelo Gigliotti e Rosária Palmezan.

Com a vida familiar e emocional estabilizada, Fiori se preparava para aquele que seria o seu maior desafio em 15 anos de carreira. Pela rádio Panamericana iria transmitir sua primeira Copa do Mundo, em 1962. E seria mais do que especial. O locutor narraria a luta de Pelé, Garrincha, Didi, Nilton Santos e bela companhia pelo bicampeonato mundial nos gramados do Chile. Porém, dois meses antes do embarque, o locutor tomou uma das decisões mais importantes de sua vida. Foi à casa de Adelaide, procurou Manoel Rodrigues Bento e pediu a mão da namorada em casamento. Como lembrou Adelaide, ela não via a hora de garantir sua independência e viver ao lado do amado.

Adelaide e Fiori vinham conversando seriamente sobre o casamento desde o início do ano. O futuro esposo disse a ela que os próximos meses seriam dedicados à preparação e à montagem da casa. Ela contava os dias e as horas para juntar as escovas de dentes com seu amado *Calabrês*, apelido dado por ela ao namorado, inspirado na região italiana de onde a família dele partira para o Brasil.

"Pensava mesmo em arranjar meu larzinho com esse Calabrês. E ele vai me respeitar."

De acordo com Adelaide, Manoel gostou da forma respeitosa como Fiori se dirigiu a ele, demonstrando interesse sincero de tirar sua enteada de casa. Ainda assim, a ideia não o agradou de pronto. Além do amor pela menina, Adelaide contribuía para o orçamento doméstico, e Manoel sabia que o salário dela faria falta no fim do mês. Ela chegou a dizer ao padrasto que, se fosse necessário, moraria com ele, mesmo depois de casada. Manoel não aceitou a oferta e ainda lhe deu dinheiro para a compra do vestido de noiva. O enxoval foi sendo feito aos poucos, com recursos do casal e, principalmente, presentes dos amigos.

O casamento foi agendado para julho, pouco após a volta do locutor do Chile. E tudo saiu melhor que o esperado. Adelaide e Fiori subiram ao altar no dia 19, um mês e dois dias após a histórica conquista do bicampeonato mundial do Brasil. O narrador vivia um momento de rara felicidade. Além de ter sido testemunha ocular da monumental exibição de Garrincha e outros 13 campeões do mundo de 1958 em gramados chilenos, selaria a união com aquela que seria a mulher da sua vida. A cerimônia foi realizada na igreja Nossa Senhora Aparecida, em Moema. Após o matrimônio e a recepção aos convidados, o casal seguiu para Águas de Lindoia, estância turística do interior para passar a lua de mel.

Na volta, o casal deu início à nova vida em uma casa alugada na Avenida Paes de Barros, na Mooca, em frente ao Teatro Arthur Azevedo. A partir dali, Fiori seria o responsável pelas despesas de casa, já que, por puro ciúme, fez Adelaide deixar o emprego na Carvalho Meira.

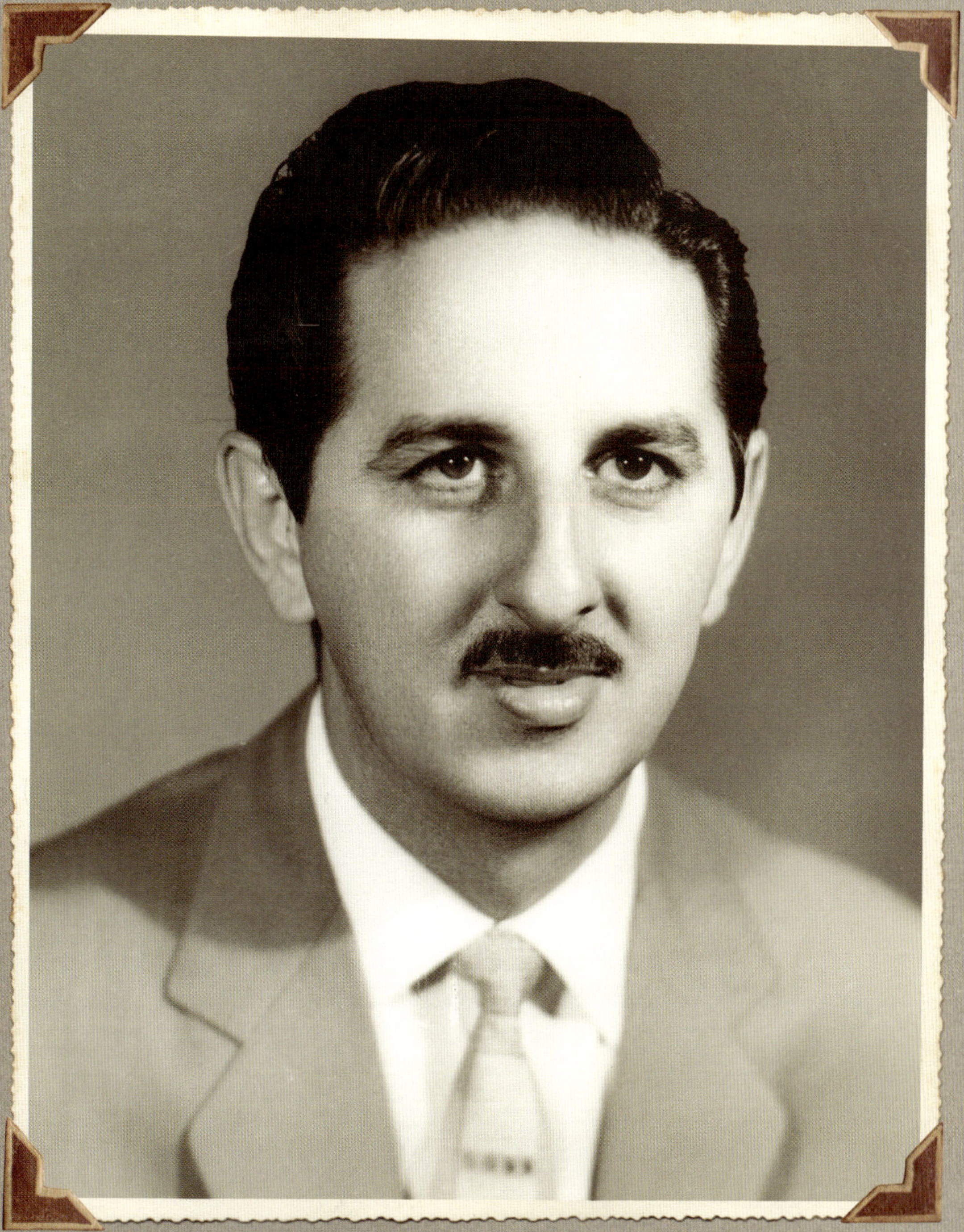

FAMÍLIA GIGLIOTTI *Acima, em pé: Fiori, Rafael, Caetano, Ana e Emília. Abaixo: Maria, Angelo (pai), Nair, Rosária (mãe), Chiara e Mauro. Na página ao lado, álbum de família da década de 1940.*

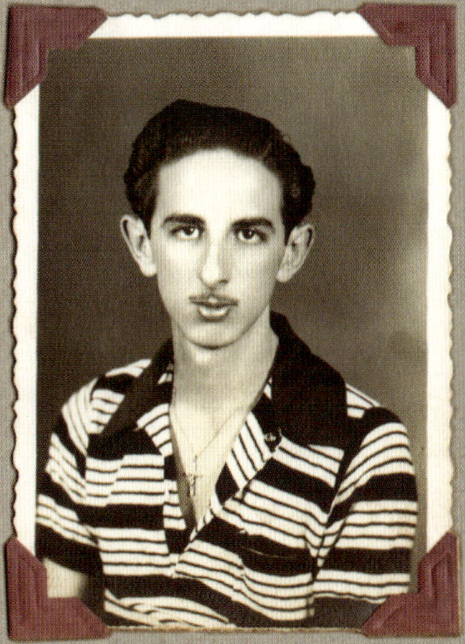

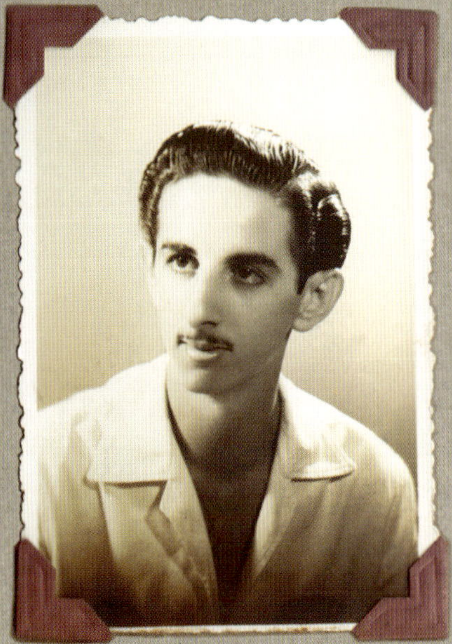

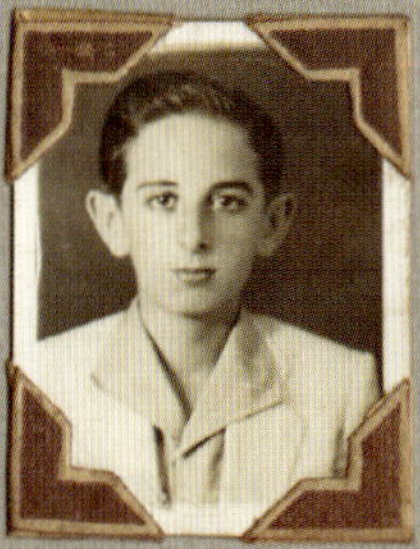

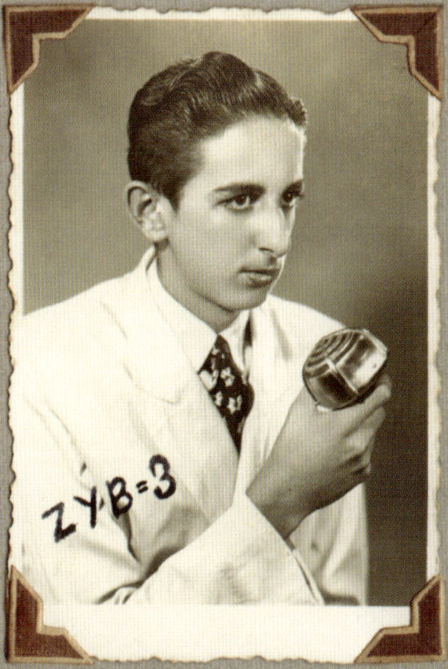
ZYB=3

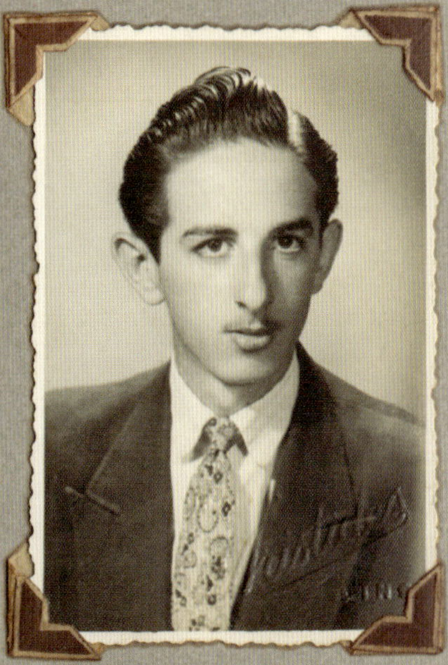

Pacaembú

Pacaembú

AS PAIXÕES DE FIORI No alto, ele, Adelaide e dona Rosária; acima à esquerda, com dona Rosária; à direita, com as irmãs Ana e Emília e a mãe dona Rosária. Na página ao lado, acima, irradiando o resultado das eleições, em 17/11/1947; logo abaixo, no mesmo ano, ele visita o estádio do Pacaembu onde tantas vezes seria a voz da torcida brasileira; mais abaixo, a caminho da cidade de Ibirá, atravessando o rio Tiête.

FIORI NA ÁREA *Acima, irradiando em Lins, numa cabine de madeira; Ao lado, jogando bola no estádio do Canindé, em 1956; e abaixo, Em 1950, encontro de mestres com Oswaldo Brandão. Na página ao lado, acima, no Egito, em 1961; ao lado, o locutor da torcida brasileira não vivia sem a latinha do microfone; abaixo à esquerda, como padrinho de formandos da Polícia Militar, em 1977; e abaixo à direita, comandando em campo o timaço do Escrete do Rádio.*

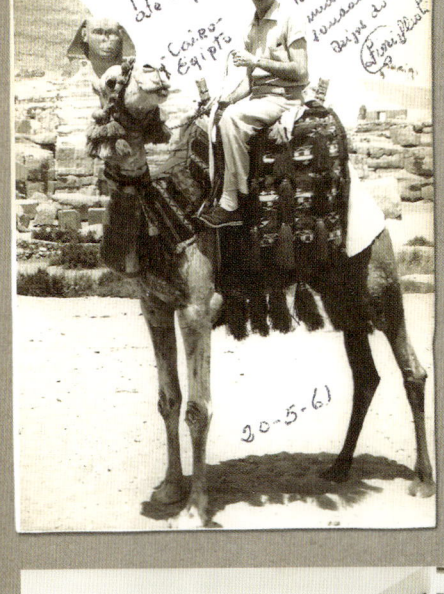

Querida:
Deus me
permitiu chegar
até aqui.

Cairo-
Egipto

Nesta
imensidão
histórica sobra
uma louca
saudade de você.

Beijos do seu,

20-5-61

FIORI E O MUNDO DA MÍDIA *Acima, com Oswaldo Brandão, e os jornalistas Mauro Pinheiro e Luís Augusto Maltoni; abaixo, irradiando na perua da rádio Panamericana. Na página ao lado, destaque no álbum de figurinhas de personalidades de rádio e TV, publicado em 1970.*

Câmeras e Microfones

SILVIO SANTOS	**HEBE CAMARGO**	**CESAR DE ALENCAR**
Apresentador	Apresentadora	Apresentador
FIORE GIGLIOTI	**MEIRE NOGUEIRA**	**ANTONIO AGUILAR**
Locutor esportivo	Apresentadora	Apresentador
AYRTON RODRIGUES	**RUBENS GREIFO**	**CASSIANO G. MENDES**
Produtor	Apresentador	Produtor

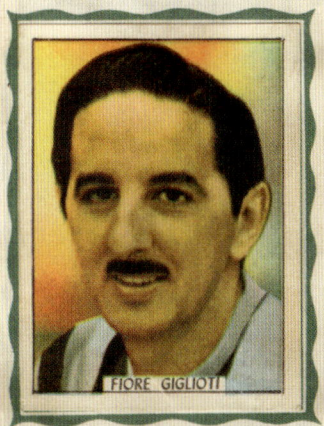

OS CRAQUES E FIORI *Acima, os jornalistas Darcy Reis, Flavio Adauto, ele e Osvaldo dos Santos, na Rádio Bandeirantes, década de 1970; abaixo, com o locutor Pedro Luiz. Na outra página, no alto, Osvaldo dos Santos, ele e Luís Augusto Maltoni. Década de 1960; abaixo; ele com o lateral Djalma Santos; e mais abaixo, ele com o zagueiro Luís Pereira e Mario Romano, em 1988.*

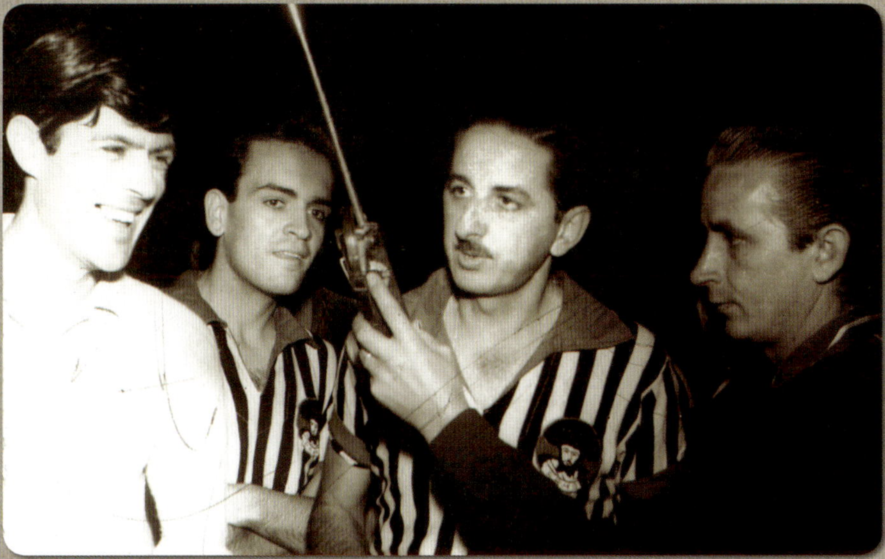

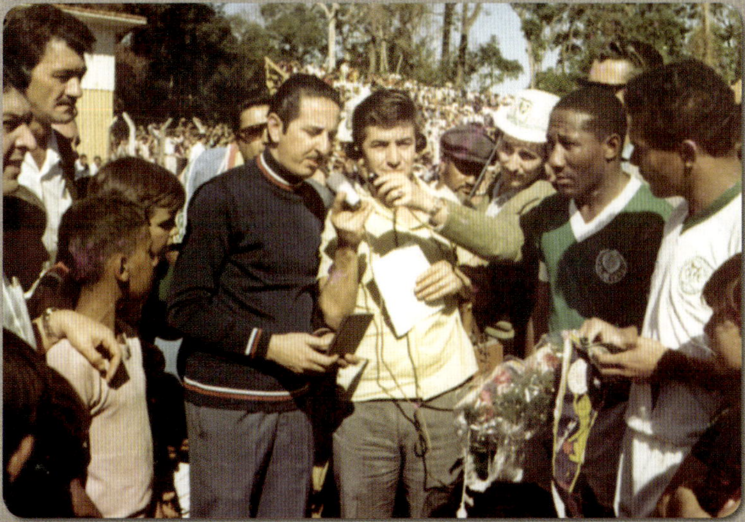

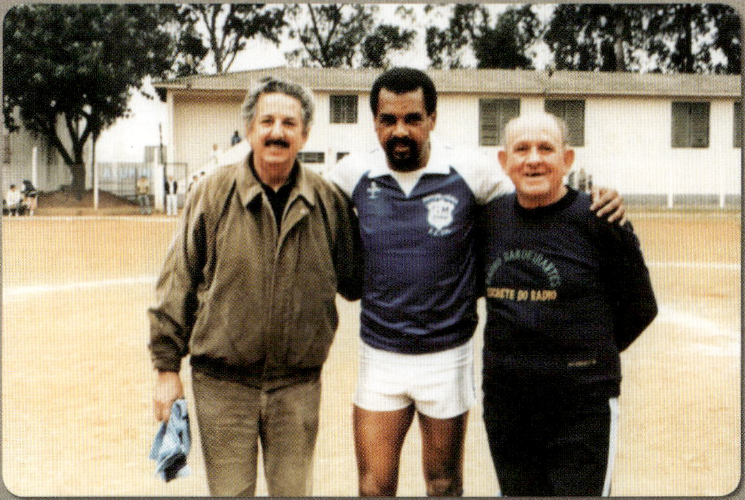

FUTEBOL É COM A BANDEIRANTES

1 Fiori Giglioti
2 Flávio Araújo
3 Ênnio Rodrigues
4 Borghi Jr.
5 Zé Paulo
6 Alexandre Santos
7 Mauro Pinheiro
8 Loureiro Jr.
9 Maltoni
10 Roberto Silva
11 J. Háwilla
12 Chico de Assis
13 João Zanforlin
14 Darcy Reis
15 Oswaldo Santos
16 Paulo Edson
17 Tony Lourenço
18 Luiz Moreira

BANDEIRANTES
Rádio, cada dia melhor que antes.

OS ESCRETES DE FIORI
Na página ao lado, cartaz da Bandeirantes divulgando o Escrete do Rádio, no início dos anos 1970. Nesta página, ao lado, com João Saad e Paulo Machado de Carvalho, donos da Bandeirantes e Record-Jovem Pan; abaixo, com Marcos Barreto na Copa de 1998, em Nantes, na França, pela Rádio Record.

AGUENTA CORAÇÃO Nesta página, com familiares e amigos na casa de São Pedro; abaixo, à esquerda, praticando o hobby favorito e abaixo, à direita, na baía de São Francisco, EUA. Na página ao lado, acima, com dona Adelaide; abaixo, à esquerda, com o filho Marcos; e, na Copa de 1998, com o filho Marcelo, à direita.

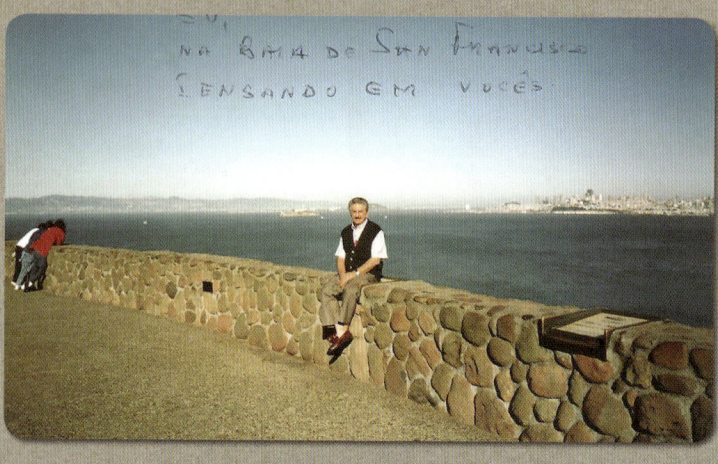

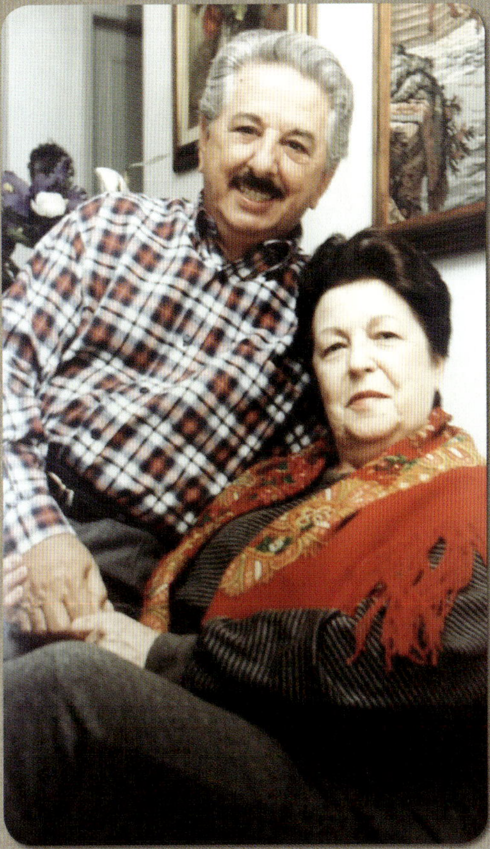

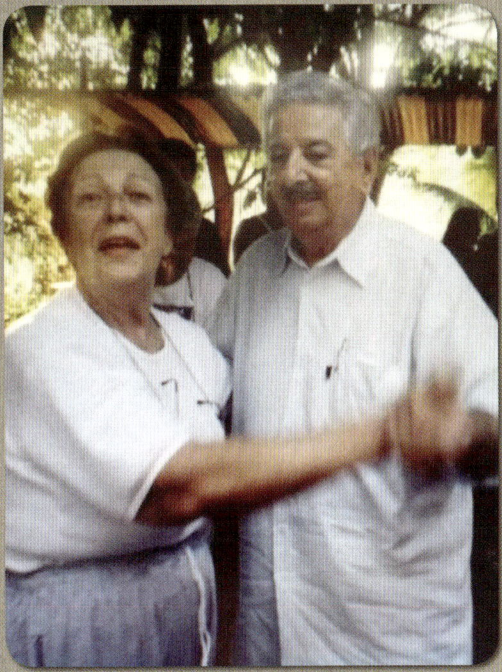

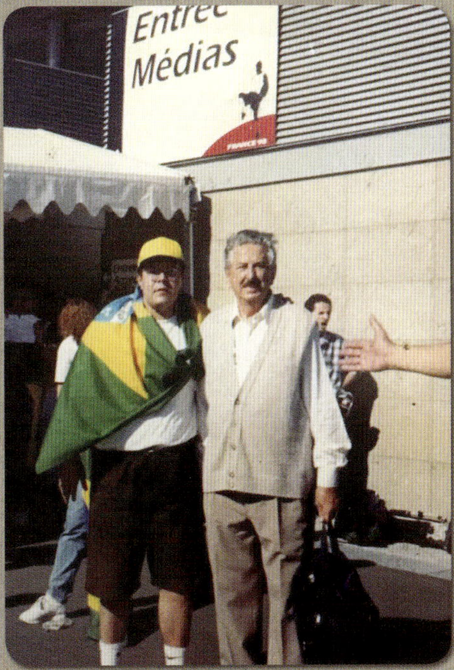

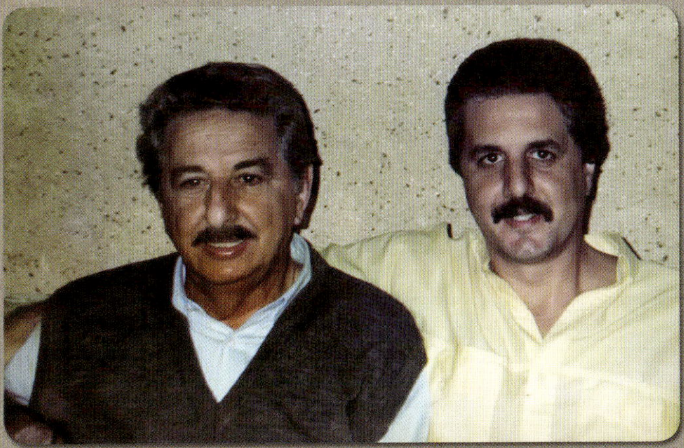
Médias

TODOS OS CAMPOS DE FIORI
Acima, com Milton Neves; ao lado, o santinho da campanha para Deputado Estadual; abaixo, a melhor imagem de quem criou as melhores imagens pelo rádio: Fiori e o microfone

É Gooool...

FIORI GIGLIOTI
"O locutor da torcida brasileira"
"O pescador de amigos"
"Deus, acima de todos os valores"

DEPUTADO ESTADUAL
Nº 15.217

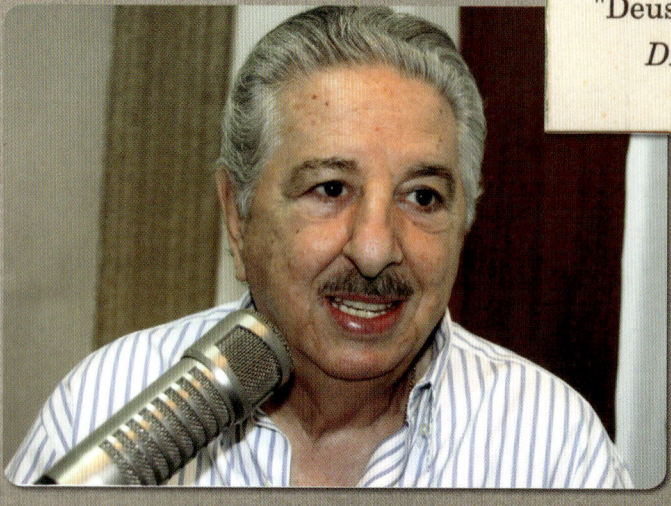

*"Ele era impossível. Não me deixou mais trabalhar. E era
um empreguinho tão bom... Eu ganhava meu dinheirinho.
O casamento não mudaria nada, mas..."*

Para Adelaide, mais difícil que a decisão de deixar o emprego que ela tanto gostava foi comunicar aos colegas e chefes que ela não faria mais parte do quadro de funcionários da empresa. Segundo lembrou, Isaías, o proprietário, não gostou nada de perder sua colaboradora. Mas não havia o que fazer. Era o emprego ou o *Calabrês*. Adelaide se tornaria uma autêntica dona de casa. Passava a maior parte do tempo sozinha, já que o marido saía por volta das 10 horas da manhã é só voltava no fim da noite. Ou melhor, quase sozinha. Adelaide tinha a companhia da cachorrinha do casal. Quando saía de casa, o destino era quase sempre o mercado que ficava no começo da rua. Por vezes, Fiori marcava encontros com a esposa no Largo São Bento, de onde eles seguiam para a Rua Florêncio de Abreu, ponto de encontro de outros profissionais do rádio. Um dos programas quase obrigatórios e diários de Fiori após o casamento era visitar a mãe, as irmãs e os sobrinhos, que continuaram morando na casa da Rua Bresser. Mesmo à distância, Fiori queria continuar presente.

Logo nos primeiros dias de convívio, Adelaide percebeu que tinha se casado com um "bom garfo". Não havia comida que Fiori rejeitasse. E ela sabia que o marido não comia apenas para agradá-la. Mas havia uma iguaria pela qual ele tinha especial predileção e a esposa a preparava quando queria deixar o marido mais feliz.

*"Polenta. Ô Calabrês para gostar de polenta...
Comia até não poder mais."*

O PRIMEIRO FILHO

Havia se passado mais de uma década desde a mudança de Fiori para São Paulo. A vida de solteiro e as namoradas faziam parte das boas lembranças que ele guardava dos tempos de interior. E a bela Ignez estava entre elas. Nem mesmo a transferência da ex-namorada professora para São Paulo, onde veio lecionar, mexeu com ele num primeiro instante. Mas isso duraria pouco. Até porque havia entre eles um laço forte e inquebrantável.

Nascido em 9 de fevereiro de 1953, Marcos Pazzini era fruto do relacionamento de Fiori com Ignez. O garoto viveu em Lins até os sete anos, quando mudou para São Paulo com a mãe. Assim que chegou, Ignez entrou em contato com o narrador para informá-lo da novidade. Uma das razões da vinda para a capital era aproximar o filho do pai. Partiu de Ignez a ideia de apresentá-lo ao locutor, que ainda não o conhecia pois deixara a cidade pouco antes de seu nascimento. Àquela altura, o garoto já era um ouvinte assíduo da Rádio Bandeirantes e fã do pai.

"Minha mãe e meu pai mantiveram o contato depois que ele veio para São Paulo. Mas o namoro mesmo entre os meus pais acabou em Lins. Até pela minha existência, eles se falavam com frequência", conta Marcos.

Na lembrança do primeiro filho de Fiori, assim que ele foi apresentado ao pai, a identificação foi imediata. Nascia assim uma amizade classificada pelo próprio Marcos como "tranquila e harmoniosa". Torcedor fanático do Corinthians e morador dos arredores do Parque São Jorge, o filho passou a ir com Fiori aos jogos do time de coração no velho Alfredo Schürig. Entre os anos 50 e 60, o Timão ainda mandava muitos jogos na Fazendinha, como ainda é conhecido até hoje o estádio alvinegro. Mas, com o tempo e o crescimento da Fiel, o lugar seria aos poucos abandonado pelo clube. Naquelas antigas cabines de madeira, Marcos convivia com lendas da crônica esportiva, como os locutores Raul Tabajara e Geraldo José de Almeida.

Fiori tomava apenas o cuidado de pegar o filho na porta de casa e devolvê-lo lá mesmo. Evitava, assim, contato com Ignez. Marcos revela o motivo de tanta precaução.

"Era para não ter problemas com Dona Adelaide."

O ciúme não era exclusividade do narrador.

A infância e a adolescência de Marcos Pazzini foram marcadas por vários encontros desse tipo. Sem mágoas, ele conta que Fiori não o auxiliou em sua criação. As despesas com saúde, alimentação e educação foram de responsabilidade da mãe. Os encontros com o pai aumentaram a partir de 1971, quando completou 18 anos e passou a acompanhá-lo a outros locais além dos campos de futebol. A proximidade aumentou ainda mais de 1977 em diante, quando Marcos se casou com Sônia. Sem Ignez por perto, Fiori não tinha mais o risco de enfrentar desgastes e constrangimentos com ela e muito menos com a esposa.

"Dona Adelaide nunca se opôs a mim e entendeu desde o início que o namoro dos meus pais aconteceu antes que eles se conhecessem. Por ela, meu pai poderia me visitar quantas vezes quisesse, desde que evitasse encontrar a minha mãe.", recorda Marcos.

Com o nascimento das filhas de Marcos, em 1979 e 1982, Fiori começou a ser uma presença ainda mais frequente na casa do filho. Era um avô babão, que não perdia um Natal, Dia das Crianças ou festa de aniversário das netas. Nas palavras do filho, Fiori foi um avô de verdade. Reconhecido legalmente como filho do locutor, Marcos jamais adotou o sobrenome Gigliotti. Por opção própria, manteve o sobrenome da família materna, Pazzini. E assim ficou conhecido no mercado de distribuição de combustíveis, no qual fez uma longa e bem-sucedida carreira.

Fiori só tomou um cuidado a respeito do primogênito. Não contou a muita gente sobre a existência de Marcos. Mas negar o filho era algo que ele, mesmo se quisesse, não poderia fazer, nem que sofresse um desvio repentino de caráter. As semelhanças física e de voz não permitiriam. Marcos era praticamente cópia do pai. Muitos até se assustavam com a aparência idêntica de ambos.

O SEGUNDO FILHO

Um primo estranhou quando Fiori e Adelaide apareceram com um bebê no colo e perguntou de onde aquela criança havia saído. Uma resposta pensada de última hora foi suficiente para convencê-lo. Após quatro abortos espontâneos, Marcelo nasceria no dia 30 de novembro de 1968. Fiori e Adelaide sabiam que, a partir daquela decisão, a rotina no apartamento da Avenida 9 de Julho, para onde haviam se mudado um ano antes, mudaria de maneira radical. Ela não poderia mais passar a maior parte do dia cuidando somente da casa, enquanto o marido trabalhava. E Fiori precisaria distribuir um pouco melhor seu tempo para dar mais atenção à família que ganhava um novo integrante. É certo que os Gigliotti, ao contrário da maioria das outras famílias brasileiras, nunca tiveram uma rotina. Principalmente pelo fato de o chefe da casa trabalhar praticamente todos os finais de semana do ano. Datas especiais como Dia das Mães e Dia dos Pais, por exemplo, jamais eram comemoradas em almoços que começavam tarde e não tinham hora para terminar. Para os Gigliotti, essas comemorações eram quase sempre feitas com jantares, quando o locutor regressava do estádio em que havia trabalhado naquela rodada.

Marcelo passou os primeiros domingos de vida apenas na companhia de Adelaide. Enquanto muitos pais estavam levando seus filhos à praia e a parques, o locutor estava gritando gols pelos estádios. Mas isso jamais incomodou o caçula de Fiori nem lhe causou algum trauma. Pelo contrário. Marcelo descreve a rotina do pai em suas infindáveis jornadas esportivas.

"A gente nunca teve sábado, domingo nem feriado. Ele almoçava rápido e partia para o trabalho. Meu pai acordava por volta das 11 horas, minha mãe preparava um almocinho leve. Depois ele tirava um cochilinho de uma hora mais ou menos e saía. Se o jogo fosse às quatro da tarde no Morumbi, ele levantava uma hora e meia antes, se trocava e ia."

O fato de não haver rotina era algo até comemorado por Marcelo. Afinal de contas, quantos garotos tinham o privilégio de ter um pai que trabalhava diretamente com uma das maiores paixões do brasileiro? E ainda era um dos melhores naquilo que fazia? Para alegria do garoto, a alguns jogos Fiori levava o filho e os amigos de escola com ele. Marcelo conta que, em algumas ocasiões, chegaram a ir mais de vinte coleguinhas para o jogo. Lembra que quem ia no carro guiado por Fiori passava o itinerário inteiro ouvindo conselhos do narrador. A importância do estudo era o "mantra" de Fiori. Ao final do trajeto, todos prometiam que iriam se esforçar na escola. Ser filho de Fiori Gigliotti deu a Marcelo outros benefícios. Um deles foi o de sempre vencer o concurso de prendas nas quermesses promovidas pelo colégio. Fiori tinha um contrato de patrocínio com a indústria de eletroeletrônicos Sanyo e conseguia da empresa os itens que seriam levados para a escola.

Outra vantagem era o de ter um pai com um raro talento para a escrita, alguém capaz de, em 15 minutos, mudar um trabalho de escola que o filho havia levado um mês para concluir. O problema era entregar a tarefa ao professor. Ao ler, ele sempre sabia que não era obra do aluno. E o mestre ainda pedia para parabenizar o pai pela excelência da lição entregue.

Prometer estudar a garotada prometia. E até cumpria. Mas só até certo ponto. Marcelo lembra que notas jamais foram problema para os 26 alunos da sala. O problema estava no comportamento. A única história que ele aceitou revelar foi a de uma bomba colocada em um dos vasos sanitários do Colégio Pio XII, no Morumbi. Marcelo não tirou a razão dos diretores da escola, quando foi tomada a decisão de convidar a ele e aos outros 25 alunos a se retirarem da instituição.

Além da importância do estudo, Fiori ainda daria outras lições ao filho e seus amigos. Foi ele quem auxiliou Marcelo e os colegas, quando eles chegaram à adolescência e começaram a demonstrar interesse pelo sexo oposto. Era o locutor quem escrevia os bilhetes que seriam entregues para as garotas pelas quais se interessavam. Textos que saíam à maneira dele e que impressionavam as meninas, não somente pelo jogo de palavras como, principalmente, pela capacidade de um garoto tão novo exibir um vocabulário tão amplo e rebuscado. Marcelo, por várias vezes, teve de ler e decorar textos para levá-los às moças que pretendia. Dizia a elas que tinha inspiração para escrever e a resposta das meninas mostrava o quanto ele havia sido pouco convincente.

"Então manda um abraço para o seu pai."

Ainda assim, muitas vezes, Marcelo atingiu seu objetivo.

Foi por causa de uma namorada que Marcelo começou a entender a dimensão daquele homem que, na sua primeira infância, cansou de entrar pela porta de casa para servir de cavalinho ao filho. Marcelo lembra que, ao apresentar a menina a Fiori, ela quase voou no pescoço do narrador.

"PQP! O Senhor 'estrumbicou' a minha vida."

O "ódio" da garota, na verdade, era dirigido ao pai dela. Fã incondicional de Fiori, ele descia com a família para o litoral quase todos os finais de semana. Na volta para casa, o rádio do Monza ficava sintonizado obrigatoriamente na Bandeirantes. A única caixa de som que funcionava se localizava exatamente no lugar onde a menina tentava dormir durante a viagem de volta, só tentava porque, a cada cinco minutos, Fiori soltava o grito que anunciava o giro do placar.

"*O teeeeempo passa!*"

Marcelo foi daqueles filhos que não poupou dores de cabeça ao pai. Foram confusões e encrencas dos mais variados tipos. Como na vez em que ele anunciou sua prisão ao vivo para o pai no microfone da Bandeirantes. O locutor não disse uma palavra quando Marcelo entrou em casa. Não houve bronca, nem conselho. Mas o filho entendeu perfeitamente que o silêncio ensurdecedor era o mais evidente sinal do quanto ele estava chateado. Horas antes, durante a transmissão de um clássico entre São Paulo e Corinthians no Morumbi, Fiori fora surpreendido pelo chamado de Eduardo Luís, que, pelo tamanho e a velocidade com a qual partia em busca da notícia, ganhou o apelido de Ligeirinho.

Era rotina dos repórteres de campo da Rádio Bandeirantes transmitirem recados enviados por torcedores de todos os times a Fiori Gigliotti. Embora alguns alimentassem uma certa desconfiança quanto às preferências "clubísticas" do narrador, fato era que os simpatizantes de todas as equipes tinham respeito e admiração por ele. Receber abraços não era, portanto, nenhuma novidade. Mas a surpresa de Fiori não seria pelo fato de ser mais uma vez cumprimentado ao vivo. O que quase derrubou o microfone das mãos do narrador foi identificar em menos de um segundo quem era o tal torcedor e, principalmente, por qual motivo estava entrando no ar.

"Fiori!", chamou Ligeirinho.

"Balão subindo, balão descendo..."

"Fiori!"

"Fala, Ligeiro!"

"Tô com o maior fã seu aqui na cela do Morumbi e ele quer te mandar um abraço! Ele é doente por você!"

"Opa, fala! Pode falar!"

"Oi, pai. É o Marcelo. Eu enfiei a mão num cara aqui, mas daqui a pouco vou ser solto!"

Fiori ficou três segundos em silêncio. Tempo suficiente para se surpreender, assimilar o susto e tomar a decisão do que faria a partir daquele instante. Decidiu continuar a transmissão como se nada tivesse acontecido. O caso é que Marcelo estava nas numeradas do estádio do São Paulo, um setor em que antigamente era comum torcedores dos dois times assistirem aos jogos lado a lado, e ele não gostou da efusiva manifestação de um corintiano num lance da partida. Foi como fogo na gasolina. Com um grupo de amigos, Marcelo foi até o "inimigo" e a briga só cessou com a chegada da polícia. Todo mundo foi conduzido à cela do estádio, também conhecida pelo "simpático" apelido de chiqueirinho. Pelo que lembra o caçula de Gigliotti, os policiais não o agrediram. O problema foi a vergonha que passou.

"A gente andou pelos corredores em fila indiana, de mãos dadas. Muita gente me conhecia por eu ser filho de quem era. Imagine se um conhecido visse."

Nenhum conhecido viu. Coube ao próprio Marcelo "confessar o crime" ao pai, no ar e ao vivo. Ele seria liberado uma hora após o encerramento da partida, sem sequer assinar o Termo Circunstanciado, um registro da ocorrência. Foi para casa de ônibus e passou pelo constrangimento de encarar o pai.

Não seria a única confusão causada pelo filho. Em outro clássico, dessa vez num São Paulo e Palmeiras, o meia palmeirense Djalminha sofreu pênalti do lateral esquerdo tricolor André Luiz. Marcelo estava na arquibancada. Conhecido por seu temperamento irascível, o jogador alviverde fez gestos obscenos na direção da torcida são-paulina. O fanatismo sem limites de Marcelo fez com que ele atirasse no campo um celular Startac, um radinho, as pilhas e, por último, a própria mochila. Os deuses do futebol impediram que os objetos acertassem alguém na sua trajetória. Ao saber do episódio, Fiori ficou indignado

"Filho, se você acerta, acaba com a carreira do jogador! Você está louco! Não pode fazer isso. Acaba com a minha também!"

A carreira do pai, Marcelo quase encerrou mesmo. E dentro de casa. Uma das "diversões" preferidas dele era ficar na janela da sala do apartamento da

Avenida Nove de Julho, esperando passar os ônibus com torcidas do Corinthians e do Palmeiras que seguiam para o Morumbi, momento em que atirava com sua espingarda de chumbinho na direção dos coletivos. Em uma dessas ocasiões, um dos ônibus atingidos parou e os torcedores organizados saíram à caça do autor dos disparos. Ao ver a cena, Marcelo não hesitou em colocar a bandeira do São Paulo na janela e começar a disparar rojões para cima do grupo. Enquanto isso, o porteiro era vítima de tapas dos torcedores que conseguiram entrar na portaria do prédio. O funcionário apanhou calado, mas não revelou a identidade do atirador e em qual apartamento estava. Quase todas as segundas-feiras, era comum ler um aviso no elevador com dizeres deste tipo: "Sr. Fiori Gigliotti, seu filho fez "tal coisa" e gerou prejuízos ao prédio. Estamos adicionando à sua taxa condominial as custas referentes às despesas."

Por essas e por outras, Fiori tinha imensa preocupação com o seu caçula. Ao mesmo tempo que lhe oferecia tudo do bom e do melhor, o narrador ficava tenso com o futuro incerto do herdeiro. Enquanto não decidia o que iria estudar ou que profissão seguiria, Marcelo aproveitava os luxos proporcionados pelo pai. Carros, por exemplo, eram quase objetos descartáveis em suas mãos. Alguns viraram ferro-velho em acidentes. Outros eram simplesmente trocados, quando Marcelo enjoava deles. O mesmo acontecia com as roupas. Ele só usava artigos ou acessórios de grifes badaladas. E, quando Marcelo não gostava de uma ou outra peça, era Chico Fonseca, o amigo e confidente do pai, quem saía no lucro.

"Dona Adelaide mandava para mim e quase todas serviam. Eu andava por Águas de São Pedro com roupas caras e o pessoal achava que eu era rico."

Marcelo confidenciou algumas extravagâncias suas a Fonseca, sobretudo sobre as baladas que costumava frequentar. Em uma noite, chegou a gastar 4 mil reais.

Discrição também não era uma de suas melhores qualidades. Ainda mais quando o assunto envolvia o pai famoso. Fiori ficou sem entender nada, quando, ao posicionar-se para narrar uma partida do Corinthians, no Pacaembu, percebeu que alguns torcedores nas numeradas socavam nervosamente uma mão na outra ao mesmo tempo que gritavam para o narrador.

"Aí, Fiori! Seu time, hein?!"

O locutor só entendeu o que se passava quando pegou uma edição da *Folha da Tarde* daquele domingo e leu uma reportagem sobre ele. O narrador recebeu uma equipe em sua casa e falou sobre sua vida e carreira. Só não sabia que Marcelo também fora entrevistado e, quando perguntado sobre o clube de coração do pai, respondeu sem pensar duas vezes:

"Meu pai é conhecido como Mancha Verde."

O que até então só o narrador, Marcelo e os membros da torcida sabiam é que Fiori era padrinho da maior organizada do Palmeiras, chegando, inclusive, a apresentar a primeira grande festa promovida pela Mancha, no alto do Terraço Itália, um dos espaços mais elegantes de São Paulo. Décadas depois, Marcelo admite certo exagero ao contar que ofereceu ao repórter uma foto na qual o pai dormia com uma camiseta da torcida sobre ele. Claro que o narrador não percebeu a traquinagem. Para desespero do locutor, o retrato foi publicado no jornal. Furioso, Fiori foi tirar satisfação com o filho. Confrontado, Marcelo se defendeu dizendo que não sabia que a foto seria divulgada.

Fiori sabia, todavia, que tinha dentro de casa um grande companheiro. Desde muito novo, Marcelo acompanhava o pai em quase todos os jogos. Em muitos, assistia à partida na cabine. Mas nem o fato de estar ao lado do pai o livrou de alguns sustos. Ponte Preta e Corinthians jogavam no Moisés Lucarelli, estádio da Macaca. Na cabine ao lado da ocupada pela Bandeirantes, a esposa de um colega assistia ao jogo. Naquele espaço não havia nenhum vidro de proteção, separação ou parede. A torcida campineira ficava praticamente cara a cara com os cronistas esportivos.

Saiu gol corintiano e a moça da cabine ao lado se empolgou e comemorou com um certo entusiasmo. Os pontepretanos perceberam que o grito de gol não tinha sido dos narradores que estavam fazendo seu trabalho. Revoltados com a comemoração, começaram a jogar tudo que tinham nas mãos na direção dos radialistas. Não satisfeitos, ainda tentaram invadir a área reservada à imprensa. Curioso com o que estava acontecendo, Marcelo colocou a cabeça para fora e foi atingido no rosto por um copo com um líquido estranho. O impacto o fez cair para trás. Desesperados, os radialistas tentavam controlar a situação. Quem ouvia a transmissão podia ouvir os gritos e a confusão armada.

"Calma, calma. Tem criança na cabine", implorava Fiori aos revoltados pontepretanos.

Assustado, Marcelo resolveu se enfiar embaixo da bancada, aos pés do pai. Enquanto isso, ouviam-se chutes na porta da cabine. A única arma de que os locutores dispunham eram seus pesados microfones. E seriam usados, em caso de invasão. No inconsciente coletivo havia uma certeza: "Vai entrar gente e vamos ter de nos garantir".

Eis que, repentinamente e sem aviso, surge a mãe, Dona Adelaide. Sabe-se lá como ela tinha conseguido chegar à cabine para socorrer o filho. É preciso lembrar que os portões do estádio estavam fechados e ela estava ouvindo a partida no carro, estacionado nos arredores do Moisés Lucarelli. Ela ouviu a confusão pelo rádio e saiu desesperada para salvar Marcelo. Não havia quem ou o que capaz de impedi-la. Eis uma prova irrefutável da existência do instinto materno.

Entre as missões de Marcelo nas transmissões, estava a de conduzir torcedores e fãs do pai às cabines. A maioria queria dar um abraço ou pedir um autógrafo ao locutor da torcida brasileira. Em algumas ocasiões, Fiori mandava Marcelo buscar os mais envergonhados, que passavam várias vezes pela entrada da cabine, enquanto criavam coragem para falar com ele.

"As pessoas davam a mão e o chamavam de mestre. Eu não entendia. Era uma força absurda. Ele era um semideus."

Por mais que soubesse quem era Fiori, Marcelo Gigliotti não conseguia entender a razão de tamanha idolatria pelo homem que era seu "cavalinho de brinquedo" na infância. Mas, certa vez, ele se colocou no papel de fã. Em

1993, o São Paulo era o melhor time do Hemisfério Sul. Com as conquistas do bicampeonato mundial e da Libertadores, a torcida havia crescido exponencialmente enquanto o time comandado por Telê Santana colecionava títulos e taças. Marcelo havia deixado Fiori em um evento e dirigia o carro do pai pelas ruas de São Paulo ao lado de uma namorada quando recebeu um telefonema de Fiori. Marcelo foi um dos primeiros brasileiros a ter um telefone celular. Era um daqueles aparelhos que, por seu tamanho e peso, lembravam mais um tijolo.

"Filho, venha me buscar, por favor. E nós vamos dar carona a um amigo do pai que deixou o carro no Morumbi."

Marcelo voltou ao local do evento e, como era noite, não enxergou de pronto quem era o tal amigo. Só quando ouviu o boa-noite e virou-se para saudar o carona se deu conta de que se tratava simplesmente de Raí, seu ídolo e um dos líderes daquele São Paulo vitorioso.

"Comecei a chorar e segurar na mão dele. De repente, o Raí estava no carro comigo. Só ali eu entendi o que as pessoas sentiam quando encontravam meu pai."

Mas se Marcelo foi um torcedor de sorte, pois na infância e adolescência viu seu pai narrar as maiores conquistas da história do seu time do coração, o mesmo não se pode dizer da mãe. A felicidade de Dona Adelaide passava longe do futebol. Quando empunhava o microfone da Rádio Bandeirantes e saudava os ouvintes com o já popular *Torcida brasileira, carinhosamente, boa tarde!*, Fiori dificilmente contava uma história que deixasse a esposa alegre. Torcedora da Portuguesa, ela sempre ouvia o marido narrar os 90 minutos de uma partida que raramente tinha um final feliz para a simpática Lusa do Canindé. O time até realizava boas campanhas, mas, na hora da decisão, quase sempre via a taça parar nas mãos dos quatro grandes, enquanto ela quase sempre era barrada na porta da festa. Mas ao menos ela acompanhava os infortúnios de longe, já que o ciúme do marido a impedia de frequentar os estádios.

O corpo estava no apartamento da Nove de Julho, mas o coração e os ouvidos colados na Rádio Bandeirantes, naquela tarde de 26 de agosto de 1973. A atenção de Dona Adelaide estava dividida entre o dono daquele nariz avantajado e um inconfundível bigode que ela conhecia melhor do que ninguém e o seu time do coração, finalista do Campeonato Paulista daquele ano. Campeã do segundo turno da competição, a Lusa do grande atacante Eneas e de Basílio – sim, ele mesmo, que anos depois seria herói do título corintiano de 1977 – teria pela frente nada mais, nada menos que o Santos de Pelé e Edu. Dentro de campo foi um jogo tenso, pegado, catimbado que desaguou num zero a zero nos 90 minutos regulamentares e também na prorrogação. Ao término de mais de duas horas de disputa, a partida seria decidida na cobrança de pênaltis. E o resultado final provocaria uma divisão muito maior do que aquela sentida pelo coração de Dona Adelaide.

Zé Carlos e seu cabelo *black power* bateram o primeiro pênalti para o Alvinegro da Vila Belmiro. O chute de pé direito saiu à meia altura para a defesa de Zecão, goleiro da Lusa. Na sequência, o lateral esquerdo Isidoro, da Lusa, cobrou no ângulo direito do goleiro argentino Cejas, que fez uma daquelas defesas que merecem ser chamadas de cinematográficas. Então, Carlos Alberto Torres, lateral direito do Santos e capitão do Tri da Seleção no México, cobrou no canto esquerdo de Zecão para, enfim, abrir o placar. O zagueiro Calegari poderia empatar a série, mas chutou fraco, no canto direito de Cejas. Jonas Eduardo Américo, o Edu, fantástico ponta-esquerda do Santos e dono de um violento chute, bateu no meio do gol para marcar 2 a 0 para o time da Vila Belmiro. O ponta Wilsinho foi para a terceira cobrança e acertou o travessão. Naquele momento, o placar mostrava 2 a 0 para o Santos, e cada time tinha direito a mais duas cobranças. Ou seja, a Portuguesa tinha, sim, condições de empatar e levar a decisão para as cobranças alternadas. Só que o árbitro da partida, o controverso Armando Marques, equivocadamente deu a disputa por encerrada e o Santos por campeão.

O simples erro de matemática só foi percebido 15 minutos depois do apito final, enquanto o juiz elaborava o relatório da partida. O único que notou o engano de imediato foi o esperto técnico da Lusa, Otto Glória. Sabendo que dificilmente o Santos perderia o título, até porque o último cobrador era simplesmente Pelé, ordenou que o time entrasse no ônibus e se mandasse o mais rápido possível. Quando o árbitro tentou consertar o equívoco, a Lusa já estava chegando no Canindé. Com a encrenca na mão, a Federação Paulista declarou, após uma reunião de 13 minutos nos vestiários do Morumbi, que Santos e Portuguesa dividiriam o título paulista de 1973. Foram as últimas grandes conquistas da Lusa e de Pelé, que, no ano seguinte, se despediria dos gramados brasileiros. Em 1975, o Rei aceitou um convite milionário do Cosmos de Nova York e encerrou a carreira nos gramados norte-americanos. Depois daquela tarde, a Portuguesa só se aproximaria de um título de importância em 1985, quando foi vice-campeã paulista, e em 1996, derrotada pelo Grêmio na final do Brasileiro daquele ano.

Ouça os melhores momentos da final do Paulista de 1973 entre Santos e Portuguesa

Fiori, como todos os cronistas esportivos presentes naquela tarde de 1973 no Morumbi, tentava entender o que havia acontecido na cabeça de Armando Marques. No entanto o locutor já estava bem feliz com a conversa que tivera momentos antes de a partida começar. Nas cabines do Morumbi, ele fora apresentado a um narrador da Rádio Sociedade Mantiqueira de Cruzeiro, cidade do Vale do Paraíba, a PRG-6, ligada à Rádio Aparecida, administrada pela Igreja Católica. Ele havia conseguido o posto na emissora depois de gravar num aparelho antigo uma partida de futebol amador no estádio municipal de Aparecida do Norte. Depois, ainda conseguiu colocar no ar os gols no programa de esportes da emissora, que ia ao ar aos sábados, tudo graças à influência de seu irmão, Demétrio. O narrador era ouvinte e fã de Fiori desde os tempos da Panamericana. Na lembrança dele, a grandeza do locutor ia além do talento com um microfone na mão.

"Fiori criava situações de romantismo que, junto com a emoção da transmissão em si, complementavam a verdadeira experiência de ser radialista. O improviso, que era seu forte, envolvia o ouvinte com as belezas que cercavam uma partida de futebol."

O que chamou mais a atenção do jovem narrador foi o fato de Fiori, apaixonado pelo interior de São Paulo, conhecer detalhes da cidade de Cruzeiro que nem ele próprio, nativo da terra, conhecia. Agora havia ainda mais um motivo para que ele se tornasse amigo de Fiori. E mal imaginava que, um dia, os dois ainda seriam colegas de emissora. O jovem narrador era Reinaldo Costa.

O MOÇO DO INTERIOR

Quem conhecia Fiori sabia que, ao lado da família, da Bandeirantes e do futebol, o interior fazia parte das grandes paixões do locutor. Esse amor irrestrito e incondicional impulsionou a criação de alguns programas dedicados ao público dessa região do estado. O locutor falava de cada cidade com um carinho especial, como se pudesse, de alguma forma mágica, abraçar cada uma delas. A criação do Escrete do Rádio permitiu que semanalmente ele viajasse pela região de que gostava, com a oportunidade de visitar cidades ainda desconhecidas, de caminhar pela praça da igreja matriz e conversar com os moradores.

Para Fiori, não havia lugar melhor para descansar e recarregar as baterias do que o interior paulista. E esse amor o fez tomar a decisão de montar uma base fora da capital paulista. O sossego e a paz induziram sua bússola a apontar na direção de Águas de São Pedro, estância turística situada a 170 quilômetros de São Paulo. Segundo menor município em extensão do Brasil, com 3.612 km² (segundo o IBGE), e famoso pelas suas fontes de águas medicinais, foi o refúgio escolhido por Fiori para passar suas férias e momentos de descanso. Primeiro, comprou uma casa menor e mais modesta. Anos depois, adquiriu aquela que foi sua pousada definitiva. Comprada em 1978, tinha todo o conforto e aconchego que uma residência de veraneio podia oferecer. Localizada no bairro Bate-Vento e avaliada em um milhão de cruzeiros, a moeda vigente na época, a casa tinha um grande gramado, piscina, salão de jogos e pomar. Logo se tornou o grande xodó da família. Lá Dona Adelaide ficava com os cabelos soltos e andava de bermudão o dia todo. Fiori podia ser apenas pai e esposo, longe do assédio e do mito que havia construído. O locutor passava o dia na piscina, onde realmente conseguia relaxar. Com seu radinho na beirada, procurava qual estação sintonizava melhor. Ora a Bandeirantes, ora a Record. Dava suas braçadas pela tarde e à noite colocava o chinelão e a bermudinha. Saía só para comprar jornal e cumprimentar os vizinhos. Não precisavam de muito para sentirem-se felizes. Espaçosa e arejada, a casa tinha três quartos no andar de cima e outros três no térreo. Todos suítes. No andar superior, ficava a família. Na inferior, dois quartos hospedavam as visitas e o outro era o escritório de trabalho de Fiori. Na área externa, havia o acesso direto ao lago, onde ele podia praticar seu *hobby* favorito, a pescaria, como conta Nair de Freitas Ferraz, que trabalhava para a família durante suas temporadas em Águas de São Pedro.

"Ele chegava, punha o chapeuzinho, um coletinho, uma camisa de mangas compridas, uma calça, um tênis meio velho, pegava a cadeirinha daquelas que abrem e fecham, as varas e ia embora para um rio que fica na estrada de Santa Maria da Serra."

Para ajudá-la nas tarefas, Nair contava com a irmã, Matilde Fonseca. A princípio, esta última cuidava apenas das plantas da propriedade. Porém a responsável pela limpeza do imóvel precisou parar de trabalhar e coube à jardineira a tarefa de cuidar da casa inteira.

A pescaria era uma paixão antiga. Ainda no início de carreira, Fiori costumava pescar pela região de Lins, na companhia dos jogadores do Clube Atlético Linense. Até o lendário Oswaldo Brandão, que treinou o time da cidade no início dos anos 50, dividiu anzóis e minhocas com o narrador. A fama no rádio o aproximou de grandes estrelas da música brasileira. Silvio Caldas era parceiro constante de pescaria. O cantor chegou a trocar dois *shows* em Birigui e Araçatuba só para pescar com ele. Na ocasião, Fiori pegou meia dúzia de tabaranas e teve de lutar contra uma delas, que se recusou a ir para a panela. O almoço e o show à beira do rio ficaram por conta do autor de *Chão de Estrelas*.

Fiori ainda teria outro parceiro famoso de pescaria. Na Copa América do Paraguai de 1999, o locutor estava em Foz do Iguaçu, cidade base da Seleção Brasileira que disputava as partidas do torneio em Ciudad del Este. O amigo Rubens foi até lá fazer uma visita e aproveitou a estada para uma pescaria no Rio Paraná. Eles combinaram de passar o dia entre anzóis e minhocas na imensidão do rio que faz girar as turbinas da gigantesca Usina de Itaipu. Partiriam antes do Sol nascer. Mas um ilustre convidado se juntaria aos amigos. Era simplesmente Vanderlei Luxemburgo, técnico da Seleção na época, convidado por Rubens. Antes de saírem, Fiori impôs uma condição: nada de falar sobre futebol! Após cada um pegar uma piapara, Luxemburgo tomou a iniciativa e quebrou o protocolo:

"Vamos falar de futebol?"

"Já estava esperando! Você pergunta e eu respondo", disse Fiori.

"Como é que você analisa o Ronaldo, o Fenômeno?", questionou Luxemburgo, buscando a opinião do maior narrador do Brasil.

"Primeiro, ele precisa aprender a administrar o dinheiro. Segundo, tem de cuidar de seu físico, afinal é um atleta. Terceiro, tem de dar um jeito de aprender a cuidar das mulheres da vida dele. Se fizer tudo isso, será o maior jogador do mundo, uma mina de dinheiro", emendou Fiori.

Luxemburgo ouviu, assimilou e voltou o olhar para o rio. No final daquele ano, o treinador e Ronaldo teriam um atrito por causa da recusa da Inter de Milão, time do craque na época, de liberar o Fenômeno para a disputa de um amistoso da Seleção Pré-Olímpica na Austrália. O técnico teria se incomodado com a postura do atacante, que não enfrentou o clube. A partir dali, a relação dos dois não seria mais a mesma.

Houve também um rei que o acompanhou. E foi seu hóspede na mansão de Águas de São Pedro no final dos anos 70. Fiori e Roberto Carlos tentaram a sorte no porto de Santa Maria da Serra.

O locutor já frequentava Águas de São Pedro muito antes de pensar em comprar um imóvel ali. Hospedava-se em alguma pousada da cidade. Mas, ao sair pelas ruas, notava que o suposto anonimato garantido aos profissionais do rádio era uma tremenda falácia. Mesmo não tendo sua imagem muito difundida – na época, a TV era artigo de luxo e Internet era peça de ficção científica –, Fiori era constantemente reconhecido na pequena e tranquila cidade. Quase sempre era abordado por pessoas que nunca havia encontrado na vida.

Foi em uma das primeiras passagens por Águas de São Pedro que Fiori conheceu Ângelo Carrara, um comerciante que dedicou toda a vida à cidade. Era no restaurante dele que Fiori almoçava e jantava quase todos os dias, como se fosse um simples mortal. O estabelecimento de Carrara era desprovido de qualquer luxo ou sofisticação, mas oferecia justamente aquilo que Fiori procurava: comida caseira simples e bem feita. De acordo com o antigo proprietário, isso pode ter sido o que fez de Fiori um cliente fiel da casa.

"Ele comia de tudo. Nem perguntava o que tinha naquele dia. O que servisse, ele comia."

Normalmente, as passagens de Fiori pelo restaurante eram rápidas. Algumas vezes, o narrador não queria que a refeição fosse demorada e quase sempre o dono também não tinha muito tempo para jogar conversa fora, pois o movimento não permitia. Ainda assim, os dois se tornaram amigos e confidentes. Segundo o comerciante, dificilmente os dois conversavam sobre futebol e jornalismo esportivo. O principal assunto das prosas era a pescaria. Quase sempre, o narrador lamentava que só conseguia pegar piaba e lambari. Nada de peixe grande.

A casa em Águas de São Pedro e a possibilidade de pescar na represa fizeram com que Fiori percorresse muitos quilômetros a menos na busca de momentos de lazer. Não foram poucas as vezes em que, ao lado de Adelaide, o narrador viajou ao Pantanal Mato-grossense, para onde ia em busca da variedade de peixes da região. Foi lá que o casal passou por um dos maiores apuros da vida. Fiori e Adelaide aproximaram-se demasiadamente de uma colmeia. Como resultado da imprudência, foram obrigados a pular na água para não acabarem o dia cheio de picadas.

Em outra visita à região, Marcelo, já na casa dos 20 e poucos anos, na noite anterior à pescaria levou o piloteiro para um passeio, não de barco pelo rio, mas a uma casa de moças. Voltaram depois das 10 horas da manhã do dia seguinte. Completamente bêbado, o funcionário responsável por levar Fiori ao melhor ponto para pesca da região havia deixado o narrador esperando por mais de quatro horas. Sem alternativa, o locutor teve de deixar a pescaria para outro dia.

Até em Águas de São Pedro as pescarias rendiam situações um tanto inusitadas. Fiori estava tentando conseguir algum peixe grande e viu que próximo a ele havia um senhor, um pouco mais velho, com o mesmo intuito. O dia não era dos melhores. Nenhum dos dois conseguia nada. O homem desistiu, recolheu suas coisas e saiu. Não sem antes passar perto de Fiori para fazer um comentário um tanto insólito.

"É, companheiro. Hoje está difícil. Conseguiu alguma coisa?"

"Nada. Só peixe pequeno."

Na sequência, Fiori ouviu a pergunta que o desconcertou.

"Ouvi falar que quem vem aqui e dá sorte é aquele filho da puta do Fiori Gigliotti, o narrador da Rádio Bandeirantes. Ô cara pra ter sorte na pescaria! Você o conhece?"

"Não, não o conheço, mas ouvi dizer que ele tem muita sorte mesmo", respondeu Fiori, meio sem jeito.

Carrara não era um frequentador assíduo da casa dos Gigliotti, mas lembra de ter ido ao imóvel algumas vezes, principalmente quando o anfitrião organizava um churrasco. Os dois filhos do comerciante estavam sempre por lá e, junto com Marcelo, formavam o trio que "aterrorizava" a cidade. Não havia menina solteira em Águas que Marcelo e sua turma não conhecessem, principalmente depois de o herdeiro dos Gigliotti ganhar de presente do pai uma Brasília marrom pouco antes de tirar a carteira de habilitação. Não bastasse isso, a Direção do Grande Hotel São Pedro, uma escola de hotelaria de luxo que atrai muita gente à cidade, viu-se obrigada a mandar erguer um muro na propriedade, dada a frequência com a qual a piscina do resort era "invadida" pelos *Gigliotti Brothers*.

Enquanto eram os jovens que aprontavam, tudo bem. O problema era quando os mais velhos decidiam praticar molecagens típicas de adolescentes da idade do filho e de seus amigos. Foi o que fez Fiori achar que poderia dar um "rolêzinho" na mobilete azul que ele havia dado a Marcelo. Não contente, chamou Dona Adelaide, que imprudentemente aceitou o convite. O resultado era previsível. Com um metro de percurso, Fiori, Adelaide e a mobilete se espatifaram no asfalto. Os amigos ajudaram o casal a se levantar, mas não sem antes cair na risada. Pelo que lembra Marcelo, Fiori voou para um lado e Dona Adelaide para o outro. Ela acabou caindo em cima da perna do marido.

Felizmente, tudo acabou em gargalhadas.

Quando abria mão de aventuras "radicais", Fiori dedicava-se a atividades mais lúdicas e construtivas, como a marcenaria e a jardinagem. Inquieto, estava sempre consertando aquilo que fosse necessário. Aproveitava também para cuidar das árvores e, quase sempre, estava plantando alguma semente em um espaço livre. A horta também recebia grande atenção. Nela eram cultivadas verduras, frutas e legumes que habitualmente eram levados de presente para os colegas da Bandeirantes. Fiori também gostava de cachorros e lá podia criá-los quase livremente. O narrador tinha uma preferência pela raça pastor alemão. Isso o fez se afeiçoar ao casal Xuxo e Xuxa, embora gostasse bastante de um dobermann chamado Dólar. De acordo com os amigos, Fiori jamais teve menos que quatro cachorros em seu paraíso interiorano. Não eram os únicos que ganhavam a atenção do locutor. Fiori espalhava grãos de milho por uma trilha no quintal apenas para alimentar os passarinhos que visitavam a propriedade. Era capaz também de passar horas olhando ao horizonte, só para ver o pôr do sol. Na lembrança dos amigos mais próximos, era em Águas de São Pedro que Dona Adelaide punha em prática um *"hobby"* um tanto curioso, se é que poderia ser tratado como tal. Não importava o número de carros que havia na garagem, ela dava a ordem para colocar todos na calçada. E ela, com mais de 60 anos de idade, lavava um por um. Manualmente.

Na memória da sobrinha Celinha, a viagem para Águas de São Pedro era um momento tão especial que todos passavam o ano contando os dias para dezembro chegar. As refeições eram preparadas por todas as mulheres da casa e servidas no varandão. O único dia em que elas não entravam na cozinha era quando havia o churrasco. Nesses momentos, Jair Brito, marido de Celinha, comandava os trabalhos. Invariavelmente após o almoço, integrantes da família iam ao pomar colher frutas como lichia, abio, groselha, sapoti, grão--de-galho, entre outras. Durante a tarde, dividiam-se entre o salão de jogos, a piscina e os passeios pela Avenida Carlos Mauro, a principal da cidade. Fiori procurava agradar e estar perto de todos os "nichos". Os mais atentos percebiam o olhar de satisfação por poder proporcionar momentos de alegria aos familiares e amigos.

Por mais que Fiori buscasse a tranquilidade do interior para descansar, o nome que tinha construído o tornava uma atração quando estava na cidade. E não havia em Águas de São Pedro quem não soubesse onde a casa ficava. Com isso, era comum encontrar fãs do narrador em frente ao portão e, quando avistavam o dono do imóvel, tentavam trocar uns dois dedos de prosa com ele. Fiori, com muito tato e habilidade, sabia dispensar as visitas inesperadas sem ofendê-las. Isso depois de convidar algumas pessoas para entrar na casa.

Com a proximidade do Natal, era comum ver o irmão Mauro, o penúltimo filho de Ângelo e Rosária, vestir-se de Papai Noel e tocar o sino pela cidade a bordo de um trem turístico, devidamente contratado por Fiori para aquele fim. Quando precisava fazer compras para a casa, Fiori pegava o carro e vencia os sete quilômetros de estrada até São Pedro, cidade vizinha e um pouco mais estruturada que Águas. E lá, por vezes, encontrava Paulo Edson, plantonista da Rádio Bandeirantes nascido na cidade. Ouvinte de Fiori nos tempos da Panamericana, tornou-se colega do narrador a partir de 1973, quando deixou a Rádio Tupi e foi contratado pela Bandeirantes. Estreou em um Santos x Corinthians narrado por Fiori e Joseval Peixoto, em uma época na qual era comum as emissoras dividirem as transmissões entre dois locutores. Na primeira vez que Fiori chamou Paulo Edson no ar, referiu-se a ele como o *Moço de Rio Claro*, citando a cidade em que ele iniciou a carreira, mas depois mudaria a chamada para o *Moço de São Pedro*. Foi assim que eles dividiram os microfones nas jornadas esportivas e nos programas diários, como a *Marcha do Esporte* e o *Bandeirantes nos Esportes*, voltados somente para o interior.

Dividiram também algumas gafes, como a que marcaria Paulo Edson para sempre. Tudo aconteceu durante a transmissão de um clássico entre Corinthians e Palmeiras, no Pacaembu. Paulo não conseguiu lembrar a data exata, mas tinha certeza de que a partida ocorrera entre 1978 e 1980. Durante o jogo, o telefone da Bandeirantes tocou com a informação de que o lateral Djalma Santos, bicampeão mundial, havia morrido em um acidente de carro na Via Dutra. A informação foi passada a Reinaldo Lombardi, que a transmitiu a Paulo Edson.

Paulo Edson chamou Fiori e deu a informação no ar. O narrador ficou cerca de três segundos em silêncio, para depois comentar.

"Ah, torcida brasileira, meu coração está partido", informou Fiori, já pensando no *Cantinho da Saudade* que faria em homenagem ao lateral com passagens marcantes pela Portuguesa de Adelaide e pelo Palmeiras de Fiori.

Minutos depois, o telefone tocou novamente e Paulo Edson foi chamado. Do outro lado da linha, estava o próprio Djalma Santos, vivo, bem de saúde e tentando entender como ele poderia estar morto.

"Ô, Paulo, como você me mata desse jeito? Estou aqui, vivinho. Sou o Djalma Santos, joguei a Copa de 58."

"Djalma, eu sei quem você é. E você não estava na Via Dutra?"
"Que nada, estou aqui em casa, tomando uma cervejinha."

Sobrou para Paulo Edson corrigir o que ele mesmo, décadas depois, classificou como "burrada".

"Alô, Fiori, é uma notícia que eu dou com prazer, embora jornalisticamente me arrase muito. O Djalma Santos que faleceu na Rodovia Dutra não é o ex-jogador. É outro Djalma Santos, muito parecido com ele, que estava em um Opala, carro que o Djalma Santos dirige."

Sem entender muito bem o que havia acontecido, Fiori ficou aliviado.

"Que bom, Paulo Edson! Que notícia boa você passa!"

Paulo também acompanhou alguns jogos do Escrete do Rádio e espantou-se com o que viu em algumas ocasiões, como numa tarde de sábado, em Brotas. O estádio atingiu a lotação máxima às 14 horas, duas horas antes do início da partida.

"Parecia uma decisão de Copa do Mundo."

SEGUNDA FAMÍLIA

Ao levar as irmãs Nair e Matilde para trabalhar na casa, Fiori indiretamente ganhou mais um "filho". Matilde era mãe de um garoto de três anos de idade que, sem ter com quem ficar enquanto a mãe trabalhava, acompanhava-a à casa dos Gigliotti. Antônio Francisco Gonçalves da Fonseca acabou virando mais um Chico e mais um "filho" na vida de Fiori.

"No começo, para mim, ele era só o dono da casa. Só depois, com um pouco mais de idade, fui descobrir o tamanho que ele tinha."

Para Chico, o "dono da casa" passava muito longe do ser carrancudo, exigente, arrogante e senhor de si encarnado por muitos patrões que fazem questão de manter a distância regulamentar entre si e os empregados. Muito pelo contrário. Fiori foi uma das figuras mais simpáticas e humanas que Chico iria conhecer na vida.

A casa acabou se tornando o grande *"playground"* do garoto. Era lá que ele passava o tempo fora da escola. Fiori, segundo Chico, não só não se incomodava como incentivava a presença dele na mansão, fruto de uma relação de confiança entre as famílias que crescia cada vez mais. Foi na piscina da casa que ele aprendeu a nadar. E foi na convivência com o locutor, ainda que não tão frequente, que sentiu a inspiração para seguir os passos do "pai adotivo". Perto de completar 18 anos, Chico Fonseca decidiu que queria trabalhar no rádio. Foi desencorajado no ato por Fiori. Chico conta que o locutor dissera que a profissão era difícil e que era melhor tentar carreira na política, começando por vereador. Por uma dessas ironias, Fiori viu frustradas duas tentativas de entrar para a vida pública. Foi derrotado nas eleições para deputado estadual em 1990 e 1994.

Mas, na memória de Chico, Fiori viu que chegou um momento em que a semente estava plantada e não havia mais como demovê-lo da ideia. A partir de então, o locutor passou a dar conselhos. Ele não só deu recomendações como caminhou junto. Nos cinco anos em que Chico Fonseca comandou um programa aos sábados, na Rádio Educadora de Piracicaba, sempre que podia Fiori entrava no ar de Águas de São Pedro para participar da atração. Para os diretores da rádio, não poderia haver prêmio maior.

CAUSAS IMPOSSÍVEIS

Desde que os meios de comunicação de massa surgiram, uma das maiores "acusações" contra profissionais da área foi a ausência daquilo que se define como autenticidade. E no rádio essa falta de sinceridade vem acompanhada de uma evidência indisfarçável. O microfone permite que se note a entonação da fala. Um efeito que poderia atingir em cheio Fiori Gigliotti. Em diversas oportunidades, o locutor ia muito além da narração das partidas, principalmente quando mantinha contato direto e ao vivo com seus ouvintes. Em muitos desses momentos, Fiori recorreu à religiosidade e a uma narrativa normalmente ouvida dentro das igrejas. Qualquer desconfiado e/ou maldoso poderia acusá-lo de demagogia barata.

Mas quem o conhecia um pouquinho sabia que, entre outras características, era um dos seres mais autênticos que havia no rádio. Principalmente no trato com os ouvintes. Fora isso, era dono de uma inquestionável fé. Prova disso era a leitura diária de trechos da Bíblia antes de dormir. E, religiosamente, a cada dia 28, ele quebrava a rotina e encontrava um tempo na agenda para cumprir um compromisso inadiável: visitar a Igreja de São Judas Tadeu, localizada na Avenida Jabaquara, zona sul de São Paulo. Quando chegava 28 de outubro, dia em que São Judas Tadeu, "o santo das causas impossíveis", é homenageado, Fiori realizava uma "loucura". Ele acordava às três horas da madrugada e caminhava da sua casa, na Avenida Nove de Julho, até a paróquia, localizada próxima ao Aeroporto de Congonhas. Só quando a saúde fraquejou, em 2003, o hábito seria interrompido. O trajeto passou a ser feito de carro. Fiori não deixaria de prestar sua homenagem ao seu santo de devoção.

Por razões profissionais, várias vezes ele estava fora de São Paulo no dia 28. O que poderia ser um problema mostrava-se apenas uma oportunidade para conhecer uma nova igreja pois ele procurava uma paróquia que levasse o nome do santo na cidade onde estivesse. No dia 28 de dezembro, com Fiori invariavelmente em Águas de São Pedro, o périplo era cumprido em Piracicaba, cidade onde havia a paróquia de São Judas mais próxima.

Sua crença no santo era tamanha que Fiori atribuiu a ele a expulsão de um abcesso em uma parada num posto de gasolina em Charqueado, em uma viagem entre Barra Bonita e São Paulo durante sua campanha para deputado estadual, em 1994. Como nem sempre só a ajuda divina basta, Fiori foi forçado a procurar auxílio médico em seu retorno a São Paulo. Para isso escolheu o

Centro Médico Urológico. Fundada em 1983 e instalada no número 1.216 da Avenida Ibirapuera, em São Paulo, a clínica se tornara referência não somente pela qualidade, mas principalmente pela ética profissional dos seus três sócios. Um dos códigos seguidos à risca era que cada médico teria os seus pacientes e um jamais invadiria o espaço do outro. Um deles, o doutor Luiz Mello, não tinha a menor noção de que, ao descer as escadas da clínica, fosse deparar-se com o narrador. Formado pela Escola Paulista de Medicina em 1977 e são-paulino fanático, o médico ouvia todos os narradores dos anos 70 e 80. Fiori, evidentemente, estava entre seus favoritos. Mello aproximou-se, não como especialista, mas na condição de fã, pois Fiori aguardava uma consulta com seu colega Nelson Gattas. O narrador não precisou ser apresentado a ninguém na clínica.

"Quando o encontrei, ele já tinha cumprimentado todos os funcionários e pacientes que estavam na sala de espera. Um por um."

Não era desejo dele procurar auxílio médico, até porque Fiori considerava um "milagre" o fato de ter expelido o tumor pela uretra. O narrador acreditava que, com a intervenção divina, o assunto estava encerrado. Tanto que voltou à Igreja de São Judas Tadeu fora do dia 28 apenas para agradecer. Porém dores similares às provocadas por pedras nos rins vinham incomodando o locutor da torcida brasileira. Iniciou o tratamento com o doutor Gattas. Foi diagnosticada uma prostatite, que foi drenada de imediato. Mas uma viagem do doutor Nelson Gattas aos Estados Unidos fez com que Luiz Mello o atendesse em uma nova consulta. Iniciou-se ali uma grande amizade.

Anos depois, outro médico, esse amigo de longa data, Antônio Douglas Menon, convenceu-o a esquecer de vez a política. Dessa vez Fiori não iria participar das prévias do PMDB para a escolha dos candidatos a deputado estadual para as eleições de 1998. A decisão que os amigos mais próximos comemoraram deixou o narrador extremamente à vontade para festejar a chegada dos 70 anos no dia 27 de setembro de 1998, a seis dias da votação que reelegeria Fernando Henrique Cardoso para a Presidência da República e Mário Covas para o Governo do Estado.

Por mais que gostasse de casa cheia, Fiori percebeu que o apartamento da

Avenida 9 de Julho estava especialmente lotado naquela noite, ainda mais quando três homens que não faziam parte da família entraram sala adentro. Eram os integrantes do Grupo Trovadores Urbanos, conjunto de músicos especializado em realizar serestas na casa dos homenageados. Os cantores foram contratados pela sobrinha Celinha para uma apresentação especial no apartamento. O evento acabou se tornando um momento de emoção poucas vezes vivido pela família, sobretudo quando, no repertório escolhido pela sobrinha e pelo marido Jair, os músicos executaram *Eu sei que vou te amar*, de Vinicius de Moraes e Tom Jobim. Foi um momento de muitas lágrimas. Dessa vez, de alegria.

CAPÍTULO 6

As copas de Fiori

Aguenta, coração!

Dez Copas do Mundo. Do bicampeonato no Chile, em 1962, ao vice em 1998, na França. Da glória de Mané Garrincha ao drama de Ronaldo. O primeiro gol do Brasil em Mundiais narrado por Fiori foi de Zagallo, na vitória por 2 a 0 sobre o México, no Chile. Do Velho Lobo que foi o técnico da Seleção na derrota no Stade de France, na última partida do escrete canarinho narrada pelo locutor da torcida brasileira. Uma paulada de 3 a 0.

CHILE, 1962

PÉ QUENTE NA ESTREIA

Fosse em Viña del Mar ou em Santiago, o apartamento de Fiori servia também como restaurante. Mas no caso o "cliente" era bem mais ilustre para o locutor: Paulo Machado de Carvalho, dono da Rádio e TV Record e também da Rádio Panamericana. Ele não só tomava as refeições no quarto como mantinha com Fiori conversas que jamais poderiam ultrapassar as paredes com o Doutor Paulo, o também chefe da delegação brasileira. O "Marechal da Vitória" da Seleção.

AMARILDO, O POSSESSO

A empolgação de Fiori com a primeira oportunidade em um Mundial foi tanta que ele adotou muito mais a torcida pela Seleção Brasileira do que a narração futebolística. Ficou otimista ao narrar a vitória por 2 a 0 sobre o México, gols de Zagallo e Pelé, mas preocupou-se em dobro no empate por 0 a 0 com a Tchecoslováquia. Pelo resultado e pela perda que poderia, naquele instante, ser considerada irreparável.

Pelé deixou o campo e a Copa: lesão muscular.

Não bastou ver a pátria em dificuldades. Ela ainda foi tripudiada pelo técnico Helenio Herrera, da Espanha. Argentino, ele nunca foi um grande fã do futebol brasileiro. Sem Pelé, ele se mostrou ainda mais confiante, para não dizer prepotente. Fiori se doeu.

E gritou mais do que qualquer torcedor o gol da virada de Amarildo, marcado a quatro minutos do fim da partida decisiva do grupo. O meia do Botafogo substituiu Pelé e marcou os dois gols contra a Espanha.

Fiori não ficou sozinho na cabine da Panamericana. Ele dividiu espaço com a cantora Elza Soares, enquanto um certo Mané arrebentava os adversários dentro de campo.

"A Elza ficava na minha cabine durante os jogos e mandava beijinhos para o Garrincha, e ele fazia gol, pintava e bordava na Copa. Fez gol de cabeça, de direita, esquerda, de falta. Deu até pontapé e foi expulso (na semifinal, contra o Chile)."

Na mesma noite de 6 de junho, dia da vitória contra a Espanha, Paulo Machado de Carvalho deu um "presente" aos classificados: levou alguns deles para uma boa conversa com as meninas de Dona Leila, cujo contato havia sido feito por Fiori, a pedido do chefe da delegação brasileira.

Alguns, mas nem todos. Na lembrança de Fiori, os jogadores casados preferiram ficar no hotel, jogando cartas. Mané e Elza, muitas vezes, não jogavam buraco nem cacheta. Eles tinham a ajuda de amigos da imprensa para se encontrarem com tranquilidade e privacidade. Eles ficavam no quarto de um jornalista. Elza retribuía a gentileza e gostava de ver o Brasil e o Mané dela da cabine da Panamericana.

BICAMPEÃO

A torcida brasileira poderia até ficar decepcionada, se a Tchecoslováquia apresentasse alguma surpresa para cima da Seleção Brasileira na tarde de 17 de junho de 1962, no Estádio Nacional de Santiago. Mas uma eventual derrota na final da Copa do Mundo não seria tratada como uma tragédia sem precedentes, como a que foi vivenciada após a derrota para o Uruguai, 12 anos antes, no Maracanã. Até porque fazia apenas quatro anos que o País havia comemorado seu primeiro título mundial, conquistado na Suécia. Um resultado adverso, entretanto, seria uma catástrofe para quem havia criado o bordão que descrevia todos os nascidos no Brasil e que gostavam do esporte bretão. Ao contrário dos narradores com os quais estava no Mundial de 1962, Fiori Gigliotti não esteve presente na Copa do Mundo de 1958 e a decisão no Chile seria a primeira oportunidade para o narrador registrar uma conquista épica.

Com a bola rolando, não foi o tamanho da responsabilidade que o deixou boquiaberto nem a presença de 68 mil torcedores no estádio, mas sim o futebol apresentado pela Seleção Brasileira. O time não se abateu com o gol de Masopust, aos 15 minutos do primeiro tempo, e, um minuto depois, marcou o gol de empate com o mesmo Amarildo que já estava consagrado desde os 2 a 1 contra a Espanha. No segundo tempo, um gol de Zito aos 23 minutos e outro de Vavá, aos 34, determinaram o segundo título mundial para o Brasil. E o primeiro relatado ao vivo por Fiori.

Ouça os gols da final da Copa de 1962 – Brasil 3 x 1 Checoslováquia

Enquanto Fiori e a Panamericana comemoravam a conquista brasileira e os consequentes altos índices de audiência, um fato estranho acontecia na cabine da Bandeirantes. Pedro Luiz, responsável por narrar o segundo tempo da partida, anunciava no ar a despedida de Edson Leite da emissora, sem que os dois tivessem combinado nada. Edson tinha um cargo de chefia, sendo, assim, superior a Pedro hierarquicamente. E fora Edson quem levara Pedro para a Bandeirantes, cinco anos antes. Jamais foi dito de maneira oficial se esse foi ou não o motivo, mas o fato é que ele realmente deixou a emissora para assumir a direção da TV Excelsior. Ao mesmo tempo, montou uma equipe esportiva e comprou um horário na Rádio Excelsior, que não pertencia ao mesmo grupo da TV.

O Departamento de Esportes da Bandeirantes começava a sofrer um rápido processo de desmanche. Darcy Reis, Braga Júnior, Joseval Peixoto, Sílvio Luiz e mais alguns profissionais haviam deixado a emissora no início de 1962, bem antes de Edson Leite, e seguiram para a Record. E mais gente poderia ir embora.

As mudanças iriam atingir Fiori.

VIA DE UMA MÃO SÓ

Por mais que tentasse e quase sempre conseguisse ser amigo do máximo possível de pessoas, nem sempre a recíproca era verdadeira. Ainda assim, Fiori buscou colaborar para que existisse um clima de paz entre as pessoas. Foi por isso que tentou acalmar Paulo Machado de Carvalho. Como chefe da delegação da CBD (nome antigo da CBF), ele estava indignado com algumas declarações de Pedro Luiz na Bandeirantes a respeito da Seleção e entrou no ar para esculhambar o locutor. Só diminuiu o tom quando foi acalmado por Fiori.

Na entrevista concedida ao jornalista André Ribeiro, em 2002, Fiori disse que Pedro havia exagerado nas críticas à Seleção, dizendo que o bicampeonato não seria conquistado no Chile. "O Pedro sempre se achava dono da verdade e não existe isso. Você pode falar que a Seleção está mal, mas também não pode deixar de falar que a Seleção é sempre uma das favoritas."

INGLATERRA, 1966

PARA ESQUECER

João Havelange, presidente da CBD, entrou em atrito com Paulo Machado de Carvalho e resolveu assumir o comando da Seleção para a disputa do tri, no país que inventou o futebol em 1863 e só conquistou o planeta 103 anos depois. Foi um Mundial de arbitragem polêmica, jogo muito bruto e nível técnico discutível. Só não se discute a péssima campanha do bagunçado Brasil, que se preparou com 46 atletas, não formou um time, usou 20 atletas em três partidas na Copa e foi eliminado logo na primeira fase, depois de vencer a Bulgária por 2 a 0 na estreia e perder por 3 a 1 as partidas contra a Hungria e Portugal.

Copa tão triste para o Brasil e para Fiori que ele não gostava de lembrar tudo que foi errado na preparação mal feita e pela política que mais uma vez atrapalhou a formação da equipe.

MÉXICO, 1970

A mãe de todas as Copas

"Vamos fazer um sorteio. E o Doutor Paulo será a testemunha."

Na sala estavam reunidos Pedro Luiz, titular da Rádio Globo naquele primeiro semestre de 1970; Joseval Peixoto, da Jovem Pan (que, cinco anos antes havia abandonado o nome Rádio Panamericana), e Fiori Gigliotti. As direções das três emissoras já haviam entrado em acordo para a formação de um *pool* de emissoras visando à transmissão da Copa do Mundo de 1970, que seria disputada no México. A precariedade do sistema de comunicações em um país que, apesar de vizinho dos Estados Unidos geograficamente, estava longe do desenvolvimento existente do outro lado da fronteira, resultava nas poucas condições de transmitir um evento do porte da maior competição futebolística do planeta. As telecomunicações do México ofereciam apenas uma linha de transmissão para o Brasil e caberia às emissoras tentarem monopolizar a cobertura das partidas ou dividir o espaço. Escolheram a segunda opção. Apenas a Rádio Tupi ficou fora do acordo de cavalheiros pois fechou, por conta própria, uma parceria com emissoras internacionais.

Com o acordo formado e firmado entre as emissoras, restava a logística de transmissão entre os narradores. Questão que também afligia as emissoras de televisão que, pela primeira vez, via Embratel, transmitiriam ao vivo uma Copa do Mundo. Não passava pela mente de nenhum deles a divisão da irradiação de cada partida, como Pedro Luiz e Edson Leite haviam feito no Mundial de 1958, na Suécia, quando cada um narrou um tempo de cada partida. Mais absurda ainda seria a ideia de copiar o sistema da Rádio Nacional do Rio de Janeiro, pelo qual Jorge Cury e Antônio Cordeiro irradiavam, cada um, uma metade do campo. Para dar uma identificação a cada partida que a Seleção Brasileira disputasse naquele Mundial, ficou decidido um revezamento de narradores. Entretanto uma questão foi levantada por Joseval: e se o Brasil chegasse à final da competição?

"A final era o filé-mignon do evento. Éramos em três narradores e ninguém ia querer ficar de fora", lembrou Joseval, mais de 40 anos depois daquela Copa do Mundo.

Ao primeiro consenso foi fácil chegar. Bastaria pegar os 90 minutos da partida e dividi-los em três partes iguais de 30 minutos. Assim, um narrador iniciaria a transmissão e conduziria o jogo até os primeiros 30 minutos, quando entregaria o microfone ao segundo. A esse caberiam os 15 minutos finais do primeiro tempo e os 15 iniciais da etapa derradeira, momento em que o último narrador assumiria a transmissão e a levaria até o fim. Na lembrança de Joseval, houve um segundo impasse.

"O final da partida era outro filé-mignon porque, se o Brasil vencesse, quem estivesse no comando iria narrar um momento histórico."

Com a divisão do tempo definida, restava saber a quem caberia cada período. Foi nesse momento que o sorteio entrou em campo. E, para comprovar a lisura do processo, os três narradores concordaram em reunir-se com Paulo Machado de Carvalho, comandante do Grupo de Emissoras Unidas, do qual faziam parte a Rede Record de Televisão e diversas emissoras de rádio, entre elas, a Jovem Pan. Pedro, Joseval e Fiori dirigiram-se à sede da Record, na Avenida Miruna, perto do Aeroporto de Congonhas, em São Paulo. Doutor Paulo já não era mais o chefe das delegações bicampeãs mundiais, mas continuava sendo um dos mais importantes dirigentes da história do futebol. A distribuição do tempo de uma eventual final foi feita de uma maneira que todos consideraram justa. E coube a Joseval Peixoto narrar os 30 minutos finais da partida, caso houvesse uma decisão na qual a Seleção Brasileira estivesse envolvida.

De acordo com Joseval, até a disputa das semifinais um locutor abria a jornada, o segundo narrava a primeira etapa e o terceiro ficava com o segundo tempo. Na partida seguinte, havia uma troca de funções. Nesse revezamento, Joseval teve uma prévia do que iria acontecer, pois foi ele o narrador do primeiro tempo da semifinal, disputada com o Uruguai. Foi na voz dele que o Brasil ouviu o gol de Cubilla, que abriu o placar da partida aos 19 minutos do primeiro tempo. E foi também com ele que o Brasil explodiu com o gol de empate, marcado por Clodoaldo, aos 44 minutos de um jogo duríssimo. A Seleção de Zagallo venceu a partida de virada por 3 a 1, garantindo a vaga na decisão com a Itália, mostrando aos três locutores que estava na hora de colocar em prática o que havia sido definido no sorteio de Paulo Machado de Carvalho.

No início da tarde de 21 de junho de 1970, pelo horário mexicano, Pedro Luiz deu início à transmissão da decisão da Copa do Mundo, entre Brasil e Itália, no Estádio Azteca, na Cidade do México. Os brasileiros, um pouco mais descansados, depois da vitória sobre o Uruguai. Os italianos desgastados física e emocionalmente, após uma duríssima semifinal com a Alemanha, decidida somente na prorrogação e com vitória por 4 a 3, construindo assim uma das histórias mais fantásticas dos Mundiais. Coube a Pedro, portanto, narrar o gol de Pelé, que abriu o placar. O Rei anotou o primeiro gol da partida em uma cabeçada da entrada da pequena área, sem chance para o goleiro Albertosi. Sem querer, Pedro acabava de descrever o último gol de Pelé em Copas do Mundo, marcado justamente com uma característica pouco comum de quem já estava consagrado como o Rei do Futebol.

Enquanto aguardava o trigésimo minuto do primeiro tempo para assumir o microfone, Fiori provavelmente lembrou-se que gols de cabeça eram a especialidade de um certo Dondinho, aquele mesmo centroavante alto do Bauru Atlético Clube e que viu, em 23 de outubro de 1940, nascer o filho Edson, que um dia viraria Pelé e que, naquele instante, colocava o Brasil em festa com o gol marcado. Um dos muitos gols marcados por ele e narrados por Fiori, um dos poucos narradores a acompanhar Pelé desde seus primeiros passos. Para Pelé, estava eternizado um momento emocionante, revivido 34 anos depois, em 2004, quando Fiori participou dos depoimentos para o filme *Pelé Eterno*, do diretor Anibal Massaini.

Conforme o sorteio determinara, Pedro Luiz entregou o microfone para Fiori aos 30 minutos do primeiro tempo. Foi dele a descrição do gol de empate da Itália, marcado por Boninsegna, numa falha coletiva do sistema defensivo brasileiro.

Aos 15 minutos do segundo tempo, Joseval Peixoto assumiu o comando da transmissão. E nem imaginava o que estaria por vir.

"Ali eu me consagrei. Estava na maior cadeia de emissoras formada na história do Brasil para contar o que aconteceria a partir de então."

O que aconteceu foi, simplesmente, o momento máximo daquele Mundial.

Para muitos, o melhor de todos os tempos. A Seleção que, para milhares de analistas e torcedores foi considerada a melhor de todos os tempos, viu cada um de seus jogadores produzir tudo o que sabia e, assim, fez um jogo tenso e nervoso tornar-se um passeio para cima dos italianos. Coube a Joseval narrar o gol de Gerson, em um chute forte da entrada da grande área, aos 21 minutos. Após cinco minutos, o gol de Jairzinho, depois de dividir a bola com toda a defesa italiana, e, principalmente, o gol de Carlos Alberto Torres, aos 41, após uma sensacional troca de passes do time brasileiro em uma jogada que havia começado com Clodoaldo, no meio de campo e terminou no passe de Pelé, que rolou a bola sem olhar para trás e o lateral direito soltar uma bomba que estufou as redes do Azteca. Assim, o Brasil sagrava-se tricampeão mundial e Joseval Peixoto igualava-se aos grandes narradores do Brasil.

Estava aberto o caminho para ele trabalhar com Fiori.

ALEMANHA, 1974

FIASCO ALEMÃO

Fiori só se deu conta de que não viajaria sozinho para a cobertura da Copa do Mundo de 1974 quando viu Edemar Annuseck embarcando no mesmo voo da Varig que o levaria a Bonn, capital da Alemanha Ocidental, palco daquele Mundial. Fiori conhecera Edemar um ano e meio antes daquele encontro, quando o catarinense de Blumenau fora contratado pela Jovem Pan, depois de uma maratona de testes feitos a convite de Willy Fritz Gonser. Muito antes da transferência para São Paulo, Edemar era um admirador de Fiori, a quem ouvia nas transmissões da Cadeia Verde-Amarela que ele sintonizava por meio da faixa de 49 metros obtida pelo aparelho de rádio pertencente ao seu pai. Aos sete anos, Edemar utilizava-se de uma lata de fermento e narrava jogos de futebol de botão. Em 1964, aos 18 anos, ingressou na Rádio Nereu Ramos e diversificou sua narração para muito além do futebol. Isso até surgir a oportunidade de ir para a Jovem Pan. Edemar gostava tanto do estilo de Fiori que o tomou por base quando começou a narrar.

"Eu o acompanhava e até o imitava. Depois, fui amadurecendo e encontrando meu próprio estilo."

Fiori sabia da admiração que Edemar tinha por ele e ficava lisonjeado, embora não se julgasse merecedor de tanto. Mal imaginava, porém, que teria tantos motivos para prestar gratidão a Edemar quando a aeronave aterrissou na Alemanha, àquela época dividida pelo Muro de Berlim. Foi Annuseck quem auxiliou Fiori no International Broadcast Centre (IBC), o Centro de Imprensa do Mundial, instalado em Frankfurt. A Bandeirantes precisava de um circuito diário para enviar boletins informativos para o Brasil, mas o pedido era feito pessoalmente. Em alemão.

"Como eu sou descendente de alemães e conheço a língua, o trabalho para conversar com os dirigentes da organização da Copa facilitou essa solicitação, como eu já havia feito também para a Jovem Pan."

Quem não colaborou nem um pouco com as transmissões de Fiori foi a Seleção Brasileira. Sem Pelé, Tostão e Gerson, mas com os tricampeões Rivellino, Jairzinho e Zagallo – como treinador –, o time brasileiro não poderia jamais ser considerado fraco, mas passou muito longe de apresentar um bom futebol. Após dois empates por 0 a 0, diante de Iugoslávia e Escócia, conseguiu uma vitória por 3 a 0 sobre a Seleção do Zaire. Classificado para a segunda fase, caiu em um grupo que tinha Alemanha Oriental, Argentina e Holanda (a grande sensação daquela Copa), uma chave da qual o primeiro colocado iria para a decisão do título. Diante da parcela menos conhecida da Alemanha, uma vitória magra por 1 a 0. No duelo com os argentinos, sempre cercado de rivalidade, novo triunfo, dessa vez por 2 a 1. Mas o time brasileiro não foi páreo para o Carrossel Holandês e um esquema tático revolucionário. O placar de 2 a 0 a favor dos holandeses levou o Brasil para a disputa da terceira colocação, na qual uma nova derrota, dessa vez para a Polônia, por 1 a 0, transformou a esperança do tetracampeonato em uma imensa decepção.

Por menos brilhante que tenha sido a participação brasileira na Copa do Mundo de 1974, ao menos restou um momento marcante. Minutos antes da partida com a Alemanha Oriental, o narrador precisou apelar a um de seus convidados para prestar apoio a um colega. Fiori jamais foi partidário de estabelecer o chamado "trem da alegria" em suas viagens internacionais, ou seja, não lotava aviões com pessoas sem nenhuma relação com o trabalho, mas escolhia alguns amigos mais chegados para acompanhá-lo nos grandes eventos e conseguia até credenciais para eles. Passagens aéreas e hospedagem ficavam por conta deles. Fiori sequer cogitava solicitar apoio à Bandeirantes. Mas, ao convidar o médico Antônio Douglas Menon, Fiori não apenas deu uma oportunidade para um amigo acompanhar a competição máxima do futebol como, ao mesmo tempo, prestou um incomensurável serviço aos colegas das outras emissoras. Otorrinolaringologista formado pela Escola Paulista de Medicina na turma de 1956 e com boa relação com a crônica esportiva desde os tempos de estudante, já que havia emissoras de rádio que transmitiam jogos estudantis, Doutor Menon não somente conhecia boa parte dos radialistas como era o responsável pelo bom funcionamento das vozes dos homens do rádio. Nos tempos de estudante e atleta, aproximou-se bastante do locutor Flávio Araújo e do comentarista Mário Moraes. Depois de formado, contou com a chamada "propaganda boca a boca" para manter seu consultório quase sempre lotado, na maioria, por quem dependia da voz. Na lembrança do médico, demanda que aumentava a cada dia mais e nem sempre como medida preventiva.

"O pessoal não tinha o hábito de se cuidar. Era muito cigarro e muita bebida alcoólica. Isso é muito nocivo para quem trabalha com a voz."

Fiori não dava esse tipo de trabalho para o médico. Ao contrário de diversos colegas, ele não fumava, não bebia, evitava comidas e bebidas geladas, sereno e vento.

"Cigarro e álcool são muito piores que gelado."

Doutor Menon estava junto com a equipe da Rádio Bandeirantes no Niedersachsenstadion, em Hannover, minutos antes de o time brasileiro enfrentar a Alemanha Oriental, quando um narrador búlgaro se aproximou pedindo ajuda para pronunciar da maneira mais correta possível os nomes dos jogadores brasileiros. Fiori estava a poucos minutos de abrir a transmissão da Bandeirantes, situação que se repetia com outros narradores e comentaristas. Todos, então, olharam para Doutor Menon.

"Sobrou para mim. Fiquei do lado do búlgaro pronunciando os nomes dos jogadores durante a partida."

A combinação entre cigarro e álcool provocou efeitos imediatos durante o Mundial de 1974, principalmente quando alguns profissionais de imprensa foram para uma boate alemã. De acordo com o relato que Fiori faria ao jornalista André Ribeiro, havia colegas que subiam nas mesas para dançar. Quando os homens da mídia se preparavam para ir embora, Fiori percebeu que Mário Moraes não tinha condições de seguir sozinho para o hotel onde estava hospedado e decidiu levá-lo. Só que o comentarista sequer conseguia lembrar do nome do hotel. Com alguma noção de inglês, Fiori conseguiu que um alemão dissesse os nomes dos principais estabelecimentos da cidade, até Mário Moraes reconhecer um deles. Entretanto a maior dificuldade de Fiori foi ajudar a levar o amigo de mais de 1,90 de altura até o quarto. Lá, Fiori deu um jeito de acomodar Mário Moraes. E lembrava-se perfeitamente do fato quando o relatou a André Ribeiro.

"Quando nós entramos no quarto, tinha duas camas e ele caiu bem no meio das duas. Como é que eu ia colocar um gigante daqueles em cima da cama? Eu botei só o travesseiro na cabeça dele, peguei o cobertor, o cobri e fui embora."

A Edemar Annuseck ainda restou o consolo de ter sido o único narrador brasileiro presente no Volksparkstadium, em Hamburgo, no dia 22 de junho, quando a Alemanha Oriental levou a melhor sobre os representantes do lado ocidental e venceu-os por 1 a 0, em partida válida pelo Grupo A.

ARGENTINA, 1978

A COPA DO(S) SEQUESTRO(S)

A campainha do apartamento da Avenida 9 de Julho tocou em um horário absolutamente inapropriado. Fiori, àquela altura de pijama, imaginava qualquer possibilidade, menos que alguém fosse procurá-lo. Ainda mais para tratar de trabalho e, principalmente, para apresentar-lhe uma proposta que envolvesse polpudos valores. E surpreendeu-se duplamente ao constatar que os visitantes eram os diretores da Rádio Tupi. Fiori foi praticamente obrigado a trocar de roupa e seguir com os executivos para um lugar incerto e não sabido.

"Meu pai foi sequestrado. Faltou só colocarem um capuz nele", lembra Marcelo.

O lugar, na realidade, não era tão incerto e fazia parte do conhecimento de muita gente. Fiori foi levado aos estúdios da emissora, no bairro do Sumaré, zona oeste de São Paulo. Lá, enfim, foi devidamente informado a respeito dos motivos de tal operação. Mauro Salles, diretor da Tupi, apresentou a Fiori a minuta de um contrato para o narrador assinar e empunhar o microfone da emissora durante a Copa do Mundo de 1978, que seria disputada na Argentina. A proposta era de um salário quatro vezes maior do que o pago pela Bandeirantes, além de um carro Alfa Romeo, um dos mais caros da época no Brasil. Fiori não assinou de imediato, mas ficou bastante balançado com a proposta. Só que a notícia ganhou corpo e ultrapassou as paredes do estúdio da Tupi, chegando à sala de João Jorge Saad, no Morumbi. Assim que soube o que estava acontecendo, Saad convocou Fiori para uma conversa. Enquanto o narrador se acomodava na cadeira, o presidente do Grupo Bandeirantes de Comunicação falava rapidamente por telefone com a esposa, Dona Maria Helena que, ciente da grande possibilidade de a emissora perder seu narrador titular, ligou de imediato para o marido e lhe fez o apelo para que todos os esforços fossem feitos no sentido de manter Fiori na Bandeirantes. Saad apelou para o sentimentalismo.

"Fiori, você não pode ir embora, não pode nos deixar", apelou Saad, em sua sala no quarto andar da sede da emissora.

"Seu João, são quatro vezes o que eu ganho aqui. Não tem nem como comparar", retrucou o narrador.

"Não dá, Fiori, diga a eles que não dá. Você faz parte daqui. Cada tijolinho deste prédio tem a sua colaboração." E tinha mesmo, desde a inauguração da sede e da emissora de TV, em 1967.

O narrador disse a Saad que aceitaria permanecer na emissora, desde que a empresa igualasse a proposta da Tupi. O pedido foi aceito. E Fiori ficou na Bandeirantes. Na Argentina do golpe e da ditadura militar, que promoveu centenas de sequestros sem finais felizes como o de Fiori, o narrador contaria a história de uma Seleção Brasileira que não chegou à final por conta de um estranho regulamento e de uma mais estranha ainda vitória argentina sobre o Peru. Um placar de 6 a 0 considerado no mínimo obscuro, já que os argentinos precisavam vencer por quatro gols de diferença para conseguirem a classificação para a decisão. Ao Brasil restou o título de "campeão moral", por ter terminado na terceira colocação e sem derrota. Para Fiori, veio o lucro da criação de um novo bordão em um momento complicado de uma das partidas do time brasileiro e que seria adaptado para ser utilizado por outros narradores:

Aguenta, coração!

Diretores da Tupi, na época, Élvio Mencarini e Luiz Aguiar, magoados com o recuo de Fiori e, sobretudo, com a permanência dele na Bandeirantes, fizeram uma pesquisa de mercado para saber quem era o grande locutor de São Paulo, aquele que chamaria a audiência para si e em quem valeria a pena investir para a Copa do Mundo da Argentina. Com a resposta em mãos, os diretores fizeram um contato telefônico com o narrador, que ficou curioso de saber qual havia sido o resultado.

"O resultado diz que é você. Veja quanto você ganha, multiplique por dez e esse será seu ganho aqui."

Era Joseval Peixoto.

ESPANHA, 1982

SARRIÁ, 5 DE JULHO DE 1982

Fiori levaria a Bandeirantes para a Copa do Mundo de 1982, na Espanha, mesmo que a Seleção Brasileira fosse composta pelo que houvesse de mais assustador em termos de categoria na época. Mas ao ver que o time brasileiro, comandado por Telê Santana, teria nomes como Leandro, Júnior, Toninho Cerezo, Falcão, Zico, Sócrates, entre outros, a confiança no tetracampeonato aumentou consideravelmente e fez com que o time da Bandeirantes embarcasse para a Europa com a confiança no ponto máximo. Dentro de campo os nomes juntaram-se na composição de um time, no mais fiel sentido do termo. A Seleção Brasileira encantou o mundo com uma sequência de partidas memoráveis, com um futebol ofensivo, dribles, entrosamento e espetáculo. O Brasil venceu a União Soviética por 2 a 1, a Escócia por 4 a 1 e a Nova Zelândia por 4 a 0, classificando-se sem dificuldade para a segunda fase. Na primeira partida, o time brasileiro não tomou conhecimento da rivalidade com a Argentina, então campeã mundial. Fez 3 a 1 com autoridade, eliminando a equipe de um jovem camisa 10, baixinho, habilidoso e folgado, que não precisou de muito tempo para chegar em casa, já que ele morava em Barcelona e mostrava ao mundo seu talento com a camisa do time local: Diego Maradona.

Ouça os gols de Brasil 2 x 1 URSS - Copa de 1982

Ouça o gol de Júnior - Brasil 3 x 1 Argentina, Copa de 1982

Faltava a Itália.

O time comandado por Enzo Bearzot, embora forte e com excelente qualidade técnica, estava devendo, e muito, naquele Mundial. Classificara-se para a segunda fase com três empates e vencera a Argentina no início da segunda parte da competição por 2 a 1. Como o Brasil havia marcado um gol a mais, tinha melhor saldo de gols e a consequente vantagem do empate para carimbar a vaga às semifinais, nada poderia dar errado. Ou quase nada.

A equipe da Bandeirantes estava posicionada para iniciar a transmissão direto do Estádio Sarriá, em Barcelona, na tarde de 5 de julho, quando Fiori foi chamado pela linha interna. Era Osvaldo dos Santos, que, do *International Broadcast Center* (IBC), não sabia mais como resolver um problema com o comentarista Luiz Augusto Maltoni.

"Fiori, o Maltoni está aqui querendo participar da transmissão de qualquer maneira. Tive até uma briga com ele. Ele está dizendo que tem muitos anos de casa e não aguenta mais ouvir o João Saldanha falando na Bandeirantes e ele ficando de fora."

Jornalista, ex-técnico da Seleção Brasileira de 1969 até março de 1970 (quando maus resultados, desempenho fraco da equipe, desgaste com o elenco e problemas pessoais e também políticos com os militares levaram à sua demissão), Saldanha foi um dos maiores personagens do futebol e um dos mais respeitados e polêmicos comentaristas da história. Era extremamente requisitado em época de Copa do Mundo e tornou-se, durante o Mundial da Espanha, figura fácil nos microfones da Bandeirantes. Fiori sabia da importância de Saldanha, mas não se sentia à vontade para virar as costas a um colega de emissora. Ainda assim, consultou Dalmo Pessoa, o outro comentarista da casa:

"O Maltoni quer vir para cá e participar da transmissão. O que você acha?"

Dalmo fugiu à regra e passou longe da polêmica.

"Fiori, manda ele pegar um táxi e vir. Ele vai somar, vai agregar."

Maltoni entrou na transmissão. Dentro de campo, a Seleção Brasileira viveu a maior tragédia desde a derrota para o Uruguai na final do Mundial de 1950, no Brasil, episódio que passou a ser chamado de Maracanazo. Paolo Rossi, atacante da Juventus que vestia a camisa 20, fez em 90 minutos o que ele e o time italiano não tinham feito durante todo o Mundial: marcou os três gols que fizeram o sonho brasileiro desmoronar. Sócrates e Falcão anotaram para os brasileiros, mas o placar final de 3 a 2 classificou o time italiano. No final da partida, pressão brasileira na área italiana, Éder foi cobrar um escanteio do lado direito do ataque brasileiro e chutou uma placa de publicidade para conseguir mais espaço. Na visão de muitos, estava ali uma prova de um grupo rachado justamente por questões contratuais, pois alguns jogadores teriam o compromisso de correr em direção a determinadas placas de publicidade quando marcassem um gol. Fiori, alheio a qualquer questão publicitária, narrou o último minuto da partida com a visão de um torcedor.

Ouça o 3º gol de Paolo Rossi - Brasil 2 x 3 Itália, Copa do Mundo de 1982

"Ele arranca uma placa de publicidade. Correu, cobrou o escanteio. O goleiro saiu, enche a cara da bola, fecha Cerezo, tenta chutar de qualquer jeito, quando o árbitro marca falta contra a linha de ataque brasileira num levantamento do pé de Cerezo... Aguenta, coração! Três para a Itália, dois para o Brasil... Apita o árbitro! Tudo consumado, torcida brasileira! É um lindo sonho que morre! É uma bela esperança que se desmancha! É toda uma planificação longa, cansativa e desgastante que termina em nada. É uma Itália que chega aplicada e robusta, valente e corajosa e que enfia três gols na defesa brasileira..."

Na lembrança de Dalmo, Fiori ficou tão desnorteado que se esqueceu por um instante que o Mundial havia acabado para o Brasil.

"No próximo jogo, torcida brasileira, vamos melhorar."

"Não, Fiori, não tem próximo jogo. Nós vamos arrumar as malas e voltar para casa."

No começo da Copa, Fiori tivera uma acalorada discussão com Telê e o preparador físico da Seleção, Gilberto Tim. Fiori discordava veementemente dos métodos utilizados por ambos. Acreditava que o jogador brasileiro, que é esguio, ágil e de pernas finas, não deveria seguir o padrão europeu "brucutu" musculoso que Tim queria implantar.

Além disso, para Fiori, Telê havia perdido o controle dos jogadores na concentração. A liberdade concedida ao grupo era permissiva demais aos olhos do locutor. Liberdade com um pé na libertinagem. Era uma seleção fantástica, mas no quesito extracampo era difícil de ser domada pelas rédeas frouxas do técnico. A Tragédia do Sarriá ficou conhecida como "o dia em que o futebol morreu". E iniciou um período longo em que Fiori e Telê ficaram sem se falar. Durou anos, até o treinador assumir o São Paulo vencedor do início dos anos 1990.

Na hora do almoço de 6 de julho, manhã pelo horário brasileiro, Fiori e Dalmo participaram por telefone do *Jornal Gente*. Com a derrota já assimilada e depois de apurar assuntos de bastidores, Dalmo estava mais revoltado do que triste. E disparou um comentário que, na época, provocaria até o medo de que a emissora fosse retirada do ar. No quarto do hotel, os fios do bigode de Fiori ficaram em pé.

"Eu diria que essa seleção é uma seleção de bundas moles."

Fiori deu um grito que ninguém soube, mesmo depois de anos, se vazou no áudio do programa comandado por José Paulo de Andrade.

"Deus do céu, Dalmo!"

MÉXICO, 1986

TETRA ADIADO

Dezesseis anos depois, lá estava Fiori de volta à saudosa Guadalajara para a participação brasileira na Copa do Mundo de 1986, com vitórias sobre a Espanha (1 a 0), Argélia (1 a 0), Irlanda do Norte (3 a 0), Polônia (4 a 0) e a triste eliminação nas quartas de final, após o empate por 1 a 1 e a derrota nos pênaltis para a França, por 4 a 3. Por ironia, a partida foi realizada em 21 de junho, a mesma data da decisão do título com a Itália, no mesmo México, 16 anos antes. No apartamento da Avenida 9 de Julho, Dona Adelaide e Marcelo acompanhavam a partida pela televisão e ouviam a Bandeirantes naquela tarde de sábado. Fiori não deixou transparecer o sentimento, mas Marcelo percebeu o que acontecia a 7.868 km de distância.

"Mãe, o pai está chorando."

ITÁLIA, 1990

CANIGGIA E O HOMEM DE US$ 140 MIL

A Itália é mundialmente famosa pela moda. E embora as vitrines enchessem os olhos com tamanho refinamento, não eram exatamente calças, camisas e sobretudos de grifes badaladas que chamaram a atenção de Fiori meses antes da Copa de 1990. Também não eram os saborosos e irresistíveis pratos de pasta. O que atiçou sua curiosidade foi ver um homem andando por uma rua de Roma e falando em um enorme aparelho sem fio grudado à orelha. O narrador descobriu assim o telefone móvel.

Na volta ao Brasil, não perdeu tempo e contou a novidade ao patrão, Johnny Saad. Por conta dessa descoberta, viajou 11 vezes à Itália para entender o sistema que já era realidade por lá. Esteve na RAI, a rádio e TV estatal italiana, para ver de perto como aquilo poderia ser útil à equipe da Rádio Bandeirantes que cobriria o segundo Mundial da história disputado na Itália dos ancestrais de Fiori.

Ele foi a uma loja, alugou diversos aparelhos e distribuiu-os entre os integrantes da equipe. Sem precisar de um aparelho fixo, o celular facilitou e trouxe muita rapidez à informação. Um repórter em cada canto do país, a central abre a linha e pronto: está no ar! Na lembrança de Marcelo, o pai havia concluído uma jogada de gênio.

"Todas as rádios tinham um controle central, com um monte de fios e linhas que eram pedidas para a Embratel. Meu pai distribuiu os telefones para os repórteres e as informações vinham de qualquer lugar. O pessoal das outras emissoras ficava sem entender nada."

Foi a ideia de Fiori que permitiu a ele estabelecer base em Roma e hospedar os repórteres da Bandeirantes em cidades estratégicas da Itália. A emissora tinha um representante em Turim, onde a Seleção Brasileira iria disputar a primeira fase da competição, além de Florença, Nápoles e outras cidades. Nas datas reservadas para partidas do time brasileiro, Fiori viajava de Roma a Turim no carro alugado por ele e guiado pelo companheiro oficial de viagens internacionais: o médico Antônio Douglas Menon. Segundo lembra o otorrinolaringologista, Fiori aproveitava o fato de ele conhecer bem a Europa para "explorá-lo" a ponto de fazê-lo dirigir os 672 quilômetros que separam Roma de Turim.

"Nem sentíamos a distância porque as conversas eram muito agradáveis."

Em Roma, Fiori encontrou um hotel do qual o médico não lembra o nome, mas jamais esqueceu o fato de ficar em frente a uma praça onde diariamente era montada uma feira que tinha, entre suas barracas, uma especializada em sanduíches de mortadela.

"Não teve um dia em que o Fiori não tenha dado uma passada por lá."

Quando o Brasil não jogava, Fiori monitorava seus repórteres à distância. Queria saber se estavam bem e precisavam de algum apoio. Em algumas ocasiões, chamou Menon para que, juntos, aumentassem a quilometragem do carro. Por uma, na visão de Fiori, nobre causa.

"Doutor, vamos a Florença ver como está o Roberto Silva, porque ele não fala nada. Vamos levar umas roupas e um pouco mais de dinheiro."

Eram mais 282 quilômetros de estrada até o encontro com o Olho Vivo, um dos mais carismáticos do rádio esportivo.

Com Éder Luiz, o tratamento foi diferente. Depois de abrir e encerrar jornadas em 1986, ele viajara para a Itália na condição de narrador e com uma dose a mais de privilégio, já que, na primeira fase da Copa do Mundo, Fiori dividira com Éder as transmissões do Grupo C, do qual o Brasil fazia parte. Enquanto a Seleção Brasileira vencia a Costa Rica por 1 a 0, gol de Müller, em Turim, Éder estava sozinho em Gênova, irradiando Suécia e Escócia. Mas não embarcou sem o devido amparo.

"Ele novamente me passou dicas, procurou me tranquilizar e me ensinou bastante, foi um professor, segundo pai, atento a tudo, me dando dicas, uma figura extraordinária, sempre muito engraçado, muito carinhoso."

Viabilizar celulares, hotéis em várias cidades e carros alugados exigia ou uma verba generosa, ou uma boa matemática financeira. Fiori escolheu a segunda opção. A começar pela forma como transportou para a Itália os US$ 140 mil necessários para o pagamento da última parcela à emissora italiana RAI, dona da exclusividade na liberação de sinais aos países para onde a Copa fosse transmitida. Isso numa época em que transferências bancárias eram processos bem mais lentos e burocráticos do que o que seria oferecido anos depois. Dona Adelaide fazia pequenas bolsas de saco plástico para guardar todo aquele dinheiro. Fiori distribuía pelo corpo maços de dinheiro; um pouco nas mangas, outro montante nas pernas, na barriga... De acordo com Marcelo, "era o homem de US$ 140 mil".

A Antônio Douglas Menon, que viajou com ele, Fiori não disse uma palavra sobre a distribuição do numerário. O médico tomou conhecimento dias depois, por meio de terceiros.

"Me contaram isso, mas sinceramente não acreditei."

PROFESSOR DE ECONOMIA

Nem mesmo a implantação, em março de 1990, de um mirabolante e obscuro plano econômico que tirou o dinheiro das mãos de boa parte da população brasileira fora capaz de desmotivar os veículos que investiram pesado para a transmissão *in loco* da Copa do Mundo na Itália. Investimento que continuou bastante considerável, mesmo em uma época na qual a palavra recessão começava a ganhar ares de realidade no país. Tanto que, assim como em mundiais anteriores, as sobras das verbas destinadas aos profissionais jamais eram pedidas de volta pelas empresas. Na Bandeirantes não era diferente. Na lembrança de Ana Marina Maioli, era uma prática que provocava discordâncias bastante acintosas nos bastidores.

"Havia a vaidade de o profissional querer estar numa Copa do Mundo, mas o ponto principal era o acesso aos dólares, o que era muito fácil na época. Se você recebesse uma verba de dois mil dólares e gastasse a metade, a outra metade ficava com você. A rádio não pedia de volta. Era só apresentar as notas na volta e estava tudo certo."

De acordo com Marcelo Gigliotti, era a partir dessa prática que Fiori mostrava ainda mais senso de companheirismo. Segundo lembra, o pai aproveitava as viagens internacionais para conhecer lugares bons e de baixo custo para o turista se hospedar, comer e deslocar-se. E ensinava tudo o que sabia aos operadores, que recebiam salários bem abaixo do dele. Tudo em nome da verba.

"Teve operador voltando de viagem com mais dinheiro no bolso do que o valor do salário. Alguns voltaram da Europa para comprar casa e carro. Meu pai ensinava o cara a comer bem sem gastar muito. Sobrava dinheiro e o pessoal embolsava. Muita gente foi ajudada."

Quem perdeu a oportunidade de ser ajudada naquele Mundial de 1990 foi Ana Marina Maioli, cortada na última hora da equipe que iria para a Itália, depois de estudar italiano e tirar passaporte. Uma decisão que a produtora jamais entendeu. Nem aceitou.

"Vieram com a história do 'achamos melhor mudar' e eu não fui. É uma frustração que tenho não ter feito nenhuma Copa do Mundo, enquanto, por conta dessas alterações, iam pessoas que nem jornadas esportivas faziam normalmente."

Fiori só não angariou a totalidade da audiência porque Milton Neves aproveitou-se do acaso e da espertaza para atrair boa parte do público para a Jovem Pan, na sua primeira cobertura *in loco* de uma Copa do Mundo, Fiori acompanhou a partida entre Alemanha e Colômbia, no Estádio Giuseppe Meazza, em Milão. Um empate levaria a Seleção Colombiana para as oitavas de final, mas o gol de Littbarski, marcado aos 43 minutos do segundo tempo, praticamente sepultou o sonho sul-americano. Entretanto, nos acréscimos, um contra-ataque fulminante da Colômbia deixou Freddy Rincón na cara do gol e ele assegurou a passagem de sua seleção para a fase seguinte do torneio. Naquela hora, Milton, do espaço destinado à Jovem Pan, gravou a emoção registrada pelo narrador Edgar Perea, da Rádio Caracol, de Bogotá e a reproduziu no ar logo depois. O sucesso foi tão grande que o jornal *Folha de S.Paulo* divulgou uma reportagem a respeito da repercussão da gravação. Na lembrança de Milton, a Bandeirantes tentou dar o troco quando era tarde demais.

"Plantaram um repórter no jogo da Colômbia pelas oitavas de final, mas aí já era." A Colômbia foi eliminada por Camarões.

Fiori narrou as vitórias do Brasil na primeira fase do Mundial sobre Suécia (2 a 1), Costa Rica e Escócia (ambas por 1 a 0). E coube a ele relatar a queda nas oitavas de final, diante da Argentina, com um gol de Claudio Caniggia. Em uma de suas piores participações em mundiais, a seleção tricampeã do mundo voltava para casa de maneira inglória e vergonhosa. O técnico Sebastião Lazaroni, campeão da Copa América em 1989, no Brasil, fechara o grupo e apostara tudo no esquema com três zagueiros (usado por 19 das 24 seleções na Copa). Não deu espaço a novos nomes, não teve o melhor de Romário (que voltava de uma fratura na perna sofrida em abril, quando defendia o PSV, da Holanda) e o elenco, rachado desde a concentração no Brasil por causa da premiação, acabou eliminado em sua melhor apresentação.

Não bastasse a frustração pela saída antecipada do Mundial, Fiori e a crônica esportiva sentiram um enorme baque com a notícia de que, no dia 12 de julho, quatro dias após a decisão daquela Copa, quando a Alemanha bateu a Argentina em Roma e igualou-se em número de conquistas com o Brasil, João Saldanha havia morrido em Roma. Ele viajou para trabalhar na Copa pela TV Manchete, contrariando os médicos. O ortopedista Osmar de Oliveira, narrador da emissora, também fez o papel de médico de plantão. O João Sem Medo foi para a Itália para morrer trabalhando em um Mundial. Ele mal conseguia falar durante as partidas.

EUA, 1994

TETRA NO CAMPO, DERROTA NAS URNAS

Uma das maiores razões para a festa promovida pela Jovem Pan, quando José Silvério decidiu retornar à emissora para narrar a Copa do Mundo de 1986, no México, foi a garantia de que a presença dele reforçaria os argumentos da emissora na busca pelos patrocinadores para a transmissão daquele Mundial. Via de regra, as grandes emissoras iniciavam as vendas com um ano de antecedência ao evento e usavam os nomes dos profissionais que tinham para convencer os possíveis anunciantes que o investimento daria uma garantia de retorno financeiro imediato.

A Bandeirantes jamais se preocupou com a possibilidade de um desempenho ruim na hora de vender os anúncios publicitários para uma Copa do Mundo. A simples presença de Fiori no comando das principais partidas da competição representava mais que um reforço para os argumentos que o departamento comercial da rádio usava para tentar convencer possíveis anunciantes. Significava o critério principal para que o contrato fosse concluído. Pelo que lembra Marcelo, o nome do pai aparecia textualmente nos acordos.

"Era a cláusula principal: narra Fiori Gigliotti."

Não foi diferente a partir da segunda metade de 1993, meses antes da Copa do Mundo programada para o ano seguinte, nos Estados Unidos. Além no número de spots, testemunhais e preços previstos, os representantes do departamento comercial da Bandeirantes utilizavam o nome do principal narrador da emissora para convencer possíveis anunciantes. Em pouco tempo, os espaços publicitários estavam todos preenchidos e a verba necessária para a cobertura do Mundial foi garantida.

Isso até a política aparecer novamente na vida de Fiori.

Quatro anos após o desempenho ruim na candidatura a deputado estadual nas eleições de 1990, Fiori, ainda filiado ao PMDB, estava convencido pelos comandantes do partido de que uma nova tentativa em 1994 seria um tiro certeiro. Novamente a aposta estava na popularidade do narrador e a previsão era que Fiori atingiria, no mínimo, 200 mil votos. Empolgado, Fiori revelou o planejamento partidário a Antônio Douglas Menon, que tentou demovê-lo da ideia.

"Fiori, esses caras só pensam neles. Falaram em 200 mil votos para te convencer, mas você não consegue nem 20 mil votos. Eles não vão se empenhar para que você ganhe. Vão concentrar tudo entre eles mesmos."

Fiori até ouviu o amigo, mas não assimilou ou não quis assimilar a mensagem. Para o narrador, uma cadeira na Assembleia Legislativa de São Paulo seria a maior de todas as oportunidades para ele ao menos tentar mudar aquilo que considerava inadequado em termos sociais. Fazia parte de suas ideias, por exemplo, expandir a prática do esporte e incluir as comunidades mais carentes. Eleito senador pelo PT em 1990, com 4.229.867 de votos, Eduardo Suplicy, àquela altura amigo e cada vez mais fã de Fiori, apoiou a sua candidatura, ainda que por outra legenda.

"Uma pessoa muito benquista, voltada ao bem comum, e uma pessoa que sabia muito bem a respeito da vida esportiva brasileira, que tinha ideias e sugestões excelentes para o desenvolvimento do esporte. Tinha uma contribuição muito positiva a dar."

Fiori homologou a candidatura pouco antes de formar o time que a Rádio Bandeirantes levaria para a Copa do Mundo dos Estados Unidos. Praticamente todos os membros da equipe embarcaram para a cobertura do 14º Mundial da história, no qual o Brasil mais uma vez figurava como um dos candidatos ao título, mesmo sem um troféu desde 1970 e mesmo sofrendo demais nas Eliminatórias, com desempenho irregular da equipe de Carlos Alberto Parreira. Fiori só não teve o cuidado de ler com atenção os termos e condições para sua candidatura nas eleições gerais de 1994. E acabou surpreendido com a determinação do Tribunal Superior Eleitoral que proibia a qualquer candidato ocupar a mídia fora do Horário Eleitoral Gratuito em um período de 90 dias antes das eleições. Como o pleito estava agendado para 3 de outubro, Fiori estaria com o nome vetado a partir de 3 de julho, com o Mundial em pleno andamento. Nem mesmo seu nome poderia ser mencionado. Fiori sequer esperou a data do silêncio chegar. Antes da primeira transmissão, determinou que Éder Luiz seria o narrador principal da Bandeirantes durante o Mundial. Na lembrança de Éder, Fiori diminuiu sua frustração e, por mais que tivesse poderes para escalar profissionais, viu sua decisão ser recebida com narizes torcidos.

"Na época, eu senti que o Fiori ficou bastante triste por não poder transmitir a Copa. Em função disso, ele defendeu minha escalação como titular, contrariando algumas pessoas da Direção da rádio naquele momento. Ele acreditava muito no meu potencial, pois a Bandeirantes atingia excelentes níveis de audiência. Mais uma vez, o Fiori me ajudou muito, me colocando no lugar dele para narrar."

Coube a Éder, dessa maneira, irradiar as vitórias por 2 a 0 sobre a Rússia e 3 a 0 em Camarões, além do empate por 1 a 1 com a Suécia, pela primeira fase. No dia 4 de julho, 24 horas após o início da proibição a Fiori de falar fora do Horário Eleitoral, a Seleção Brasileira venceu os Estados Unidos, por 1 a 0, gol de Bebeto, em pleno dia da Independência norte-americana. Depois de passar pela Holanda, em Dallas, nas quartas de final, com uma vitória sensacional por 3 a 2, o Brasil chegou ao Rose Bowl, em Pasadena, subúrbio de Los Angeles. Na semifinal, diante da Suécia, no dia 13, um gol de cabeça de Romário colocou o Brasil na decisão da competição, no dia 17 de julho, outra vez diante da Itália, e novamente no Rose Bowl. No domingo, debaixo de um calor desumano, com o pontapé inicial dado às 12h30, Roberto Baggio desperdiçou a primeira cobrança de pênalti de sua carreira profissional e a última da final. Após o empate por 0 a 0 no tempo normal e na prorrogação, a decisão foi para as cobranças de pênaltis e o Brasil venceu por 3 a 2, conquistando o inédito tetracampeonato mundial. Sem o mesmo brilho da última conquista, diante da mesma Itália, é verdade, mas com o mesmo valor. Marcelo lembra que, enquanto Éder Luiz narrava a conquista brasileira, Fiori acompanhava a partida da sala de estar do apartamento da Avenida 9 de Julho, em São Paulo.

"Meu pai não ficou mais do que 15 dias nos Estados Unidos."

Sem poder irradiar, Fiori antecipou o retorno. Trouxe na bagagem uma dose de decepção pela proibição e diversos presentes para a família. Ao filho Marcos e às netas, ele deu pares de tênis e peças de moletom como presente.

Logo Fiori começou a pôr em prática todo o seu planejamento político.

Visitou Mineiros do Tietê, Águas de São Pedro, Dois Córregos. Mas um problema apareceu. O tumor na próstata, que seria o seu algoz, surgiu durante a campanha eleitoral.

Era segredo. Fiori não queria que ninguém soubesse. Chegou a ir a médicos e marcou três cirurgias. Desistiu de todas. Resolveu apelar para sua fé em São Judas Tadeu. E mais nada.

Viajando no sacrifício, sua uretra estava completamente entupida pelo tumor. Sentia dores quase insuportáveis. Numa parada na estrada, foi ao banheiro e urinou sangue.

"O tumor implodiu e eu estou eliminando-o! Recebi uma graça", disse Fiori, aliviado e certo de que a fé tinha salvado sua vida.

A "cura" havia sido alcançada. Mas o milagre eleitoral não. No dia 3 de outubro, Fiori Gigliotti recebeu 25.653 votos, bem menos que os 200 mil previstos pela cúpula do PMDB e que os 40 mil que ele próprio acreditava serem possíveis. Pela segunda vez, não conseguiu eleger-se. O amigo médico estava certo. Fiori foi abandonado pelo partido do seu padrinho político e incentivador, o ex-governador Orestes Quércia. Sem apoio e financiamento, sua campanha acabou sendo um fiasco.

Fiori sequer poderia imaginar, mas a derrota nas urnas seria a menor das surpresas pouco agradáveis ocasionadas por sua candidatura. Viriam outras. Com consequências bem piores.

FRANÇA, 1998

A COPA DO ADEUS

Ao longo de mais de 40 anos de carreira, Milton Neves sempre se considerou um "monoglota". Viajar para outro país significava ter de ficar perto de algum brasileiro para não passar por nenhum apuro. Era assim que estava planejada a viagem a Paris naquele início de junho de 1998, quando o então âncora da equipe de Esportes da Jovem Pan viajou para a capital da França ao lado de Barbosa Filho, Dalmo Pessoa e Fiori Gigliotti. Milton só não imaginava que o sufoco aparecesse tão cedo, mais precisamente no desembarque, ocorrido da maneira mais atribulada possível, em virtude de uma greve dos trabalhadores responsáveis pelo transporte de bagagens. Na lembrança de Milton, o Aeroporto Charles de Gaulle vivia um verdadeiro caos.

"Os passageiros tinham de ir lá no avião buscar as malas."

A confusão provocou um atraso tão grande que Milton perdeu o horário do serviço de traslado que o levaria ao hotel. Ou seja, Milton Neves estava em um país desconhecido para ele, sem saber falar o idioma e sem ter como se deslocar. Ao ver o estado de nervos em que o amigo ficou, Fiori não pensou duas vezes.

"Milton, você vai comigo."

E deu carona a Milton na van que fazia o transporte da equipe da Rádio Record. Já estamos falando dos tempos da Rádio Record. Fiori era o locutor e Dalmo Pessoa, o comentarista. O filho Marcelo, em sua primeira Copa ao lado do pai, foi o carregador oficial das malas da equipe. Uma primeira função feita pela necessidade do momento.

Fiori chegava no quarto do hotel, deixava as malas e logo procurava um mercado próximo. Ele era organizado de uma maneira quase obsessiva; comprava bebidas e comidas e as armazenava no frigobar.

Durante a Copa, Marcelo levou parte importante da equipe para um evento noturno, o *"Show dos 500 anos"*, dias antes da celebração da data do Descobrimento do Brasil. Ele foi com Marcos Barreto e Fábio Luiz, repórteres da equipe da Record. Tudo ia muito bem, até Marcelo perceber que havia perdido celular, dinheiro e a chave do hotel. Ele havia deixado na bolsa de uma amiga, que acabou deixando o *show* mais cedo.

De volta ao hotel, o trio foi recepcionado, às sete da manhã, por um Fiori enraivecido. Ele tinha passado a madrugada toda sem notícias do filho e dos dois membros da equipe. Os repórteres não tinham voz. Durante a viagem até a próxima cidade francesa, onde aconteceria a partida seguinte, Fiori repetia a mesma frase:

"Se a voz não sair, volta todo o mundo para o Brasil!"

Ao que consta, a Copa da França foi transmitida com equipe completa e vozes recuperadas.

A abertura reservaria mais surpresas. Sempre em busca de organização, Fiori pegou as credenciais para todos, inclusive Marcelo. Deixou passar um pequeno detalhe: faltava um número na credencial do filho para que ele pudesse acompanhá-lo. Todas as outras tinham a numeração que dava acesso à cabine. Marcelo foi barrado pela organização. Sem saber o que fazer, pai e filho choraram. Então, já que não podia ficar ali, Marcelo foi dar uma volta até encontrar um local para acompanhar o jogo do Brasil. Encontrou dentro do estádio um espaço que estava lotado e tocava *Macarena*. Era uma espécie de *"pool de rádios"*, mas tão grande que quando o Brasil marcou, alguém gritou "gol do Romário". Só que atacante que brilhara quatro anos antes fora cortado às vésperas daquele Mundial depois que uma lesão foi constatada.

Na França, em um dos últimos mundiais que receberam ampla cobertura da mídia brasileira, dadas as dificuldades econômicas e os problemas com direitos de transmissão que viriam nas edições seguintes, a Seleção Brasileira chegou à segunda decisão consecutiva, mas acabou derrotada pelos donos da casa no Stade de France, nos arredores de Paris, por 3 a 0. Depois de ver seu principal jogador, Ronaldo, sofrer uma convulsão sete horas antes do jogo e, ainda assim, atuar na partida decisiva, em um dos mais inexplicáveis episódios da história do futebol.

Uma hora depois da partida, vencido pelos problemas de saúde que enfrentava, Pedro Luiz Paoliello faleceu. Calava-se, naquele momento, uma das maiores vozes da história do rádio esportivo. Ao tomar conhecimento da notícia, Fiori lembrou-se de seus primeiros momentos no rádio, do crescimento e da consagração, sempre enfrentando a concorrência e adquirindo o respeito de Pedro Luiz, ainda que a amizade não fosse o ponto forte entre os dois. Ao mesmo tempo, a crônica esportiva tentava entender por que, assim como João Saldanha, Pedro Luiz nos deixaria em meio ao evento máximo do futebol mundial.

Saldanha e Pedro não seriam os únicos craques a deixarem a imprensa esportiva sem fala dias antes ou pouco depois de uma Copa do Mundo.

CAPÍTULO 7

O Moço de Bauru, o Moço de Pau Grande, e outros moços. E moças

Desde que começou a narrar gols pela Lins Rádio Clube, em 1947, Fiori tinha exata noção da importância dos jogadores para o seu ofício. Principalmente pelos que se destacavam, fosse pelo número de gols marcados ou pelo talento com a bola nos pés. Era do bom desempenho deles que dependia sua *performance* com o microfone. Foi justamente naquele período, entre o final dos anos 40 e o início da década de 50, que Fiori teve o privilégio de narrar algumas partidas do Bauru Atlético Clube, o famoso Baquinho. Privilégio esse porque o time tinha um centroavante negro, alto, forte e exímio cabeceador. Um jogador que carrega uma marca jamais batida até hoje: marcar cinco gols de cabeça em uma só partida. O nome dele: João Ramos do Nascimento, mas quase ninguém o conhecia assim. O apelido, Dondinho, era como chamavam aquele atacante que não jogava plantado na área, mas buscava jogo no meio de campo, algo impensável na época. Dondinho nasceu em Campos Gerais, interior do estado de Minas Gerais. Mas foi em Três Corações, para onde tinha ido servir o Exército, que ele começou a ganhar destaque ao atuar por equipes da cidade. Tanto que acabou chamando a atenção do São Lourenço. Dondinho estava disposto a seguir carreira no Atlético Mineiro, mas um lance com o zagueiro Augusto, do São Cristóvão, do Rio de Janeiro, acabou com seu joelho e com a esperança de continuar em um time tradicional. Ele voltou, então, ao São Lourenço e acabou se transferindo, meses depois, para o Baquinho. Mas seria fora de campo que Dondinho marcaria o maior e mais belo de seus gols.

Em meados de 1943, já casado, ele ia para os treinos e jogos acompanhado de um de seus três filhos. Para homenagear o inventor americano Thomas Edison, o pai da lâmpada elétrica, pôs o nome Edson no garoto nascido em 1940. Mas a ciência que encantava o pirralho era a da bola. Mais precisamente a do futebol.

Após os treinos do pai, ele jogava na rua e fazia questão de ser o goleiro, inspirado pelos feitos fantásticos de Bilé, arqueiro do São Lourenço, ex-time do seu pai. Edson defendia e gritava "Defendeu Bilé!". Os outros ouviam de longe e pronunciavam outro nome. Ao perceberem a ira de Edson diante do erro, forçavam o crescimento do coro com o nome que eles acreditavam ter ouvido. Edson não seria conhecido pelo nome do inventor. Nem por Bilé.

Dondinho encerrou a carreira em 1954, aos 37 anos. Em 2017, se vivo fosse, completaria 100 anos. O filho Edson seguiu no futebol. Evoluiu, avançou muito além de seu tempo, muito à frente do esporte que tinha escolhido. Faria com a bola coisas que, décadas depois, muitos ainda se perguntariam como tinham sido possíveis. Marcaria mais de mil gols, muitos dos quais narrados por Fiori Gigliotti.

Na Copa do Mundo de 1958, estava o Edson que virou Bilé, que virou Pelé e que virou Rei. O menino negro e franzino de 17 anos deixou o mundo boquiaberto. Surpreendeu, inovou e encantou a todos com seu talento e magia com a bola nos pés. Fiori conhecia aquele garoto – que acabara de ser apresentado ao planeta – antes mesmo de ele nascer. Era o filho do maior cabeceador que conhecera em sua vida. Era o garoto que nasceu homenageando um inventor, que admirava um goleiro e que se tornou o maior de todos os tempos.

Além dele, a Seleção Brasileira de 58 ainda contava com Zito e Pepe. Esse último ficou fora do Mundial em virtude da "gentileza" do lateral italiano Bicicli num amistoso do Brasil contra a Internazionale, antes da Copa da Suécia. Uma entrada violenta tiraria o maior artilheiro "humano" da história do Santos da campanha do primeiro título mundial do Brasil.

Após a conquista, os europeus queriam ver mais de Pelé e seus parceiros em ação. Só que a Copa do Mundo seguinte, a de 1962, estava marcada para a América do Sul, no Chile. E a televisão não tinha nem 1% do alcance que tem hoje. A alternativa foi correr atrás do Santos, o time em que Pelé atuava.

Pela primeira vez, o mundo voltava seus olhos para uma equipe brasileira, que ainda por cima não era de nenhuma capital. Ansiosos por ver o espetáculo brasileiro de perto, os europeus, na época, já tinham muito mais dinheiro que os clubes brasileiros para financiar excursões do Alvinegro da Vila Belmiro pelo mundo. E nessa Fiori sairia no lucro.

A Rádio Panamericana começou a enviá-lo para comandar as transmissões dessas partidas. Fiori, mesmo tentando manter um certo distanciamento das estrelas da companhia, passava a fazer parte da delegação do Santos. A facilidade não foi em troca de benefícios financeiros ou prestígio. Ele aproveitou a circunstância favorável para se aproximar ainda mais do filho de Dondinho. Passadas mais de cinco décadas, o Rei do Futebol lembrava da correção e do estilo emotivo de suas narrações.

"Ele passava muita emoção para os ouvintes e tinha um respeito enorme com os jogadores."

Os atletas reconheciam em Fiori um homem sério e respeitoso. Mas ele não escapava das brincadeiras, já comuns entre os boleiros do fim dos anos 50. Na lembrança de Pepe, a maior piada interna nas viagens era motivada por uma característica física de Fiori.

"Vamos falar a verdade. Ele tinha um nariz avantajado. E a gente dizia que ainda bem que ele era narrador e não atacante do nosso time, senão estaria sempre em impedimento."

Ainda assim, Pepe garantia que os jogadores sabiam separar as coisas e que, apesar da descontração, tinham convicção da seriedade e do profissionalismo de Fiori. Respeitavam as críticas porque ele jamais era maldoso ou desrespeitoso, o que nem sempre acontecia com outros profissionais da sua geração.

Chegar a esse nível de respeito com os protagonistas do espetáculo era um desafio imenso, principalmente porque Fiori comandava o programa *Chute na Canela*, em que comentava a atuação de jogadores e técnicos nos gramados. Assim, ele passava a caminhar sobre a tênue linha em que vivem os comentaristas, aquela na qual as palavras ditas em um microfone podem reforçar ou destruir uma amizade de maneira definitiva. Só que Fiori, mesmo em início de carreira, já sabia usar as palavras de maneira única, de um modo que o jogador não se sentia ofendido com seus comentários. Muito pelo contrário.

Um dos primeiros "alvos" de Fiori vestia a emblemática camisa azul do Palmeiras, característica comum entre os maiores goleiros da história do clube, a partir de 1942: Oberdan Cattani. Titular do gol palmeirense por 14 anos, ele começou a jogar na época em que a Sociedade Esportiva Palmeiras ainda era Palestra Italia. Era ele, aliás, o goleiro titular no dia 20 de setembro de 1942, quando o Palmeiras entrou no gramado do Pacaembu pela primeira vez com a nova nomenclatura, exigência do governo de Getulio Vargas pois o Brasil havia declarado guerra às nações que integravam o chamado Eixo, grupo formado por Itália, Alemanha e Japão. Isso culminou com a proibição a qualquer menção a esses países durante a Segunda Guerra Mundial. Além disso, associações, entidades e instituições ligadas às três nações tiveram suas atividades suspensas e bens confiscados. Para seguir em atividade, o Palestra teve de se tornar Palmeiras. Foi Oberdan, dono de uma das posições mais ingratas do futebol, um dos primeiros a perceber para que lado Fiori conduzia seus comentários.

"Um cronista que nunca criticou ninguém. Sempre buscou o elogio."

Segundo Oberdan, morto em junho de 2014, jogadores de futebol e membros da imprensa tinham uma relação muito mais próxima naquele início dos anos 50, época em que atletas profissionais não recebiam tratamento de *pop stars* e não eram cercados de assessores por todos os lados. A proximidade era tamanha que era possível até saber por que time os repórteres da época torciam.

"A maioria da imprensa era são-paulina, mas tinha alguns corintianos também. Então a gente não queria perder para o São Paulo de jeito nenhum", comentava Oberdan.

Fiori, de acordo com Oberdan, tinha motivos para estar duas vezes fora dessa lista de jornalistas-torcedores. Apesar de ser simpatizante do Palmeiras, o locutor não vestia a camisa do clube no trabalho. Quando fosse necessário, ele tinha tato para criticar.

"O Geraldo Bretas criticava pesado. Outros também. Mas eu nunca vi o Fiori falar que um jogador não estava jogando nada. E nunca o vi fazer uma crítica pessoal."

Para Oberdan, Fiori jamais teve a pretensão de ditar regras nem de ensinar o beabá para os jogadores e mantinha uma postura reservada e equilibrada, que faz muita falta nos dias de hoje.

Cordial, educado e equilibrado, quando precisava fazer alguma crítica, Fiori tinha tudo para se aproximar das estrelas do futebol, em uma época em que jornalistas, treinadores e jogadores trabalhavam praticamente juntos no dia a dia. Uma relação que ia além de um cumprimento cordial no início do dia ou de uma conversa rápida no final das atividades. O contato entre eles, na década de 50, era muito maior do que qualquer torcedor ou ouvinte da época poderia imaginar.

Uma prova disso se viu durante os Jogos Pan-americanos de 1956, realizados na Cidade do México. Composta por Edson Leite, Mário Moraes e Fiori, a equipe da Bandeirantes ficou hospedada em um chalé de uma colônia de férias local. Os três eram muito amigos do técnico da Seleção Brasileira na ocasião, Oswaldo Brandão. Fiori conhecera o Velho Mestre ainda nos seus tempos de Lins, quando o técnico treinou o Linense no início dos anos 1950. Foi o suficiente para que, tanto o treinador quanto jogadores importantes como Zizinho e Oreco, se reunissem com a equipe da emissora paulista para beber e disputar partidas de buraco. Apesar de nunca ter sido chegado a bebidas alcoólicas, era Fiori o responsável pela compra da birita. Só que, um dia, o locutor falhou na missão, considerada fundamental pelo grupo, e chegou ao encontro de mãos vazias. Como punição, foi jogado na piscina de roupa e tudo na fria madrugada mexicana. A proximidade entre Fiori e o mundo do futebol aumentaria ainda mais. O ápice seria quando o locutor serviu de cupido para o início de um dos romances mais comentados no Brasil na época. E que também lhe traria alguns problemas de relacionamento.

Era na geladeira e na estante do quarto de Fiori Gigliotti no Hotel Vila Inglesa, em Campos do Jordão, que ficavam guardadas algumas garrafas às quais nenhum jogador da Seleção Brasileira deveria ter acesso durante os treinamentos para a Copa do Mundo de 1962. O preparador físico Paulo Amaral e o cozinheiro Aristides Pereira não permitiam que nenhum atleta consumisse uma dose sequer de conhaque em meio à preparação para o Mundial, principalmente sendo o Brasil o defensor do título. Ninguém poderia nem imaginar qual seria a reação do técnico Aymoré Moreira, se descobrisse uma coisa dessas.

Como de praxe, boa parte da imprensa estava hospedada no mesmo hotel da Seleção durante o período de treinos que antecedeu à viagem para o Chile. Fiori estava no grupo. E nem uma busca minuciosa seria capaz de encontrar as garrafas de uísque e conhaque que ele guardava no apartamento. Mais difícil do que esconder o álcool era controlar as constantes visitas dos jogadores ao quarto. Especialmente Garrincha.

O *Moço das Pernas Tortas* (como Fiori o chamava, em vez de dizer que era o Moço de Pau Grande, cidade onde nasceu no Rio de Janeiro) ficaria mundialmente conhecido pelos dribles que desafiavam a lógica e a física. Ele mantinha uma perigosa intimidade com o álcool. Era o jogador do Botafogo um dos maiores frequentadores do apartamento do locutor, a quem chamava de Fióri, com o ó bem prenunciado. O ponta e outros craques arriscavam a própria pele para dar uma bicadinha nas garrafas do locutor, como ele mesmo revelaria em uma entrevista ao jornalista Milton Parron, transmitida pela Rádio USP.

"A maioria dos jogadores dava uma bicadinha no meu quarto. Mas eu tinha uma medidinha. Se botasse uma segunda dose, fechava a porta. E o Garrincha era o meu melhor freguês."

Um dia, o atacante chegou fora do horário habitual. Mas não foi para pedir uma dose extra de toda noite. O pedido deixou o locutor cismado.

"Fióri, a Elza Soares e a Marta Mendonça chegaram agora porque elas vão cantar para a gente à noite, mas não tem lugar para elas se trocarem. Você pode emprestar o seu quarto?"

O hotel estava com as vagas esgotadas e as cantoras foram para lá mesmo assim, porque haveria um *show* que, além de ser aberto ao público, serviria para aliviar a tensão pré-Mundial dos jogadores brasileiros. Garrincha e Elza Soares estavam muito próximos e comentava-se que havia um romance entre eles. Fiori não deixaria de fazer um favor a um amigo. Pegou a chave do quarto na recepção e a entregou a Garrincha, mas tomou o cuidado de ficar escondido no corredor para ver o que iria acontecer. Ele jamais soube dizer onde e até mesmo se Marta Mendonça se trocou. Mas Elza Soares entrou no quarto dele e Garrincha entrou na sequência, fechando a porta. Fiori resumiu o que aconteceu a partir de então com um de seus mais conhecidos bordões.

"É fogo, torcida brasileira!"

Iniciado ali, o romance entre o Anjo das Pernas Tortas e a Diva Negra evoluiu para um longo casamento, do qual Fiori Gigliotti seria o cupido.

A amizade com Garrincha duraria décadas. Fiori foi testemunha privilegiada da glória e da decadência do craque que talvez mais encarnou o espírito lúdico e zombeteiro do futebol brasileiro. Um Dom Quixote moderno que fazia de cada João, como chamava seus marcadores, um moinho de vento a ser driblado. Mas como o bravo cavaleiro errante do romance de Cervantes, Garrincha sucumbiu a um dragão. Era o alcoolismo. A doença do atacante foi a responsável pelo abreviamento da sua carreira e da própria vida. Por mais que fosse notório que ele estivesse se autodestruindo, ninguém esperava ou gostaria de receber aquela notícia do dia 20 de janeiro de 1983. Vencido pela doença, Manoel Francisco dos Santos, o Garrincha, veio a falecer. Fiori Gigliotti guardou as melhores lembranças do amigo, sobretudo as daquela noite em que ele amou Elza em seu quarto de hotel em Campos do Jordão. Fiori não pensou duas vezes quando a revista *Histórias do Futebol*, em uma edição totalmente dedicada a Garrincha, solicitou um *Cantinho de Saudade* especial sobre o Anjo das Pernas Tortas, como o grande jornalista e dramaturgo Nelson Rodrigues o eternizaria. Dessa vez, Fiori não falou, mas escreveu a crônica. De improviso. Só com a alma, a tristeza e o coração.

"Velhos nomes. Estrelas de brilho invulgar que o tempo apagou. Ídolos que fizeram tanta gente rir e chorar, que merecem ser lembrados. Artistas de talento que fogem dos olhos, mas que ficam nas evocações dos momentos inesquecíveis. Como a história do menino das pernas tortas que gostava de caçar passarinhos nas matas tranquilas de Pau Grande, cidade pequena do estado do Rio de Janeiro. Ele dizia que no mato se sentia mais gente. Tão simples e tão humilde, jamais poderia imaginar que, um dia, com suas pernas tortas, seria capaz de hipnotizar multidões e conquistar o mundo.

E assim, depois de treinar no Botafogo, infernizando a vida do imenso Nilton Santos, foi convocado para integrar a Seleção que iria à Copa da Suécia, em 58. Examinado pelo Professor Carvalhaes, em Poços de Caldas, onde a Seleção treinava, levou nota zero no assunto QI. Era mesmo um tipo diferente. Sempre desligado. Parecia um irresponsável, um gozador. Para ele, tudo estava bom, mesmo as coisas negativas.

Mesmo com QI zero ele foi para a Suécia. Muitas alterações foram feitas. Zito no lugar de Dino. Mazzola, vendido para a Itália, deu lugar a Vavá. Um menino chamado Pelé tomou o lugar de Dida. Como Joel não estava bem na ponta direita e como havia muito diálogo entre a comissão técnica e os atletas, Nilton Santos disse: 'Se o Moço das Pernas Tortas tivesse uma chance, ele arrebentava'. Nilton Santos sentia isso na pele, nos treinos do Botafogo.

Foi com essas alterações que o Brasil começou a ganhar pela primeira vez uma Copa do Mundo. Foi nessa Copa que expandiu a 'Alegria do Povo'. Ele e Pelé, como dois moleques atrevidos imprevisíveis, fizeram o mundo ficar de joelhos, reverenciando a qualidade do futebol brasileiro. Santos e Botafogo tinham os maiores times de futebol daquele tempo. Dois ataques terríveis. O mundo convidava Santos e Botafogo para conhecer de perto Pelé, a revelação da Copa, e o ponta-direita das pernas tortas que desmoralizava seus marcadores com dribles desconcertantes. Várias vezes encontramos os dois times cruzando-se pelos caminhos do mundo. Viajando de trem, ônibus ou avião.

Ninguém desprezava, sem excesso, um copo de bebida ou deixava de admirar uma mulher bonita. Mas, na hora do jogo, todos tratavam a bola como só quem sabe amar é capaz de conquistar a sua amada.

Em 62, Pelé se machucou no segundo jogo do Brasil. E Pelé era o mais jovem dos remanescentes da Copa de 58. Sem Pelé, o Moço das Pernas Tortas agigantou-se e jogou por ele, por Pelé e por seu amor de muitos anos, a cantora Elza Soares. Ele fez até gol de cabeça. No jogo contra o Chile, deu um pontapé em Rodríguez. Foi expulso e, se fosse julgado, certamente estaria suspenso e não jogaria a final da Copa, contra a Tchecoslováquia. O astuto Paulo Machado de Carvalho, porém, agiu depressa. O árbitro Arturo Yamasaki, do jogo Brasil e Chile, sumiu. Sem provas, não houve o julgamento e o Moço das Pernas Tortas pintou e bordou na final. Em nenhuma outra Copa do Mundo um só craque fez tanto por todos e pelo Brasil.

Impossível alguém fazer no futebol mais do que ele fazia. Quando entrou na descendência, as alegrias e as conquistas foram levadas pelo vento do esquecimento. Seu primeiro grande pesadelo foi a Copa de 66, na Inglaterra. Depois, a verdade do tempo foi implacável. Nunca fez grande contrato com o Botafogo. Dizem que ele jogava por amor e prazer, nunca por dinheiro. Quem só se alimenta de alegrias, por maiores que sejam, não se prepara para as tristezas que chegam pouco depois. Deixou o Botafogo. Acompanhou Elza Soares, que foi fazer temporada na Itália. Foi um rio que passou pela sua vida a curta permanência no Flamengo. Como também poucos e fugazes foram seus momentos no Corinthians.

Só o nome, porém, não bastava. O povo queria ver os dribles infernais que as pernas cansadas já não podiam aplicar. Sem Elza Soares, sem dinheiro, sem físico, sem saúde. O triste fim se aproximava. Seus amigos fizeram um jogo no Maracanã, com renda toda para ele. O tempo passa e não perdoa os desprevenidos. E assim ele foi se acabando. Nem lembrava mais do passado tão lindo. Para ele, recordar era sofrer mais. No ocaso, se transformou em atração do time dos Milionários do Toledinho. A bebida sugava sua vida e o seu tempo. Os sonhos bonitos sumiram. Tudo era pesadelo. Até o fim, irreversível.

É muito triste o crepúsculo dos deuses. O Moço das Pernas Tortas morreu no Rio de Janeiro. O Brasil deixou passar quase despercebido. Mas o futebol chorou. Afinal, ele foi o 'palhaço' mais alegre do nosso futebol. Talvez ele tenha morrido como sempre quis. Ele nunca projetou nada, não ligou para o amanhã. E o amanhã, às vezes, é um algoz implacável.

Torcida brasileira, estamos lembrando de Garrincha, o Moço das Pernas Tortas, a 'Alegria do Povo'. Nem Pelé fez mais do que ele pela Seleção do Brasil. Podia ter vivido como um rei, mas morreu como um plebeu, desprezado pelo tempo, pelos amigos e pelo próprio futebol, carrasco dos que se iludem com a glória. Ele merece ser lembrado. Garrincha vai ficar para todo o sempre incrustado na ternura e na sinceridade do nosso Cantinho de Saudade."

Além do texto, Fiori gravaria um Cantinho de Saudade para Garrincha na Rádio Bandeirantes.

Ouça o Cantinho de Saudade em homenagem a Mané Garrincha

Fiori parecia ter uma queda por jogadores com histórico de vida complicado e temperamento intempestivo. Sérgio Bernardino, o célebre Serginho Chulapa, havia construído seu nome de forma brilhante e polêmica quando deixou o São Paulo para assinar com o Santos, naquele início de 1983. Aos 29 anos, marcava gols com a mesma frequência e facilidade com que arrumava confusões dentro de campo. Foram muitas expulsões, quase todas por brigas com outros jogadores e árbitros. Na mais grave delas, em 1978, deu um chute no bandeirinha Vandevaldo Rangel, que assinalou impedimento do atacante em um gol que ele marcara sobre o Botafogo, no Estádio Santa Cruz, em Ribeirão Preto. O ato custou ao jogador um ano de suspensão, tempo suficiente para tirá-lo da Copa do Mundo da Argentina. Quatro anos depois, na Espanha, foi titular e marcou dois gols. Em campo, Chulapa aproveitava-se do 1,91m de altura para trombar com os zagueiros adversários e vencê-los nos embates físicos. Não era necessariamente um craque, mas tinha um faro de gol apurado. Só com a camisa do São Paulo, foram 242 bolas nas redes adversárias, tornando-se o maior artilheiro da história do clube. Foi campeão brasileiro em 1977 e paulista em 1975, 1980 e 1981. No Santos, foram 104 gols, o que o fez dele o segundo maior artilheiro pós-Era Pelé por mais de duas décadas, só sendo superado por Neymar, em 2012.

Apesar do perfil explosivo, o centroavante sabia, sim, escutar críticas e tinha discernimento para saber em que momento quem o analisava estava tentando melhorá-lo, fosse como jogador ou ser humano. No caso de Fiori, Serginho ia além. Em vez de ficar possesso com alguma eventual avaliação negativa do narrador, ele só faltava implorar para ser citado no ar. Tanto que tinha o hábito de ouvir pelo rádio toca-fitas de seu carro os programas que contavam com a participação de Fiori. Chulapa achava que o narrador sabia o que estava dizendo e o fazia para o bem, com o intuito de ajudar o jogador a evoluir. Por isso ele ficava ansioso para ouvir comentários de Fiori sobre ele.

Serginho tinha um hábito bastante comum nos anos 70 e 80. Ele gostava de ouvir os gols que marcava narrados pelos radialistas das principais emissoras do *dial* paulistano. Chegava a pedir aos repórteres de campo para colocar os gols na escuta para que pudesse ouvi-los. Com os mais próximos, ele conseguia a própria gravação do gol. Quase sempre, Serginho procurava Olho Vivo, Ligeirinho ou outro repórter da Bandeirantes, ainda mais se soubesse que Fiori havia narrado a partida.

"Marcar um gol é o momento máximo. Então você extravasa, coloca tudo para fora mesmo. E ouvir o gol depois era uma maneira de reviver aquele momento. Com o Fiori, a emoção era muito maior."

Olhando somente para o histórico de gols e deixando as confusões de lado, a torcida do Santos ficou cheia de confiança quando Serginho chegou à Vila Belmiro ao volante de um Fiat 147 que ele mal conseguia estacionar. Ainda em 1983, perdeu o Campeonato Brasileiro para o Flamengo, após uma vitória por 2 a 1 num Morumbi com mais de 120 mil torcedores, quando marcou um dos gols. No jogo seguinte, no Maracanã, derrota por 3 a 0. Com o jogo perdido, arrumou uma briga homérica com fotógrafos que registravam a festa flamenguista, logo após o terceiro gol, marcado por Adílio. Um ano depois, porém, Serginho marcaria o mais importante dos mais de 100 gols que anotaria pelo Santos. Foi no dia 2 de dezembro de 1984, quando desviou o cruzamento de Humberto e marcou o gol do título paulista do Santos. O feito impediu que o Corinthians faturasse o tricampeonato que coroaria a geração da Democracia Corintiana.

Ouça o gol de Serginho na final do Paulista de 1984 – Santos 1 x 0 Corinthians

Quando 1985 começou, tanto Serginho quanto Fiori vivenciaram mudanças drásticas na vida profissional. O atacante deixou o Santos e foi justamente para o Corinthians, pelo qual teve uma curta e nada brilhante passagem. Foram apenas 17 partidas e seis gols. Fiori não saiu da Bandeirantes, mas sentiu que o ambiente na emissora não era o mesmo, quando precisou abrir espaço na cabine para o novo contratado: José Silvério, vindo da Jovem Pan.

DE AVÔ PARA NETO

Um dos piores anos da história do futebol brasileiro caminhava para o fim com acontecimentos inusitados acontecendo a todo momento. O Campeonato Paulista fora decidido entre dois times do interior, Bragantino e Novorizontino, algo inédito e ainda mais incrível que a conquista da Internacional de Limeira, quatro anos antes, após uma vitória sobre o Palmeiras em pleno Morumbi. Na decisão do Estadual de 1990, o time de Bragança Paulista levou a melhor. No grande evento futebolístico do ano, a Copa do Mundo da Itália, a Seleção Brasileira despediu-se de forma melancólica, ao ser derrotada pela Argentina nas oitavas de final, após uma jogada genial de Maradona que deixou o louro Caniggia na cara de Taffarel. Em outras palavras, era melhor torcer para 1990 acabar logo e esperar que 1991 trouxesse dias melhores para o mundo da bola.

No entanto, o Corinthians que, depois do título de 1977 e dos anos da Democracia Corintiana, havia voltado a dar alegria para sua imensa torcida, fazia uma campanha incomum para os seus padrões em torneios nacionais. Até aquele ano, o máximo que o time havia conseguido fora um vice-campeonato em 1976, quando foi derrotado pelo fantástico Internacional de Falcão e Figueroa. O time do Parque São Jorge se classificou como azarão para as quartas de final em 1990. Tinha sido apenas o oitavo colocado na fase inicial. A situação se complicava porque no cruzamento das chaves teria o Atlético Mineiro como adversário. Longe de ser uma equipe encantadora, o Corinthians seria, ao menos na teoria, facilmente engolido pelo Galo, equipe de melhor campanha.

Só que o Timão tinha o meia Neto em fase inspirada. O camisa 10 praticamente carregou o time inteiro nas costas. Era quem mais gritava e cobrava os companheiros no momento em que os mineiros venciam por 1 a 0, na primeira partida, disputada no Pacaembu, naquela noite de sábado, 24 de novembro. E foi ele quem, no segundo tempo, marcou o gol de empate, aos 30 minutos. Um feito que já tinha ares de façanha ficou ainda maior dez minutos depois. Neto completou um cruzamento de Paulo Sérgio, que a zaga atleticana não cortou, bateu de pé esquerdo – sua especialidade – e fez o estádio praticamente desmoronar. Na cabine da Rádio Bandeirantes, Fiori encontrou palavras poéticas para descrever o que acabava de acontecer.

Ouça o 2º gol de Neto - Corinthians 2 x 1 Atlético-MG, quartas de final do Brasileiro de 1990

Sem hábito de ouvir transmissões esportivas, Neto guardou consigo apenas a emoção de marcar o gol da vitória. Anos depois, ele se emocionaria, ao ouvir a voz do locutor narrando seu gol.

"É uma emoção dupla porque primeiro você se emociona por ajudar seu time a fazer história e ficar valorizado. E a segunda alegria é saber que uma pessoa como o Fiori fez uma narração tão bonita de uma obra sua. Esse gol contra o Atlético é sacanagem, uma coisa impressionante."

No jogo de volta, um empate sem gols levou o Corinthians para as semifinais, diante do Bahia. Nova vitória por 2 a 1 no Pacaembu e mais um empate sem gols na Fonte Nova. Na decisão com o São Paulo, duas vitórias por 1 a 0 no Morumbi deram o primeiro título brasileiro da história do Corinthians.

Ouça o gol de Tupãzinho na final do Brasileiro de 1990 – Corinthians 1 x 0 São Paulo

Neto gostava de escutar as narrações de seus gols na voz dos principais narradores de sua época. Para isso, aproveitava as entrevistas que concedia após as partidas e pedia para ouvi-los pela "orelhinha", um fone de ouvido exclusivo para os entrevistados que era conectado por um cabo ao equipamento do repórter. Com aquela escuta, era possível conversar com quem estava na cabine e nos estúdios da emissora, logo após os jogos.

Muitas vezes brigando com a balança, outras decidindo partidas a favor do Corinthians e quase sempre sem papas na língua, Neto era um dos jogadores mais elogiados e, ao mesmo tempo, criticados pela imprensa esportiva. De Fiori, no ar, Neto jamais ouviu uma palavra. Fora dos microfones, escutou um conselho direto.

"Você é um grande jogador e um dia será o camisa 10 da Seleção. Mas precisa se cuidar um pouquinho mais."

Neto assimilou as palavras como o conselho que um pai daria ao filho.

"Receber críticas não é fácil, mas, no caso dele, foi muito mais de paternalismo, para me ajudar. Tudo de uma maneira muito sutil e educada."

Em retribuição ao carinho do locutor, o Xodó da Fiel chegou a ser seu cabo eleitoral na eleição para deputado estadual em 1990. Num clássico contra o São Paulo no Morumbi, chegou ao estádio usando uma camisa com os dizeres *Meu voto é para o Fiori Gigliotti*. Nem o apoio do craque, nem a fama do narrador foram suficientes para levá-lo à Assembleia Legislativa.

Companheiro de Neto no Corinthians em 1992 e 1993, Marques já tinha fama de atacante rápido e habilidoso logo em seu primeiro ano como jogador profissional do Corinthians. Foi em uma entrada mais forte de um adversário na partida contra o Noroeste, pelo Campeonato Paulista, que fez com que a equipe médica do Corinthians fosse acionada. O médico do clube, Joaquim Grava, correu para o atendimento do jovem atacante. Retirado de maca, Marques foi levado para fora do gramado, mais exatamente para atrás do gol posicionado do lado direito das cabines de imprensa do Estádio do Pacaembu. E foi em meio ao atendimento que o repórter se aproximou e, na ânsia de informar aos ouvintes da Rádio Bandeirantes, perguntou:

"Doutor, o que aconteceu?"

Sem condições técnicas para oferecer um diagnóstico mais preciso, o médico respondeu com base em sua própria experiência.

"A princípio, parece fratura de perônio."

Grava só percebeu que o repórter era da Rádio Bandeirantes quando ele repassou a informação para a cabine. Para seu espanto, ouviu o seguinte relato:

"Fiori, não é nada grave. 'Apenas' uma fratura de perônio. Pior seria se fosse uma luxação."

Médico do Corinthians por décadas – o CT do clube tem o seu nome –, Grava conhecia muito bem boa parte da crônica esportiva paulistana. Por isso imaginou a reação de Fiori, ao ouvir que o atacante corintiano havia sofrido "apenas uma fratura".

"Ele deve ter ironizado."

Ouvinte de quase todos os narradores desde os anos 60, Grava tinha em Fiori um de seus maiores ídolos. Todavia a oportunidade de conhecê-lo melhor surgiu apenas em 1993, quando o narrador o procurou para tratar de dores nas costas. Era a consequência de um problema na coluna, resolvido sem maiores problemas com um tratamento simples. Na lembrança do médico, a amizade dos dois começou naquele instante.

"Já havia minha idolatria a ele como narrador. Depois, o respeito dele por mim como médico do Corinthians. Mas, depois dessa consulta, virou amizade."

Por amizade e por dores nas costas, Fiori voltaria ao consultório de Joaquim Grava. Mas, dessa vez, o problema seria outro. E bem mais grave.

O ORADOR

Quando empunhava o microfone para narrar uma partida, Fiori Gigliotti tinha plena consciência de que seu papel durante 90 minutos seria contar a peculiar história de cada partida de futebol. Por personalidade e caráter, o narrador jamais se colocou como uma figura de extrema importância para a narrativa de um jogo, embora ouvintes e patrocinadores o vissem assim. Na concepção de Fiori, o espetáculo tinha 22 protagonistas. E nenhum deles estava fora das quatro linhas. Nem treinadores, nem torcedores seriam tratados como estrelas por ele. Para Fiori, uma boa partida dependia única e exclusivamente do talento dos jogadores. Nessa linha de raciocínio, árbitros e auxiliares seriam lembrados somente se houvesse um lance polêmico e só receberiam elogios em caso de acerto em um momento capital, como um pênalti duvidoso, um impedimento que terminaria em gol ou a dúvida sobre se uma bola havia ultrapassado ou não a linha de meta.

Seria praticamente impossível, portanto, que Fiori enchesse o peito para anunciar o *Moço de São José do Rio Preto*, ao fazer qualquer referência a Oscar Roberto Godói. Ele sentiria na pele essa desconfiança do mundo do futebol em relação à arbitragem. Em 1997, seu nome foi envolvido num suposto esquema de favorecimento a clubes que colaborassem com a campanha do ex-presidente da Comissão de Arbitragem da CBF Ivens Mendes para deputado federal por Minas Gerais. Num diálogo de Mendes com o ex-presidente do Atlético Paranaense Mário Celso Petraglia, Godói foi citado como sendo um "unha de cavalo". O chefão do apito alertou que os jogadores do Furacão, time de Petraglia, deveriam tomar cuidado com ele num jogo que já estaria armado para o Vasco perder para os paranaenses. Após uma longa investigação, Godói foi inocentado. Saiu até fortalecido da história. A fama de unha de cavalo lhe caiu bem.

A admiração de Godói pelo narrador só aumentava, mesmo sendo tratado como mais um dentro de campo e sempre ser o candidato número um a críticas e vaias. Na lembrança de Godói, ser citado por Fiori era, pelo menos para ele, sempre uma honra. Mesmo que não fosse exatamente para receber um elogio do locutor.

"Quando o Fiori fazia uma crítica, queria dar um beijo nele porque ele tinha o dom de criticar sem ofender, sem magoar, sem levantar suspeitas. Uma crítica do Fiori me fazia repensar e, mesmo que eu discordasse das palavras dele, ficava agradecido pelo modo como ele me tratava."

Godói não era procurado imediatamente após o término de uma partida, salvo se houvesse lances polêmicos que passassem diretamente por decisão dele. Ainda assim, a aproximação com Fiori deu-se natural e progressivamente. Era de total interesse do árbitro ter uma relação mais próxima com o narrador. Ainda criança, o pequeno Oscar Roberto imitava Fiori em intermináveis jogos de futebol de botão disputados em São José do Rio Preto. Ele sonhava ser narrador um dia e Fiori era sua grande inspiração.

Segundo Godói, foi em Americana que ele teve a oportunidade de aproximar-se realmente de Fiori. Até então, os raros encontros nos estádios limitavam-se a uma saudação antes ou após as partidas. Na premiação oferecida pela Rádio Antena 1, mais uma entre as centenas que Fiori recebeu das rádios do interior, narrador e árbitro sentaram-se lado a lado.

"Foi curioso porque ele me tratava como se fôssemos amigos íntimos. Eu estava com minha esposa. Nós conhecemos Dona Adelaide naquela noite e tivemos momentos bastante agradáveis. E, quando ele foi para o discurso de agradecimento, eu fiquei na plateia babando, ao ver a capacidade de improvisação que ele tinha."

Godói não seria o único homem do apito com o qual Fiori teria boas relações. Na verdade, agora não estamos falando propriamente de um homem. Fiori não planejava que uma fã se apresentasse e demonstrasse tanta felicidade por falar com ele pela primeira vez, durante uma partida do Escrete do Rádio em Mauá, na Grande São Paulo. Não era a primeira oportunidade que Sílvia tinha de ver o ídolo de perto, já que ela, admiradora incondicional do futebol em geral e das transmissões da Rádio Bandeirantes, costumava acompanhar o pai, Luiz, nas diversas idas dele ao Estádio Conde Rodolfo Crespi, na Rua Javari, na Mooca, casa do tradicional Juventus. Sílvia tinha uma preferência pelo estádio. Um dos motivos era a proximidade entre o torcedor, as cabines de imprensa e o gramado, o que permitia acompanhar de perto os jogadores e o trabalho dos radialistas e repórteres de campo. Aquele clima a empolgava tanto que chegou a pensar seriamente em tornar-se jornalista esportiva. Não foram poucas as vezes em que ela viu Fiori narrando no estádio e não teve coragem suficiente para uma aproximação.

"Eu só ficava pensando: 'caramba, é o Fiori...'".

Ao se apresentar naquela tarde em Mauá, sua cidade natal, Sílvia passou a admirá-lo ainda mais.

"Ele foi extremamente cordial e me atendeu super bem. A boa imagem que eu tinha dele só melhorou."

Sílvia deixou a ideia de jornalismo de lado, mas jamais a vontade de fazer parte do mundo do futebol. Logo após esse encontro, atendendo a um convite de duas amigas, decidiu entrar em um curso que, naquela época, era bastante inusitado para uma mulher. Ela escolheria justamente a função polêmica e controversa dos gramados. Sílvia Regina seria árbitra de futebol. A primeira da história dos quadros da Federação Paulista de Futebol. Historicamente, o árbitro é mais perseguido do que treinador de time em crise e infinitamente mais questionado que goleiro frangueiro. Porém, por Fiori, ela não seria criticada. Muito pelo contrário.

Até porque, nos anos 80, Fiori já tinha uma convivência maior, mais próxima e constante com as mulheres em seu ofício. Ainda mais depois que o chefe Osvaldo dos Santos determinou a efetivação da primeira representante do sexo feminino no Departamento de Esportes da Rádio Bandeirantes. Após um período na secretaria do Jurídico, Ana Marina Maioli daria um ar feminino ao verdadeiro clube do Bolinha que era a editoria de Esportes da emissora. Formada em Jornalismo, ela faria a produção e a coordenação do setor. Receberia em troca olhares e narizes tortos, mas ganharia de Fiori profundo respeito e admiração, que independeria do fato de ela ser ou não mulher. Além do respeito, começaria ali uma grande amizade. Não só com Sílvia, mas com diversas representantes da arbitragem e da imprensa brasileira.

CAPÍTULO 8

Escrete do Rádio

Foi Moraes Sarmento, um dos maiores radialistas da história, precursor do programa *Viola, Minha Viola*, da TV Cultura e, principalmente, amigo de Fiori, quem fez um convite que pouco importava de quem partisse, mas sim de onde. Apaixonado pelo interior de São Paulo, Fiori jamais resistiria a uma oferta que viesse de qualquer cidade do estado. Assim, a resposta foi imediata quando Sarmento convidou a equipe da Rádio Bandeirantes para um evento em um sítio em Brotas, localizada a 261 quilômetros da capital paulista. Era para ser apenas um churrasco, mas um dos participantes teve a ideia de organizar uma partida de futebol. Fiori aceitou o convite e formou o time com base em radialistas e funcionários de outros setores da Bandeirantes. Foi um vexame. No dia 13 de setembro de 1964, o time da cidade goleou por 6 a 2.

Era para ser só esse jogo. E não se falava mais nisso. Mesmo. Mas Fiori, naquela época, era detentor de uma audiência inimaginável, principalmente no interior. O rádio tinha uma magia ainda maior na época, e um time formado em sua maioria por radialistas ajudaria a matar a curiosidade de tantos ouvintes a respeito da fisionomia daquelas pessoas que ouviam dia e noite por seus aparelhos receptores. A ideia era tentadora. Por que não fazer uma festa pelo interior, aumentando e aproximando a audiência, divulgando a marca, potencializando novos negócios? Um time de um jogo só, com zero por cento de aproveitamento, mas com um nome que o próprio dicionário definiria como o grupo de jogadores de um time, uma seleção: Escrete do Rádio.

No primeiro momento, Fiori não tinha nenhuma outra intenção que não fosse divulgar o evento e agradecer às pessoas de Brotas que fizeram o convite à Bandeirantes, quando empunhou o microfone e comentou no ar a partida realizada dias antes. Talvez nem o próprio Fiori imaginasse que, àquela altura, tinha um imenso poder de persuasão quando discorria sobre qualquer assunto. Assim, ele não esperava que um simples comentário pudesse marcar os anos seguintes de sua vida. Ao comentar a partida em Brotas e a respeito da montagem de um time formado basicamente por profissionais do rádio, Fiori provocou um alvoroço em outras cidades do interior do estado. Prefeitos, vereadores e autoridades enxergaram a possibilidade de seus municípios servirem de palco para outras partidas do Escrete do Rádio. E os telefones da Bandeirantes começaram a tocar insistentemente, sobretudo quando a data do aniversário de uma cidade começava a se aproximar.

Fiori não cabia em si. E tinha diversos motivos para ficar contente com a repercussão provocada a partir do que se tornou apenas a primeira partida do Escrete do Rádio. Primeiro, percebeu o impacto que suas palavras provocavam. Segundo, vislumbrava a possibilidade de continuar a viajar pelo tão amado interior.

Enganou-se.

Por mais que Fiori quisesse reunir o máximo de profissionais da Bandeirantes para formar o Escrete do Rádio, a maior parte das cidades comemorava o aniversário no meio de semana. E sabia que seria praticamente impossível a membros de uma equipe esportiva de rádio disputar uma partida em um sábado ou em um domingo. Não era fácil para Fiori conseguir levar colegas nas viagens. Para piorar, em algumas cidades, o time da Bandeirantes não enfrentava mais equipes de radialistas, jornalistas, dentistas, médicos e profissionais de outras áreas, como era a ideia inicial, mas sim jogadores de futebol profissionais.

"O Fiori resolveu usar o mesmo esquema e o Escrete do Rádio passou a ter também alguns infiltrados", lembrou Flávio Araújo.

Sem querer decepcionar o público do interior e com uma vontade imensa de rodar pelo maior número de cidades que pudesse, Fiori foi buscar a solução fora da Bandeirantes, a começar por sua rede de amigos. Assim, Roberto Silva, Ênnio Rodrigues, Luiz Augusto Maltoni, Chico de Assis, Flávio Araújo,

J. Hawilla, Barbosa Filho, entre outros colegas de emissora, começaram a dar lugar a profissionais de outras áreas, algumas bem distantes da crônica esportiva, mas, acima de tudo, pessoas dispostas a colaborar com a existência do Escrete do Rádio.

Foi assim, por exemplo, que Luiz Carlos Alfredo Salim, um juiz de Direito, primo-irmão de João Jorge Saad, então diretor-presidente do Grupo Bandeirantes, tornou-se jogador do time. E foi por meio dele que o Escrete conseguiu um goleiro para substituir Roberto Silva. Marcos Pimenta Silva Júnior era um papiloscopista da Polícia Civil de São Paulo e amigo de Luiz Carlos Alfredo Salim. Foi Salim quem o convidou para acompanhar uma partida da equipe contra um time de Iguape, cidade situada no Vale do Ribeira, próximo à Baixada Santista. Muito por insistência do próprio Marcos, ex-jogador profissional de clubes do interior paulista. Nem Salim poderia imaginar que, naquela mesma tarde, Roberto Aranha, arqueiro titular do Escrete, tivesse um contratempo e precisasse se ausentar da partida. Marcos foi chamado, aqueceu-se, entrou em campo e só sairia do time anos depois. Ainda teve a honra de dirigir a Variant II de Fiori na viagem. Em uma visita a Andradina, o Escrete ganhou o reforço de Altevir Vargas Anhe, um atleta amador e radialista de São Caetano do Sul. Ao time juntou-se também Oswaldo Pereira.

Mas nenhum jogador estava tão próximo de Fiori quanto Rui Cecci de Castro. Formado em Educação Física e estágio em natação, ele foi chamado por Edson de Oliveira, professor de Atletismo e preparador físico da equipe. Rui, entretanto, poderia simplesmente se aproximar de Fiori e apresentar-se para conseguir seu lugar no time. Natural de Lins, ele havia vivido os primeiros anos de vida na mesma Rua da Constituição que abrigara os Gigliotti. E convivia com a amizade entre sua mãe, Carmelinda, e Dona Rosária.

Nas primeiras viagens para as apresentações, o time se dividia em um furgão fornecido pela Bandeirantes e dois carros. Só que o tempo fez com que o Escrete se tornasse cada vez mais conhecido, cada vez mais requisitado. Fama e admiração que cresciam na mesma proporção em que caía o interesse da emissora em manter a atração. Na lembrança do próprio Fiori, em entrevista ao jornalista Milton Parron, a Bandeirantes não só retirou o apoio como passou a dificultar bastante a vida do Escrete. Um exemplo foi proibir em sua frequência a ampla divulgação da cidade que fosse receber a equipe. Fiori jamais entendeu as razões da emissora para tal atitude, até porque, segundo ele, a Bandeirantes não tinha custos.

"Eu só cobrava da cidade a estadia do time. O dinheiro gasto na estrada, com as refeições, saía todo do meu bolso."

Como se fosse pouco arcar com as despesas das viagens, Fiori chamava para si o que ele mesmo classificaria como "percalços" relacionados ao trabalho. Dentre os muitos problemas enfrentados pelo Escrete, um dos que chamaram a atenção aconteceu quando o grupo seguia para Iguape, justamente a cidade onde Marcos Pimenta Silva Júnior teve a atenção despertada para começar a compor a equipe. Fiori gostava muito de dirigir automóveis e era um fã da velocidade. A somatória resultou em uma ordem de parada vinda de um policial rodoviário na BR-116. Na lembrança dos ex-jogadores do Escrete do Rádio, Fiori nunca havia se utilizado de seu nome ou fama para obter vantagens, uma prática estranhamente comum entre profissionais com certa projeção midiática, popularmente conhecida como "carteirada". Naquele dia, porém, Fiori mudou de postura e tentou utilizar-se do nome que possuía para evitar a multa por excesso de velocidade. E ouviu uma resposta nada agradável do policial.

"Por favor, seu guarda, sou o Fiori Gigliotti."

"Senhor Fiori, eu já multei o Wilson Simonal e alguns jornalistas. Faltava alguém do esporte. Agora, não falta mais."

A multa não tirou o gosto de Fiori de ver o ponteiro da velocidade subir cada vez mais. Em outra ocasião, quando o grupo seguia pela Rodovia Castelo Branco, a caminho de Sorocaba, o carro foi novamente parado em um posto policial. Fiori mudou de atitude e não deu a "carteirada", mas tentou ganhar o policial na conversa. Sem querer se comprometer com seus superiores, o militar mandou Fiori conversar com o tenente. De nada adiantou.

"Sinto muito. Sou seu fã, mas vou ter de multá-lo. Eu conheço o senhor, mas o radar não."

O DESTINO ERA ANDAR POR ESTE ESTADO

Chegar aos locais das partidas, definitivamente, era um desafio a ser superado a cada compromisso. As viagens de volta, então, pareciam ser um alento, já que até ali nenhum problema havia ocorrido. Pareciam. Porque os percalços insistiam em aparecer. Um deles mostrou a face em uma viagem de volta a São Paulo, depois de uma partida disputada em Avaré, em plena madrugada. Os jogadores viram que um acidente envolvendo dois caminhões havia acabado de acontecer. Tão recente que nem a Polícia Rodoviária havia conseguido chegar. Com doses de benevolência, os jogadores saíram dos veículos para tentar ajudar as vítimas. Conseguiram retirar um dos caminhoneiros de dentro da cabine e levaram-no para fora da pista, onde ele poderia ficar deitado. Só que, assim que foi colocado no chão, o homem deu um salto e começou a se debater. O motivo só foi explicado minutos depois. Ele estava deitado sobre um formigueiro.

O passar do tempo e a fama adquirida abriram diversas portas. Uma delas foi a da Ipojucatur, empresa de transporte de passageiros voltada exclusivamente à pessoa jurídica. Fiori conseguiu um patrocínio para as viagens, que passaram a ser realizadas nos ônibus da empresa. Na lembrança de Marcos, a única preocupação dos jogadores, a partir de então, era saber a data e o horário da viagem.

"A saída era sempre da sede da Bandeirantes, no Morumbi. Deixávamos os carros lá e subíamos no ônibus."

Sem Fiori ao volante, os deslocamentos deixaram de ser tumultuados. Mas isso não dava nenhuma garantia de paz e sossego. Prova disso foi a visita a Ourinhos, cidade a mais de 330 quilômetros de São Paulo. A distância obrigou os jogadores a se hospedarem no município, prática comum nas viagens para a região. A base era o restaurante do tio do jornalista João Zanforlin, que funcionava junto a um posto de combustíveis. Do outro lado do posto, funcionava uma casa onde trabalhavam moças que não poderiam, em virtude de seu ofício, ser consideradas exatamente "de família". Algo que não alteraria em nada a vida dos jogadores, não fosse por Fernando, um amigo de Marcos Pimenta, policial civil, que não seguiu para a cidade com o grupo, mas sim a bordo de seu DKW e acompanhado por um amigo. Durante o trajeto, o escapamento do automóvel abriu e o motor, barulhento por natureza, passou a roncar muito mais do que deveria. Para completar o "serviço", ao chegar a Ourinhos, Fernando decidiu conhecer a cidade um pouco melhor. Um motor pouco silencioso, com escapamento aberto rasgando as ruas de uma pacata cidade no meio da madrugada, chamou a atenção de policiais militares. Sem saber que o veículo era guiado por um colega de profissão, esses policiais iniciaram uma perseguição que só terminou no posto de combustíveis, onde o amigo de Marcos estacionou o DKW. Àquela altura, Fernando já não conseguia nem apresentar a documentação que comprovava sua profissão. Os policiais militares desceram com armas em punho e chegaram a disparar contra o carro. O barulho e a gritaria levaram os jogadores a levantar, e também Fiori, que saiu para a rua trajando uma camiseta branca, cueca e sapatos. E longe dos companheiros de time. Ele ainda foi tomar satisfações com os policiais.

"Com que direito os senhores atiram assim nos meus meninos?"

"Certo. Bonito é o senhor sair de um lugar desse e com esses trajes", respondeu um dos policiais.

Outra dificuldade enfrentada pelo Escrete estava no fato de o time ser composto por atletas amadores. Por mais convites que surgissem e por maior que fosse o número de partidas disputadas, os jogadores não recebiam salários, ou seja, não reuniam condições para dedicarem tempo integral à preparação física. As consequências apareciam. Uma das mais marcantes acabou por vitimar o próprio Fiori. O preparador físico Edson de Oliveira estava alongando com alguns jogadores e Fiori, que jamais foi chegado a muito aquecimento, resolveu participar. Assim que abriu as pernas, deu um chute na parede que o tirou daquela partida.

"Salim, quebrei o dedo."

Atletas amadores, pensamento profissional. O Escrete possuía, além do preparador físico, dois massagistas: Mário Romano e Arlindo "Bigode". Aos jogadores estavam garantidas segurança e boas risadas. Menos quando a dor os acometia. Foi o que aconteceu com Marcos em uma partida realizada em Santo Antônio da Alegria, cidade da região de Ribeirão Preto. O goleiro foi sair para cortar uma bola lançada ao centroavante adversário e não percebeu a aproximação de Rui, que chegava em velocidade para interceptar o passe. Os dois se chocaram e Marcos sofreu uma fratura no tornozelo direito. Mário Romano imediatamente foi para o atendimento e adotou o procedimento menos recomendável, mesmo quando o quadro mostra uma suspeita de fratura: começou a mexer no local atingido. Marcos, desesperado de dor e sentindo que novas fraturas começavam a aparecer a partir daquele movimento brusco, tentou pedir para o massagista parar. Em vão. Além de ser portador de deficiência auditiva, Romano estava com o aparelho desligado. Marcos gritava insistentemente.

"Mário, liga o aparelho! Liga o aparelho!"

Quando o massagista atendeu ao pedido, ainda fez Marcos levantar e bater o pé no chão, como se houvesse apenas uma torção. Marcos só voltou a jogar depois de três meses de gesso.

Bigode não tinha problemas auditivos, mas sofreu com a comunicação. Foi em Junqueirópolis. O Escrete estava hospedado em um sítio de pescadores da cidade e a maioria dos jogadores decidiu aproveitar a piscosidade local, exceção feita a Marcos, ao massagista e a Aílton, conhecido como Neguinho. Arlindo estava dormindo na beira do rio e, ao acordar, perguntou pelo paradeiro dos jogadores. Neguinho respondeu que a maioria havia ido pescar. Bigode estava decidido a ir até o local onde encontraria os colegas, quando foi informado por Marcos que Waldemar, outro jogador da equipe, conhecido como Sargento Cavalo, estava a bordo de um barco. Bigode, então, deu meia volta e desistiu da ideia, pois lembrou que a embarcação ocupada por Waldemar era elétrica. Neguinho não só estranhou como duvidou.

"Como assim, elétrica? Não tem nenhum fio aí!"

O mesmo Waldemar seria protagonista de uma história que o Escrete jamais esqueceu. Em uma viagem a Avaré, ele estava acompanhado da segunda esposa, que ele chamava de Moreninha. De acordo com os jogadores, tinha um ciúme muito forte dela. Quando o grupo se reuniu para o jantar, Waldemar levou a esposa junto, não sem antes abrir o jogo.

"Olha aqui, eu não quero saber de você bebendo e fumando. Se isso acontecer, eu vou embora."

A esposa, por provocação, pediu uma dose de cachaça e acendeu um cigarro. Foi o suficiente para Waldemar levantar e deixar o ambiente. Retornou 40 minutos depois, com as roupas completamente rasgadas.

"Pô, os cachorros me pegaram!"

BALÃO SUBINDO, BALÃO DESCENDO

O importante era que o time chegava. E, por várias vezes, foi recebido nas cidades com honrarias que somente grandes autoridades ou até mesmo chefes de Estado receberiam. Não foram poucos os municípios que programaram chegadas triunfais do time, com direito a fogos de artifício e banda de música tocando a trilha do Esporte da Rádio Bandeirantes, *I've Been Working on the Railroad*. Um público que lotava os locais das partidas, chegando com duas, três horas de antecedência, como no dia na inauguração do Estádio Municipal Frederico Platzeck, em Garça, quando foi registrado recorde de público. Pelo que lembrou Marcos, os próprios jogadores ficavam constrangidos com tanta festa em torno deles, embora reconhecessem que não eram a atração máxima.

"A festa se dava pela presença do Fiori. Ele era o motivo. Mas a gente chegou a descer do ônibus, subir em caminhão do Corpo de Bombeiros e desfilar pela cidade. Isso aconteceu mais de uma vez."

Quando não era uma cidade inteira que mudava a rotina para demonstrar sua devoção ao Escrete do Rádio, eram as particularidades, quase sempre testemunhadas por poucos, que rendiam histórias. Foi o que aconteceu em 1988, em uma viagem para Itaju, cidade situada a 338 km de São Paulo. Fiori saiu de Águas de São Pedro em uma Caravan bege e tinha em mãos somente o endereço da casa que serviria de base para o time. Ao chegarem, encontraram a porta aberta, porém sem ninguém para recebê-los. Entraram na casa e seguiram até a cozinha, onde uma senhora estava lavando louça e, de costas para a porta, não percebeu a aproximação deles. Fiori, então, soltou alguns de seus bordões para chamar a atenção. A senhora, ao virar-se e ver quem estava ali, correu em direção a Fiori e ajoelhou-se diante dele, o que causou um imenso constrangimento ao narrador.

"O senhor dentro da minha casa. Isso é demais para mim."

Em algumas ocasiões, o time viajou de trem. E nem assim conseguia driblar o assédio. Sempre havia quem descobrisse que a composição que estava para chegar conduzia o Escrete e as estações ficavam, via de regra, abarrotadas. Fiori chegou a discursar na plataforma, em diversas ocasiões.

Foi por ouvir Fiori e por ver o efeito que a presença do Escrete provocava que José Hawilla manifestava, cada dia mais, o desejo de compor o time da Rádio Bandeirantes. E ele não titubeou quando soube que Dinamérico Aguiar namorava uma vizinha dele em São José do Rio Preto. Aproximou-se e identificou-se como repórter da Rádio Independência. Dinamérico ouviu algumas transmissões e aguardou a saída de Ethel Rodrigues para convidar o vizinho da namorada, apresentado à equipe no início de 1968. Seriam nove anos de convivência com J. Hawilla na emissora.

"O Fiori era campeoníssimo de audiência, o poeta do rádio. Tinha a influência que a Rede Globo de Televisão teria anos depois. Ele tinha um coração de ouro."

Hawilla faleceu em 2018.

Dentro de campo, o desempenho do Escrete era digno de um time que, em um campeonato, teria amplas chances de levantar a taça. Na lembrança dos jogadores, dificilmente o time saía de campo derrotado, mesmo que tivesse de enfrentar a truculência de adversários que levavam os amistosos muito a sério. Isso quando o adversário não estava no próprio time, ainda que sem querer. Foi o que aconteceu quando Fiori, jogando na defesa, tentou afastar uma bola de calcanhar, em uma partida disputada em Jaboticabal. Altevir Anhe, na tentativa de "sossegar a defesa" de uma maneira mais eficiente, acabou se chocando com a perna de Fiori, provocando a terceira fratura do currículo do narrador.

"E o Fiori tinha a mania de dizer que ele criou o passe de calcanhar muito antes do Doutor Sócrates", lembra Marcos.

Além dos resultados significativos, uma grande lembrança do Escrete está nas figuras ilustres que apareciam nas partidas. Um fato bastante comum acontecia quando o time se apresentava em Laranjal Paulista. Pouco antes de a bola começar a rolar, os jogadores percebiam que havia uma movimentação estranha no local, como se uma equipe de segurança verificasse as condições dos arredores. Minutos depois, aproximava-se um helicóptero do Governo do Estado de São Paulo e pousava dentro do campo. De lá desembarcava José Maria Marín, vice-governador do estado, de 1979 a 1982, quando assumiu no lugar de Paulo Maluf. Ex-atleta profissional, com passagens pela ponta direita do Jabaquara e São Paulo, Marín atuava no primeiro tempo pelo Escrete e seguia viagem no mesmo helicóptero. Ele também foi presidente da Federação Paulista (1985-88) e da CBF (2012-14).

Um sentimento que foi mantido mesmo depois do fim do Escrete do Rádio foi a amizade entre os jogadores. Enquanto o time atuou, o clima era totalmente familiar, com os atletas organizando festas de fim de ano e ganhando cestas de Natal. E a união acabava levada para dentro de campo. Em todas as partidas que o Escrete disputou, um ritual era cumprido rigorosamente antes de a bola rolar. No vestiário, os jogadores se abraçavam e cabia a um deles proferir a mesma frase. Na sequência, o time soltava um estranho, mas cheio de efeito, grito de guerra.

"O destino nos uniu para não nos separar jamais. E hoje, unidos mais do que nunca, haveremos de vencer."

"OSPRA!"

A dedicação dispensada ao Escrete, quase todo o mundo percebia, ia muito além do simples prazer de jogar futebol ou de fazer alguma benevolência para a cidade visitada pelo time. Não precisava ser íntimo para perceber que uma das principais intenções de Fiori com toda aquela movimentação de logística era promover o nome da Rádio Bandeirantes pelo interior. Com o programa do fim de tarde já consolidado e dono de uma grande audiência fora de São Paulo, as visitas do time serviam para mostrar a simpatia daquele homem que tanto demonstrava gostar do interior quando estava no ar. Uma dedicação que tinha seus exageros. Na lembrança de Joseval Peixoto, Fiori chegou a ponto de desembarcar no Aeroporto de Congonhas depois de uma viagem ao exterior e, ali mesmo, entrar em um carro que o levaria ao interior, onde havia uma partida marcada.

"Eram viagens de 30, 40 dias acompanhando a Seleção Brasileira. Quando o avião descia em São Paulo, o que a gente mais queria era abraçar a família. E ele ia jogar bola no interior para promover o nome da Bandeirantes."

O que Fiori não percebia era que, por mais que o Escrete do Rádio provocasse um aumento difícil de mensurar na audiência da Bandeirantes, alguns narizes ficavam cada vez mais tortos, assim que o ônibus dobrava a esquina da Rua Radiantes com a Avenida Comendador Adibo Ares, de onde acessaria a Avenida Morumbi e seguiria para a estrada. As viagens começavam a ser vistas como uma espécie de "abandono" da rádio por parte de Fiori. Os vetos à divulgação dos eventos do time haviam soado como um aviso.

Fiori teria muitos problemas por isso.

RIQUEZA

Unir um grupo, viajar, promover cidades interior afora, fama, sucesso... Parecia impensável que o Escrete do Rádio fosse ainda mais longe. E foi. Por muitas vezes serviu como preliminar para o Milionários, um time formado, em sua maioria, por ex-jogadores ou atletas em início de carreira, ainda tentando buscar seu espaço em um concorrido mercado profissional. Muitas vezes, o time estava reforçado por um jovem meio-campista da equipe juvenil da Portuguesa. Depois de tentar a sorte no São Paulo e no Nacional, em alguns momentos ele achou que o jeito era continuar atuando pelo Cruz da Esperança, de Santana, ou pelo Guarani, da Casa Verde, times da várzea paulistana. Mas ele conseguiu se profissionalizar na Portuguesa, em 1968. João Roberto Basílio atuou em diversas partidas pelo Milionários. Chegou a jogar ao lado de Garrincha, já em fim de carreira, anos após a manobra executada por Fiori na concentração da Seleção Brasileira para iniciar o romance com Elza Soares na suíte do narrador. Basílio, já naquela época, conhecia muito bem o Escrete do Rádio, principalmente por ser ouvinte assíduo da Bandeirantes.

"Eu gostava do Fiori pelas narrações, mas passei a gostar mais ainda conhecendo a pessoa. Uma educação fora do normal e esse senso de ajudar quem estava iniciando no futebol e quem estava deixando os campos."

Basílio atuaria na Portuguesa até 1975. Foi contratado pelo Corinthians no início daquela temporada simplesmente para substituir Rivellino, negociado com o Fluminense. Fiori ainda falaria muito dele. E uma nação inteira também.

CAMPEÃO EM TÍTULOS

Quando empunhava o microfone da Bandeirantes e enchia o peito para anunciar as cidades que seriam visitadas pelo Escrete do Rádio, Fiori não tinha, dentro de si, a menor intenção de autopromover-se. Queria apenas divulgar a agenda de um projeto idealizado e administrado por ele, além de chamar a atenção dos moradores da cidade que receberia a delegação do Escrete. Mesmo sem querer, Fiori acabava por promover a localidade com uma abrangência muito maior do que qualquer anúncio pago poderia conseguir. Àquela altura, a Rádio Bandeirantes possuía um longo alcance no interior. Além disso, a figura de Fiori havia atingido de maneira irreversível a região.

Era preciso retribuir de alguma maneira.

A mais fácil, rápida e eficiente apareceu em pouco tempo para a primeira autoridade da primeira cidade. Nem mesmo a família de Fiori conseguiu lembrar qual foi, mas o fato é que o primeiro título de cidadão municipal abriu os olhos das outras cidades e um leque de premiações idênticas, todas elas marcados por pompa, circunstância e um longo e, ao mesmo tempo, cativante discurso. De improviso.

Por vezes, a premiação rendia muito mais que um título. Foi o que aconteceu em 1967, quando o Escrete do Rádio seguia para uma partida em Ourinhos e teria de passar obrigatoriamente por Piraju, cujo prefeito, Cláudio Dardes, um fã incondicional do narrador, fez questão que ele parasse na cidade para ter uma recepção à altura. A "desculpa oficial" era um coquetel para que ele se sentisse bem recebido, mas, na verdade, a Câmara dos Vereadores da cidade já havia preparado a outorga de cidadão para entregar a ele no momento oportuno. Gerente da Rádio Difusora de Piraju, Nelson de Paula Meira partiu para a cobertura do evento e escalou João Zanforlin para trabalhar com ele. Zanforlin (um jovem natural de Timburi, que começara a ter os primeiros contatos com os microfones cinco anos antes, no serviço de alto-falantes de Piraju, passando a sonoplasta e disque-jóquei, tornando-se repórter de campo naquele mesmo ano de 1967) não imaginava que sua vida mudaria a partir daquele instante. E que Fiori, um de seus ídolos de infância, teria influência nessa mudança.

"Entre os discursos dos políticos, entre um salgadinho e outro, entre taças de vinho, sobrou tempo para bater um bom papo com o José Paulo de Andrade sobre a Rádio Bandeirantes. Acho que, de tanto ouvir o prefeito falar bem de mim, o Fiori lhe prometeu que faria comigo um teste de locução nos estúdios da Bandeirantes, em São Paulo."

Meses depois, já hospedado na casa da avó, na Penha, em São Paulo, Zanforlin conheceu Marli, não por acaso esposa de Luís Moreira, redator da *Marcha do Esporte*.

"Aí tudo ficou mais fácil. O teste de locução ocorreu depois de um certo tempo, pois não havia vaga de locutor esportivo. Enquanto isso, fiz de tudo: dobrei tabelinhas dos jogos do campeonato, abri e respondi, com autorização dos destinatários, as correspondências a eles enviadas. No dia do teste, o Fiori pediu que eu lesse no microfone os telegramas que chegavam das agências internacionais com os resultados dos campeonatos europeus, tais como alemão, inglês, francês, italiano, holandês. Foi sofrível."

Sofrível, mas suficiente para que ele fosse efetivado na equipe esportiva. João Zanforlin faria parte do time de plantonistas, em um horário que lhe permitiu a conclusão do curso de Direito pela FMU.

"Eu considerava o Fiori como pai. Ele estava sempre presente. Orientando, ajudando. Quando acabava o dinheiro, a gente tomava emprestado com ele para pagar quando recebesse o salário."

Foi por meio da convivência com Fiori que Zanforlin começou a entender um pouco melhor as manifestações presenciadas em Piraju na noite do coquetel.

"Só quem viu pode afirmar: a chegada do Fiori parava a cidade. O povo queria vê-lo, queria ouvi-lo. Vi muitas vezes políticos em campanha para prefeito, vereador, deputado, senador abandonando o seu palanque para se juntar ao Fiori. Eles não queriam correr o vexame de ficar falando ao vento, pois, quando o povo via o Fiori, deixava tudo para ir ao seu encontro."

Fosse para amigos próximos ou distantes, colegas de profissão e muito menos para os familiares, Fiori não deu qualquer tipo de demonstração de vaidade. Os títulos de cidadania não tinham, para ele, o fim em si mesmos. Fiori percebeu que a maneira como era tratado nas cidades por onde passava e a força que o microfone da Rádio Bandeirantes tinha dariam a ele uma espécie de poder que só os ídolos possuíam, uma capacidade até perigosa, se caísse em mãos erradas. Percebeu também que poderia usar esse poder a seu favor. Não necessariamente pensando em vantagens pessoais.

Já aqueles que indicavam o nome de Fiori para o título de cidadania ganhariam a fama de bons. E não retribuiriam com mais nada as ações de Fiori.

Nem quando ele precisou.

A PRIMEIRA TENTATIVA

As cidades lembradas por Fiori nos microfones da Bandeirantes e visitadas pelo Escrete do Rádio queriam retribuir o carinho e a atenção dados pelo locutor. E o fizeram na forma de títulos de cidadania. Ao todo, foram 167 até a segunda metade de 1990. Fiori jamais se considerou digno de tamanha honraria, embora acreditasse que, por alguma ação, fosse uma partida do Escrete do Rádio ou a simples saudação pelos microfones da Bandeirantes, as cidades se lembrassem dele. Não passaria pela mente do narrador a possibilidade de prefeitos ou vereadores se aproveitarem do nome e da fama que ele possuía para praticarem a autopromoção ao movimentarem toda uma cidade para homenageá-lo e, depois, pregarem aos quatro ventos quem havia sido o criador de tal cerimônia.

Talvez inocente, talvez correta, foi essa a visão de política que Fiori tinha quando acreditou, em 1990, em um projeto do Partido do Movimento Democrático Brasileiro que o incluiu entre os candidatos a uma das 94 cadeiras da Assembleia Legislativa do Estado de São Paulo. Fiori, com o nome, a fama e a força que tinha, principalmente no interior, não somente estaria eleito como levaria consigo diversos nomes bastante interessantes para o partido, tomando por base o quociente eleitoral (o cálculo matemático que pouca gente entende, mas é a única forma oficial de definição dos candidatos eleitos aos cargos legislativos). A ideia do PMDB e do ex-governador Orestes Quércia, padrinho que abriu as portas da política a Fiori, era usar o nome do locutor para que, pelo número de votos destinados a ele, o partido obtivesse vantagem na distribuição das cadeiras após o cálculo do quociente eleitoral.

Fiori deu início à campanha que, para o PMDB, tinha como principal objetivo eleger Luiz Antônio Fleury Filho sucessor de Quércia no Governo do Estado. O narrador nomeou Marcos Pimenta Silva Júnior, seu goleiro no Escrete do Rádio, coordenador da empreitada. Acostumado às defesas que era obrigado a fazer nos gramados do interior, Marcos ficou sem ter quem o defendesse quando foi à cidade de Fiori realizar a campanha. Por um pedido do agora candidato, Marcos e um sobrinho foram a Lins espalhar a propaganda eleitoral de seu cidadão mais ilustre, um dia antes da visita de Fleury, que faria campanha na cidade. A ideia era que a cidade gravasse a imagem de Fiori antes que o candidato ao cargo executivo chegasse.

O que Marcos nem imaginava era que a chegada dele a Lins deveria ter acontecido na antevéspera da visita de Fleury. Seria a única forma de ele tomar conhecimento e até participar da reunião entre o juiz eleitoral de Lins e as lideranças partidárias da região. No encontro, o magistrado determinou que a cidade não seria alvo da sujeira e poluição visual provocadas pelo material de campanha dos candidatos. Quem desobedecesse à ordem estaria sujeito até a prisão. Marcos não somente chegou a Lins desconhecendo tal determinação como, com pressa de ver o material de Fiori espalhado, começou a circular pelas ruas à noite mesmo, colando cartazes em postes e muros. Em uma das ruas, só se deu conta de que havia parado o carro em frente de uma garagem quando foi alertado pelo sobrinho que o motorista de outro veículo buzinava e dava farol constantemente. Marcos desculpou-se com o dono do imóvel com um aceno e retirou seu carro, liberando a entrada da garagem. Só entendeu o tamanho dos erros que estava cometendo quando, ao atender às batidas na porta do quarto do hotel, deparou-se com a polícia.

Levado à delegacia de Lins, Marcos, enfim, conseguiu entender o que estava acontecendo. Não só havia burlado a lei estabelecida pelo juiz eleitoral como tinha sido o magistrado o motorista do carro que o alertara a respeito da garagem bloqueada por seu carro. Além do flagrante da desobediência e da infração de trânsito, a demora de Marcos para retirar seu veículo da porta da casa do juiz deu à autoridade tempo mais que suficiente para anotar a placa do veículo. Em casa, o juiz entrou em contato com a delegacia e ordenou a busca. Acusado, Marcos pagou fiança e foi liberado. Na lembrança dele, o próprio delegado considerou exageradas as atitudes do juiz.

"Mas ele disse que tinha que aplicar a lei, mesmo sendo contrário a ela."

Nem a presença de Fiori no Fórum de Lins, no dia seguinte, nem a intervenção do narrador com Fleury impediram a instauração de um processo, do qual Marcos levou anos para se livrar.

Segundo os dados do Tribunal Regional Eleitoral, Fiori obteve na eleição legislativa de 1990 apenas 18.897 votos, insuficientes para elegê-lo. Uma vaga na suplência serviu como prêmio de consolação.

Mesmo não tendo sido eleito, Fiori não desistiria da política. Uma decisão que mudaria sua vida.

CAPÍTULO 9

As outras casas de Fiori

"Querem que você pague? Então você vai pagar!"

Filho de Paulo Machado de Carvalho e um dos herdeiros da rádio Panamericana, Paulinho ficou indignado ao tomar conhecimento de uma exigência da Bandeirantes para que Fiori Gigliotti se transferisse para a emissora. Nem o mau aproveitamento do locutor na Rua Paula Souza, nem a proximidade da Copa do Mundo da Suécia foram argumentos suficientes para sensibilizar a Direção da rádio em 1957. E Fiori, no que dependesse da Bandeirantes, só sairia se a rádio recebesse uma compensação financeira. Paulinho não pensou duas vezes. Reuniu seus *office boys*, falou com gerentes de bancos em que a empresa tinha contas e juntou todo o valor exigido. O troco, entretanto, viria com notas de ironia e sarcasmo. O pagamento seria feito com moedas do menor valor possível.

Mesmo de táxi, foi difícil para Fiori carregar aquele volume imenso dos estúdios da Panamericana, na época localizados na Avenida Miruna, em Moema, até a sede da Bandeirantes, no Centro. Num tempo em que a violência e o risco de assalto eram bem menores em São Paulo, Fiori chegou são e salvo à Rua Paula Sousa. Os diretores da rádio não acreditaram quando viram o tamanho do embrulho. Fiori contou, anos depois, que o tesoureiro da emissora teve de ser chamado às pressas.

"Ele e mais dois caras apareceram lá para contar o dinheiro. Foi uma loucura!".

A Bandeirantes recebeu o montante (e montão) de dinheiro solicitado e Fiori iniciou sua trajetória na Rádio Panamericana. Não sem antes fazer um comentário de despedida, algo que se tornaria inimaginável anos depois em qualquer outra casa. O ex-funcionário da Bandeirantes lembrou-se de todos com quem trabalhou desde 20 de janeiro de 1952 e não se esqueceu do curto, porém produtivo, período em que conviveu com Flávio Araújo, como se a parceria não pudesse mais ser repetida. Sobrou tempo ainda para ver o chefe Edson Leite lançar na Bandeirantes a trilha sonora que seria sinônimo do esporte na emissora. *I've Been Working on the Railroad*, tema clássico no Texas no final do século XIX e famoso em todos os Estados Unidos, e também no mundo, a partir do sucesso do filme Giant (*Assim Caminha a Humanidade*), de 1956.

Casa nova e expectativa em alta, Fiori sentia-se pronto para ser a voz da Rádio Panamericana na Copa do Mundo de 1958. Começava a pensar em novos bordões, uma de suas principais características e diferenciais, quando veio a notícia que jogaria seu ânimo na lama. A Panamericana escolheu Braga Júnior.

Como consolo, Fiori viajou à Itália para narrar os dois amistosos que a Seleção Brasileira realizou lá, antes do embarque para a Suécia. O locutor comandou as transmissões das partidas contra a Fiorentina e a Internazionale de Milão. Foi Fiori quem descreveu a violenta entrada do lateral italiano Bicicli no ponta-esquerda Pepe, titular do Santos e provavelmente daquela Seleção no Mundial. A contusão causada naquele lance acabou com as pretensões do jogador. Como Pepe não se recuperaria a tempo, o técnico Vicente Feola foi obrigado a substituí-lo por Zagallo. Para Fiori, restou a alegria de conhecer o país de origem da família.

Depois de um ano na Panamericana, Fiori conseguiu diminuir consideravelmente o desgaste das solas dos sapatos. Comprou um Morris Oxford usado ano 1952, modelo importado da Inglaterra, e passou a deixar a namorada Adelaide em casa com mais conforto. Ainda que avesso às vaidades e à ostentação, Fiori via o crescimento do patrimônio dos colegas de microfone, caso de Edson Leite, que rasgava as ruas de São Paulo a bordo de um potente e luxuoso Ford Thunderbird. Era com o Morris Oxford que o locutor frequentava os restaurantes paulistanos da moda, como Gigetto, Ponto Chic e

Moraes, famoso por seu suculento filé. Dos três, o único que fechou as portas foi o Gigetto, famoso ponto de encontro de artistas, intelectuais e jornalistas na Rua Avanhandava, quase esquina com a Rua Augusta, no Centro.

Na Panamericana, Fiori foi apresentado a um jovem estudante do Liceu Pasteur, colega de Atílio Riccó, plantonista da emissora. Ele havia convidado um grupo de alunos para conhecer os estúdios da rádio. Na despedida, o jovem estendeu a mão a Fiori, todavia não se limitou a um aperto de mãos e disse diretamente ao narrador:

"Fiori, desculpe falar, mas nós ainda vamos ser colegas."

O nome do ousado aluno era José Paulo de Andrade. Riccó jogou às claras com o calouro, quando o chamou para "ver como era". Atílio havia deixado a Rádio Panamericana em 1961 e seguiu para a Rádio América, que pertencia ao Grupo Bandeirantes. O projeto previa uma parceria entre as emissoras, na qual a América faria o segundo jogo da rodada, enquanto o comando da jornada ficaria com a nave mãe. Não havia a promessa de salários, mas José Paulo interessou-se assim mesmo, pela oportunidade de ter algum contato com o microfone. Realizava o sonho de narrar partidas de futebol de verdade, não de botão, que incomodavam, e muito, os ouvidos da mãe.

Ainda que cada centavo, literalmente, da multa tivesse sido pago; ainda que os anos tivessem se passado e, aparentemente, o assunto estivesse superado, havia uma impressão de que a Rádio Bandeirantes jamais entendeu ou "engoliu" a ida de Fiori para a concorrente. Por isso, ficava no ar a impressão de que a antiga casa do narrador não perdia a oportunidade de alfinetá-lo sempre que possível. Sobretudo quando as equipes se encontravam longe das fronteiras brasileiras.

Longe de casa e da base, nenhum problema seria resolvido com rapidez e facilidade. Ainda mais em tempos em que os equipamentos eram rudimentares e transmitir um jogo internacional poderia ser considerado um verdadeiro milagre. A chance do sinal e a voz dos locutores não chegarem ao Brasil era maior que o contrário. Foi o que aconteceu em uma viagem ao Egito. A Panamericana decidiu cobrir o amistoso da Seleção Brasileira diante de uma equipe local.

Fiori viajou ao país africano acompanhado do comentarista da emissora,

Leônidas da Silva, um dos maiores jogadores do País na primeira metade do século passado e o maior divulgador no Brasil da jogada conhecida como bicicleta ("chilena", na América Latina e na Europa). Pelo talento incomum que possuía, aliado à cor da pele, ganhou o apelido Diamante Negro.

Ao chegar ao estádio com Leônidas, Fiori se deu conta de que não havia cabines de imprensa. Como se isso não bastasse, o estádio estava abarrotado e era impensável fazer uma transmissão das arquibancadas, pois enxergar o gramado era praticamente impossível. A única solução seria descer até a lateral do campo para, enfim, narrar a partida. Isso se a Panamericana tivesse um cabo adequado para isso... Fiori só tinha três metros de fio. Não restou outra alternativa a não ser pedir mais alguns metros para os colegas da antiga rádio. Ficou perplexo ao ouvir a resposta ao seu pedido.

"Desculpa, Fiori, mas nós somos profissionais de outra emissora."

Fiori contou que eles tinham um rolo com 50 metros de fio. Não cederam porque não quiseram. Na lembrança do narrador, houve um desacerto na organização da viagem. A Panamericana não esperava que a entrada no estádio fosse gratuita, o que ocasionaria um *overbooking* nas arquibancadas, impedindo que a partida fosse transmitida dali. Com os ânimos acirrados, Fiori tentava conter Leônidas, que queria partir para a briga com os "colegas" brasileiros. O ex-jogador tinha um temperamento explosivo, que, para Fiori, lembrava muito o do lendário João Saldanha, jornalista e técnico da Seleção Brasileira nas eliminatórias para a Copa do México, em 1970. Com muita habilidade e paciência, conseguiu convencer Leônidas a esquecer aquilo, pois a prioridade era levar a emoção do jogo aos torcedores brasileiros.

E conseguiu as duas coisas. Evidentemente a anos-luz do ideal, mas o suficiente para não ir ao Egito só para passear pelas pirâmides e esfinge de Gizé, patrimônios da humanidade erguidos nos arredores da capital egípcia. Para conseguir a façanha, o narrador entregou nas mãos de Leônidas um papel e uma caneta. Determinou que o comentarista fosse para o gramado e ficasse em um lugar em que pudesse ser visto por ele. Fiori narrava sem enxergar nada, prestando atenção apenas aos movimentos à distância de Leônidas. Se o Diamante Negro levantasse um braço, era a indicação de um ataque brasileiro. Ao erguer o outro, sinalizava uma subida dos adversários. Qualquer gol que saísse seria anotado no papel, com o número da camisa do marcador e o tempo de jogo. A partida terminou com vitória brasileira por 6 a 0 e Fiori narrou os 90 minutos como se estivesse na posição mais privilegiada do estádio. Fiori só saberia se aquela maluquice funcionara e se sua voz havia chegado ao Brasil horas depois.

"Você contava até cinco e mandava bala. Depois, ia para o hotel esperar um telegrama dizendo se a transmissão tinha sido boa ou não."

Assinado por Narciso Vernizzi, que anos mais tarde ficaria célebre como o homem do tempo da Pan, o telegrama chegou por volta das quatro da manhã do dia seguinte. O texto revelou que a invenção tinha funcionado. Vernizzi relatou que só os últimos 18 minutos de jogo chegaram ao Brasil, mas impecáveis. As outras emissoras, incluindo a Bandeirantes, estavam esperando o som do Egito até aquele momento.

Outra viagem, dessa vez para Jeddah, na Arábia Saudita, em 1977, também daria o que falar. Até a chegada ao estádio onde a Seleção Brasileira enfrentaria o Al Ahli, tradicional time saudita, tudo correu na mais absoluta tranquilidade. Porém, quando foram instalar seus equipamentos, os operadores das emissoras perceberam que havia apenas um canal de transmissão para o Brasil. Com isso, só uma emissora teria o sinal para os 90 minutos. Em um ambiente como o do rádio, conhecido pela falta de coleguismo, prenunciava-se uma disputa típica de gladiadores romanos pela exclusividade do confronto.

Então comentarista da Jovem Pan, o experiente Orlando Duarte conhecia como poucos o clima não muito ou nada amistoso do meio. Até por isso estranhou ao ver aquela movimentação um tanto incomum. As equipes haviam se unido para dividir o único canal de transmissão disponível. Com isso, formara-se de improviso uma grande cadeia nacional, em que cada rádio teria seu espaço respeitado. Orlando só não estranhou ao ver Fiori em meio ao tumulto. O narrador continuava a ser o mesmo que havia conhecido duas décadas antes, quando ele ainda soltava sua voz pelas ondas curtas da Panamericana.

Estranheza Orlando sentiria anos antes, em Argel, capital da Argélia, em outro amistoso da Seleção Brasileira. A guerra civil no país provocava medo nos visitantes, ainda mais nos brasileiros, nada habituados a esse tipo de confronto. Foi esse medo que fez o narrador Wilson Brasil alugar um carro e, de acordo com Orlando, cair na besteira de permitir que Fiori ouvisse a conversa.

"Assim que acabar o jogo, eu vou direto para o aeroporto."

Segundo Orlando, Fiori se apossou do carro e seguiu sozinho para embarcar de volta ao Brasil. Nem o comentarista soube explicar como o narrador conseguiu tomar as chaves do veículo, que estavam nas mãos de Wilson.

"Foi o único momento de egoísmo do Fiori que eu presenciei."

Com o microfone da Panamericana nas mãos, Fiori teve a grande alegria de narrar a primeira de suas dez Copas do Mundo, a de 1962, no Chile. Das cabines dos estádios de Viña del Mar e Santiago, viu seu grande amigo Garrincha estraçalhar as defesas adversárias e trazer o bicampeonato para o Brasil. Mas o coração de Fiori pulsava no compasso das letras R e B. E para a Rádio Bandeirantes ele voltaria em 1963.

RECORD, A MIL POR HORA

Sempre houve consenso entre ouvintes e profissionais do rádio que a grande concorrência do *dial* esportivo paulistano era travada entre Bandeirantes, Panamericana e, a partir dos anos 70, graças a Osmar Santos, Rádio Globo. Fora dessa briga, a Record mantinha uma audiência fiel, sobretudo pelo fato de ter Geraldo José de Almeida na titularidade das transmissões. Já sob o comando de Paulo Machado de Carvalho, que por chefiar a delegação brasileira nas Copas de 1958 e 1962 ganhou o título de o Marechal da Vitória, muita gente passou a sintonizar ao 1.000 AM, que, mesmo assim, não incomodava a audiência dos demais prefixos. A rádio gerou uma emissora de TV que cresceu de forma assustadora, a partir da fundação, em 1953, especialmente devido a seus populares festivais de música, na segunda metade dos anos 60, que revelaram gigantes da MPB, como Caetano Veloso, Gilberto Gil, Chico Buarque e Os Mutantes e a programas como *Jovem Guarda*, que ajudaram a popularizar o Rei Roberto Carlos.

Ao contrário da Record, Fiori sempre esteve no olho do furacão da chamada "guerra da audiência" do rádio. Passara 37 anos na Bandeirantes, divididos em duas passagens, e outros cinco na Panamericana. Entretanto, ao adentrar as dependências da Rádio Record, em janeiro de 1996, Fiori não encontrou apenas o novo prefixo como novidade. A ideia dos novos proprietários da emissora, os bispos ligados à Igreja Universal do Reino de Deus (IURD), ia muito além de tê-lo como narrador. A partir daquele momento, ele seria, de fato e de direito, o chefe do Departamento de Esportes da Record.

Na nova casa, a condição de diretor era absolutamente diferente da mesma função que ocupara na Bandeirantes, onde parecia mais uma rainha da Inglaterra do que qualquer outra coisa. Ali ele era o nome e a alma da Equipe Fiori Gigliotti. O narrador tinha plenos poderes para contratar, demitir e escalar quem bem entendesse, sem ser obrigado a dar explicações e prestar contas à alta cúpula da emissora. Na Record, ele transmitiria os principais jogos dos grandes clubes de São Paulo e ainda comandaria um programa diário, que ia ao ar de segunda a sexta-feira, às 18 horas. Marcelo Gigliotti conta que, se, por um lado, o pai tinha liberdade no novo emprego, por outro, as transmissões da Record se tornariam infinitamente distintas do padrão adotado há décadas pela Bandeirantes, modelo que se tornara referência no rádio esportivo paulistano. Tudo por conta da influência da IURD na programação.

"A Record abria a jornada dez minutos antes do jogo e encerrava dez minutos depois. Eram algumas entrevistas no gramado e só. Nem tinha participação de repórter no vestiário. Era exigência da igreja. Dez minutos depois do apito final, a gente tinha de entregar o horário para eles."

Isso não chegava a ser um grande problema perto da autonomia que Fiori tinha para comandar o time de Esportes na Record. Esse *status*, aliado aos laços de amizade, foram determinantes para que Fiori escolhesse seu segundo narrador. O convite foi feito e Reinaldo Costa o aceitou de pronto. A Record não era exatamente uma novidade para ele, que havia ocupado os microfones da emissora no final de 1985, saindo anos depois por questões pessoais e seguindo para Santos, onde trabalhou na Tribuna AM. De volta ao 1.000 do *dial*, Reinaldo, que Fiori conhecera ainda quase garoto na final do Paulista de 1973 entre

Santos e Portuguesa, passou a ser tratado pelo narrador como o *locutor que o povo gosta*. Segundo ele, o chefe, na prática, era mais um colega de equipe.

"O Fiori nunca soube literalmente ser chefe. Ele era e fazia questão de ser mais um na equipe. Era irmão, pai e conselheiro. Nunca vi o Fiori distante dos problemas de cada um. Isso trabalhando numa emissora que, de seis em seis meses, trocava de Direção. Isso sempre gerava preocupação, mas o Fiori conseguia tranquilizar a todos, mesmo tendo que segurar a peteca sozinho."

Fiori ainda receberia um apoio familiar para começar seu trabalho na Record. Apesar das semelhanças física e de voz, Marcos Pazzini sempre passou longe dos microfones. A carreira profissional do filho do narrador foi consolidada no mercado de distribuição de combustíveis. Naquele final dos anos 90, Pazzini era diretor de marketing da Salemco Brasil Petróleo, na época em que a empresa patrocinava a Portuguesa. Com a devida autorização dos sócios proprietários da companhia, Marcos fechou uma quota de publicidade com a Rádio Record. O nome da empresa passou a ser divulgado diversas vezes por Fiori em cada jornada esportiva.

Assim que fechou com a Record, Marcos foi contatado pelo comandante de outra equipe de rádio interessada em conseguir o mesmo tipo de acordo negociado com a Record. Foi agendada uma reunião para a apresentação da proposta. Nas palavras do filho de Fiori, nem a semelhança física chamou a atenção de seu interlocutor, que desandou a fazer críticas a Fiori. Sequer se deu conta de que ali, diante dele e ouvindo tudo, estava justamente um herdeiro direto do locutor da torcida brasileira.

"Sabe como é. O Fiori já está ultrapassado. Você tem de anunciar com quem tem uma transmissão mais jovem, dinâmica."

Marcos não perdeu a oportunidade de deixar o cidadão com a cara no chão. Mas sem perder o *fair play*.

"Eu entendo seus argumentos, mas não posso deixar de patrocinar meu pai."

Desde que começou a frequentar as cabines de rádio, o filho mais novo de Fiori, Marcelo, sabia que sempre havia ali um espaço vago de onde poderia acompanhar as partidas: o do operador de externas da emissora. Responsável por instalar equipamentos, conectar fones e microfones, e modular o som, esse profissional tem a árdua tarefa de fazer com que o sinal do estádio chegue limpo e claro aos estúdios da emissora e, de lá, siga para os rádios dos ouvintes. Marcelo era conhecedor da complexidade da função e dos inevitáveis pepinos que a acompanhavam.

A perda de sinal costuma ser bastante comum na comunicação entre cabine e gramado. Por diversas vezes, um problema no retorno, um microfone desconectado ou simplesmente operando abaixo do volume recomendado fazem com que o narrador fique sem resposta ao chamar o repórter no campo ou nos vestiários. Como as transmissões não podem ficar mudas jamais, nenhum locutor espera mais do que três segundos para retomar a locução. Mas poucos admitem que problemas operacionais podem impedir a comunicação.

Fiori acreditou estar diante de mais um desses pequenos e irritantes contratempos quando, na noite de sexta-feira, 9 de abril de 1999, chamou o repórter Fábio Luiz sem resposta. Fiori queria mais informações a respeito do Corinthians, que enfrentaria o Olimpia do Paraguai pela sexta e última rodada da fase de grupos da Copa Libertadores da América. Além dos dois times, o grupo 3 ainda contava com o arquirrival corintiano Palmeiras e o Cerro Porteño. O que causou estranheza a Fiori foi o fato de Fábio não dar retorno nem no segundo, nem no terceiro contato, algo realmente incomum, pois a Record contava com equipamentos avançados e com uma boa equipe de operadores. Se houvesse algum problema mais sério, os técnicos já teriam realizado a troca do equipamento defeituoso. O que nem Fiori, nem ninguém poderia imaginar era que, em vez do repórter, quem entraria no ar seria um dos operadores da transmissão. E o pior: com uma notícia tão triste.

"Fiori, infelizmente, nosso repórter Fábio Luiz sofreu uma parada cardiorrespiratória. Não resistiu e veio a falecer."

O silêncio de Fiori duraria muito mais que os tradicionais três segundos. Pode-se dizer que perdurou por quase uma eternidade para um veículo que tinha o som como sua alma. O locutor sentia um misto de espanto e tristeza. Minutos antes, havia conversado com Fábio pessoalmente e o repórter chegou a entrar no ar na abertura da jornada. Uma inconformidade ainda maior pelo fato de que, apesar de experiente, Fábio tinha apenas 26 anos de idade e era um dos caçulas da equipe da Record. Fiori o conhecera ainda na Bandeirantes, quando ele realizara algumas reportagens como freelancer em transmissões de partidas, nas folgas do setorista do Santos, Pinheiro Neto. Nascido na maior cidade da Baixada Santista, Fábio teve seu primeiro contato com o microfone aos 16 anos, na Rádio Clube de Santos. Evangélico e membro da Igreja Batista da Ponta da Praia, o então adolescente sabia que Oswaldo Alves de Pinho, diácono da instituição, apresentava eventualmente o programa *Manancial Evangélico*. Apaixonado por rádio, certa vez pediu para acompanhá-lo aos estúdios quando houvesse uma oportunidade. Oswaldo atendeu-o prontamente e, ao perceber o interesse de Fábio pelo rádio, pediu-lhe para anunciar no ar os resultados de um campeonato disputado entre igrejas batistas do litoral. A partir daquele momento, Fábio começou a construir sua carreira, que incluiu um programa sobre esporte amador na própria Clube, além de passagens pelas rádios Tribuna e Gazeta. Formado em 1996 pela Universidade Santa Cecília, passou pela Santa Cecília TV até começar o trabalho na Record. Para Fiori, Fábio era uma espécie de filho adotivo. Marcelo conta que o pai não parou para pensar que estava diante de um acontecimento tão triste e inédito em seu quase meio século de carreira. Fiori determinou que a transmissão da partida seguisse, até como uma homenagem a Fábio. No entanto qualquer ouvinte percebia que algo não corria bem. Fiori falava de Fábio a todo instante, relembrando os anos de convivência com o irreverente repórter, sem deixar de destacar o estilo brincalhão do colega e funcionário que acabara de perder. De acordo com Marcelo, Fiori mal esperou a partida terminar. Deixou o Pacaembu imediatamente e foi direto para o Instituto Médico Legal, onde ajudou no reconhecimento e na liberação do corpo.

Fábio Luiz foi sepultado na tarde de 10 de abril de 1999, no Cemitério

Areia Branca, em Santos. Fiori e Marcelo estiveram presentes. No domingo, dia 11, o narrador dedicou um *Cantinho de Saudade* especial ao repórter, lembrando que o considerava como um filho. Seria uma ausência impossível de ser preenchida. Mas Fiori ainda teria outros "filhos" na Record. Todos lhe dariam muito orgulho.

A morte de Fábio foi o primeiro de muitos dissabores que Fiori teria na emissora da Universal. Marcelo Gigliotti achava tudo muito estranho, mas evitava fazer comentários dentro de casa, até para não aborrecer ainda mais o pai. De qualquer maneira, incomodava, e muito, o modo como o Grupo Record administrava a emissora de rádio, sobretudo no que se referia à alta cúpula do veículo. Diretores eram trocados ao sabor do vento. Toda semana a programação era alterada. Àquela altura amigo íntimo de Fiori, Reinaldo Costa o admirava cada vez mais, principalmente pela maneira como essas questões eram absorvidas por ele, evitando que problemas contaminassem o ambiente da equipe. Ainda assim, a proximidade deixava evidente o quanto aquele quadro afligia o locutor.

"As mudanças eram constantes e isso gerava desconfiança no Fiori. Mas ele sempre segurou a barra."

Uma notícia, porém, iria devastá-lo em breve. Fiori mal conseguiu segurar as lágrimas quando o telefone da casa de Águas de São Pedro, sua residência de veraneio, tocou. O anfitrião atendeu e, segundo Marcelo, o pai não soube sequer dizer o nome de quem havia ligado. Limitou-se a retransmitir o que havia ouvido segundos antes.

"O esporte na Record acabou. Disseram isso e desligaram. Acabou."

Naquele momento, Reinaldo Costa já estava fora do time. Tornara-se cantor e foi essa a carreira que ele seguiu. Coube a Fiori e a Marcelo dar a notícia a cada membro do time. Por mais que fosse um homem de fé, quem estava próximo sabia o quanto a notícia abalou Fiori. Mas ele não ficaria fora do ar por muito tempo.

SOY LOUCO POR TI, AMÉRICA

Para Ulisses Costa foi um grande passo conseguir uma gravação com Fiori Gigliotti no dia de sua estreia na Rádio Diário de Presidente Prudente. Primeiro, por ter partido do próprio Ulisses a ideia de procurar o locutor, pois os dois jamais haviam se encontrado ou se falado. Segundo, porque Fiori fazia parte de um pequeno grupo de ídolos de Ulisses quando ele ainda era um mero ouvinte e admirador do rádio esportivo na cidade paulista de Osvaldo Cruz, sua terra natal. Ulisses sabia que a voz de Fiori daria a ele a credibilidade necessária para começar o trabalho em uma nova casa, ainda mais depois de toda a confiança dada pela emissora, que chegou a espalhar *outdoors* por Prudente, anunciando a contratação do novo locutor naquele final dos anos 80. Surpreendeu-se com a receptividade de Fiori e emocionou-se com a gravação.

"Agora, você de Presidente Prudente vai ficar com o Moço de Osvaldo Cruz: Ulisses Costa."

Ulisses só se deu conta da importância de ter Fiori anunciando seu nome porque a equipe da Diário de Prudente era chefiada por Flávio Araújo, velho amigo e ex-chefe do narrador. De qualquer maneira, o respeito e a admiração por ele já haviam se transformado em imensa gratidão.

As portas dos grandes centros começaram a se abrir para Ulisses quando ele recebeu um convite da B2, a Rádio Clube Paranaense. Depois de dez anos de ausência, o Coritiba chegava às finais do Campeonato Paranaense de 1999 e a ideia era colocá-lo para narrar a decisão contra o Paraná Clube. Na sequência, ele seguiria para o Paraguai onde transmitiria a Copa América pela mesma emissora. Feliz da vida, Ulisses só não esperava o chamado de um diretor da alta cúpula do laboratório que o patrocinava.

"Ulisses, o Fiori Gigliotti está fora do rádio e nós estamos formalizando um contrato com ele. Nós vamos pagar o cachê dele para que seja comentarista em alguns jogos. Mas precisamos saber se você se incomoda em dividir as transmissões com ele."

A reação de Ulisses foi muito mais de um fã do que de um profissional do rádio.

"E vocês ainda perguntam se eu me incomodo em dividir transmissões com o Fiori? Façam-me o favor! Para o Fiori, eu entrego o microfone. Vocês não têm nem de perguntar. Fiori tem de chegar e *irradiar*."

Foi com essa acolhida que Fiori desembarcaria na Rádio Clube Paranaense, a quarta casa em seus 52 anos de batente. E antes que efetivamente começasse o trabalho, teve mais uma grata surpresa. Pela primeira vez na carreira, teria a companhia de Edemar Annuseck, com quem, no máximo, trocava cumprimentos e algumas palavras nos estádios, já que nunca haviam dividido a mesma emissora. Annuseck ainda o surpreenderia mais uma vez. Ele abriria a jornada esportiva, que tinha o duelo entre México e Chile na partida preliminar, e Brasil e Venezuela, na principal. Ulisses Costa narraria o confronto entre mexicanos e chilenos, e Edemar faria o jogo do Escrete Canarinho, com Fiori nos comentários. Mas um problema técnico impediu a narração de Ulisses. Sem escolha, Edemar assumiu a transmissão da preliminar. Com isso, tomou uma decisão que deixou Fiori ao mesmo tempo honrado e surpreso. Sem combinar previamente nada, Edemar anunciou que Brasil e Venezuela teria a narração de Fiori Gigliotti. Quase 15 anos depois, Edemar Annuseck se lembrava perfeitamente da expressão de Fiori ao ouvir o anúncio.

"Ele olhou com cara de assustado para mim."

Mas, se havia uma coisa que Fiori sabia fazer na vida, era aquilo. E, mais uma vez, os deuses do futebol o presentearam com uma exibição de gala do Brasil. Além da vitória por 7 x 0, o locutor ainda narraria um gol antológico de Ronaldinho Gaúcho, seu primeiro em partidas oficiais pela Seleção principal. Em sua estreia no time verde e amarelo, o dentuço de 19 anos aplicou um lindo chapéu no zagueiro venezuelano Rey e, com um toque sutil, livrou-se de outro defensor para bater sem chances no canto direito do goleiro Vega. No segundo confronto do torneio, vitória brasileira por 2 a 1 sobre o México. A partir do terceiro jogo, contra o Chile, Ulisses assumiu a titularidade das transmissões. Com a chegada da Seleção à final, contra o velho rival Uruguai, Ulisses começou a se sentir encabulado com a presença de Fiori na cabine do Estádio Defensores Del Chaco, em Assunção. Aquele sentimento foi crescendo no transcorrer da partida, principalmente após os gols marcados por Rivaldo, aos 20 e aos 26 minutos do primeiro tempo. No intervalo, Ulisses não aguentou a agonia e tomou uma decisão por sua conta e risco, algo que poderia até colocar seu futuro na rádio em xeque.

> *"Eu não poderia continuar com o microfone com Fiori Gigliotti ao meu lado. Passei a bola para ele e disse que ele narraria o segundo tempo."*

Decisão tomada e aceita, Ulisses informou aos ouvintes quem seria o locutor dos próximos 45 minutos.

"Vocês ficam agora com o locutor da torcida brasileira, Fiori Gigliotti!"

Coube a Fiori narrar não somente o gol de Ronaldo Fenômeno, que fechou o placar em 3 a 0, como ter a inesperada alegria de, a exemplo de 1962 e 1970, ser a voz de mais uma conquista da Seleção Brasileira.

Notícia melhor ele ainda teria pouco tempo depois, ao receber um telefonema da mais nova Direção da Rádio Record. Dessa vez, a conversa era bem diferente da última que tiveram. O convite era para Fiori voltar a ser a voz e a alma da equipe esportiva da emissora dos bispos da Universal.

OS NOVOS FIORIS

Ao começar a conversa com o jovem que acabara de chegar de Itanhaém, cidade do litoral sul de São Paulo, Fiori não se lembrou do encontro que tivera sete anos antes com aquele mesmo garoto nas cabines da Vila Belmiro. Tampouco recordou-se da dedicatória escrita por ele, dizendo que aquele rapaz seria um narrador esportivo. Mas Odinei Ribeiro ainda teria de esperar mais um pouco para realizar seu sonho. Não por falta de talento. Foi de Fiori a ideia de chamar para uma conversa o dono da voz naquela fita cassete entregue por Jacinto Nascimento, operador da Rádio Atual, que, ao perceber o pouco interesse da emissora pelo garoto, levou a gravação para Gigliotti. Era uma montagem feita por Odinei, com seis outras locuções, de quando o narrador deixou a Sat FM de Itanhaém. Ele soube que Fiori estava montando a nova equipe esportiva da rádio em uma entrevista de Fiori com o José Luiz Datena, na época apresentador do *Cidade Alerta*, na TV Record.

Na conversa com Fiori, Odinei ouviu que a narração era boa, porém a única vaga restante na equipe era para o plantão esportivo. A jovem promessa resolveu aceitá-la e deu início ao trabalho. Estava tão satisfeito de fazer parte do time que decidiu controlar a ansiedade e aguardar sem pressa a tão sonhada oportunidade de narrar uma partida. E subiu a Serra do Mar tranquilo naquele 18 de dezembro de 1999, em que faria o plantão da partida entre Atlético Paranaense e Cruzeiro, válida pela repescagem da Copa Libertadores da América. Quando já se preparava para iniciar o trabalho, foi surpreendido com a entrada da produtora Ana Marina Maioli, com quem Fiori havia trabalhado anos na Bandeirantes, no estúdio. Ela era a porta-voz de duas notícias surpreendentes. Anos depois, Odinei lembraria de cada sílaba daquela conversa.

"Por alguma razão desconhecida, o narrador não apareceu. Há quem diga que ele se confundiu com as escalas. Mas até hoje não sei o que aconteceu. Só sei que a Ana Marina disse para eu narrar."

Odinei só teve tempo de ir ao banheiro e fazer algumas orações. Abriu a transmissão e tocou o primeiro tempo do jeito que sabia tocar. No intervalo, foi avisado por Ana Marina que havia uma ligação para ele. Do outro lado da linha, estava o chefe. Odinei pegou o telefone, pronto para ouvir qualquer crítica ou sugestão. Mas não para ouvir o que o Fiori tinha a lhe dizer.

"Você não queria uma oportunidade como narrador? Ela apareceu antes do que você imaginava."

Em Itanhaém, Edson Sobral, diretor da Rádio Anchieta e o primeiro a acreditar na capacidade de Odinei para narrar, comemorava seu aniversário com o rádio sintonizado na Record. Sentia orgulho de ver a "cria" alçando voo. Após encerrar a transmissão, Odinei enfrentou o típico congestionamento das festas de fim de ano no Sistema Anchieta-Imigrantes, mas conseguiu chegar a tempo dos parabéns para o ex-chefe. No caminho, ainda teve tempo de parar para comprar fogos de artifício. Depois de muito choro e comemoração, foi até o campo de várzea em que fez a primeira transmissão e soltou os fogos.

A idolatria que Odinei mantinha por Fiori era tanta que, ao receber o primeiro cheque pela prestação de serviços à rádio, não quis ir ao banco. A ideia inicial era enquadrar aquele documento assinado pelo seu ídolo. Ele só se convenceu de que poderia sacá-lo sem culpa quando Marcelo Gigliotti deu a ideia de fazer uma cópia do cheque e descontar o original.

Pai de Odinei, seu Oscar jamais ficou incomodado com o tratamento que o experiente locutor dava ao seu filho. Ao conhecer o caráter, a capacidade e a persistência dele, Fiori viu um pouco de si naquele jovem que havia deixado o litoral sul de São Paulo para tentar a vida no rádio esportivo. Uma amizade que perduraria até os últimos dias do narrador. O que realmente incomodava o pai de Odinei era a rouquidão apresentada pelo filho, consequência de pólipos vocais. Ele já havia procurado dois médicos que lhe deram os piores diagnósticos. Um falou em cirurgia e o outro cogitou a possibilidade de ele nunca mais narrar jogos. Desesperado, Odinei ligou para Fiori, aos prantos. Sensibilizado com a situação, o locutor não teve dúvida em entrar em contato com seu velho amigo doutor Antônio Douglas Menon e agendar um horário ainda para aquele dia. Odinei subiu a Serra apreensivo e encontrou-se com Fiori, que o acompanhou ao consultório de Menon. Os primeiros exames mostraram que uma simples medicação resolveria o problema, sem necessidade de cirurgia nem risco de aposentadoria precoce. Quando Odinei sacou a carteira para pagar a consulta, imaginando que deixaria ali boa parte de seus vencimentos, foi repreendido pelo médico.

"Você foi indicado pelo Fiori. E 'filho' do Fiori não paga no meu consultório."

Ao contrário de Odinei, Luciano Faccioli não era propriamente um fã de Fiori. O garoto gordinho do bairro do Boqueirão, em Santos, preferia o *Garotinho* Osmar Santos. A paixão pelo *dial* o levou a se formar radialista pelo Colégio do Carmo. Já com o registro profissional nas mãos, foi apresentar um programa infantil na Rádio Clube e outros na Guarujá e na Tribuna AM. Até que chegou na paulistana Tupi. E foi lá, por meio de Barbosa Filho, que ele passou a entender melhor quem era Fiori Gigliotti. Depois de 11 anos na Rádio Jovem Pan e de uma passagem marcante pela TV Tribuna, Luciano aceitou o convite de Milton Neves e desembarcou na Record em 2003, revezando-se entre a rádio e a TV. E foi na telinha que Faccioli conheceu não somente o homem Fiori como o caráter do narrador, qualidade tão propalada pelo ex-chefe Barbosa Filho. O locutor da torcida brasileira era com frequência convidado do programa *Debate Bola*, que ia ao ar diariamente às 12 horas com Faccioli no comando. Milton Neves, um dos criadores da atração, fora chamado para substituir Datena, que, por um breve período, foi trabalhar na RedeTV!, no policial *Cidade Alerta*, deixando o espaço aberto para Faccioli. Na lembrança do apresentador, Fiori gostava de relembrar histórias do passado e tinha um carinho enorme pelo Santos. Só não escapou da irreverência do apresentador, conhecido também por deixar colegas em situações constrangedoras, dentro e fora do ar.

"Nos bastidores, eu dizia que ele era o galã do programa. Fiori ficava todo envergonhado. Dizia 'Para com isso!' com aquela voz melodiosa típica dele."

Mas Fiori o adotaria efetivamente como "filho" no momento em que ele mais precisou. Foi no início de 2004, quando a Direção da Record entendeu haver uma superexposição de Milton Neves na apresentação do *Cidade Alerta* e do *game show Roleta Russa* e determinou o retorno dele ao *Debate Bola*. Com isso, Faccioli voltaria para a reportagem diária. Isso, porém, não seria um problema pois não era daqueles que se deprimem quando perdem visibilidade na TV. A saída do programa doeu mesmo foi no bolso, já que, fora da apresentação, ele deixaria de receber os valores do *merchandising* da atração. A partir daquele instante, viveria somente com o seu salário. Faccioli lembra que, naqueles meses, tinha de fazer escolhas. Algumas bem difíceis.

"Eu não morava em São Paulo e tinha de escolher entre ir para Santos ou comer na capital. As duas coisas, não dava porque o valor de uma refeição fazia diferença no combustível e no pedágio para ir à Baixada."

Para ajudar o amigo, Fiori fez o que ele, quase uma década depois, definiu como uma "invenção". Criou o programa *Record Esporte Clube*, que ia ao ar nas manhãs de sábado e domingo pela rádio, com Faccioli na apresentação. Como o próprio Fiori arrendava o horário, algo que o amigo Éder Luiz havia inaugurado no rádio anos atrás, quando deixou a Bandeirantes, Faccioli receberia diretamente do patrão e amigo. Foram os cheques do Bradesco da agência da Rua Joaquim Floriano, no Itaim, em nome da Fiori Gigliotti Produções, que melhoraram, e muito, a vida do apresentador.

Faccioli era apenas mais um entre as dezenas de profissionais e amigos que Fiori ajudaria em sua trajetória de mais de meio século no rádio. Ele procurava não falar muito desse assunto, mas, com 70 anos completados em 1998, sabia que se aproximava a hora de "passar o bastão". Encontrar jovens locutores com empolgação, vontade de trabalhar e que pudessem atrair um público mais novo passou a ser uma de suas obsessões. Fiori queria manter o rádio forte e atrativo, ainda mais com o surgimento do fenômeno Internet na segunda metade dos anos 90 e com uma TV que quase atingia a totalidade dos domicílios brasileiros. Para isso, ele sabia que só havia um caminho: renovação.

Quase quatro anos após a efetivação de Odinei Ribeiro como narrador, Fiori sabia que precisava de novos nomes. E tanto quanto da narração, Fiori gostou da forma como um jovem de São Bernardo do Campo apresentou seu trabalho a ele. Em uma noite de sábado, Rafael Spinelli foi até os estúdios da Rádio Record, logo após a jornada esportiva daquela tarde, sob o pretexto de entrevistar Fiori para um trabalho de faculdade da noiva. Ao final da entrevista, ele pediu 30 segundos ao narrador. Trocou a fita do gravador com as palavras do mestre por outra e apertou o botão *play*. Durante alguns minutos, o locutor ouviu a gravação da partida entre Internacional e São Caetano, pelo Campeonato Brasileiro, que Spinelli havia narrado para a Rádio ABC. A chance apareceu por um problema de saúde do titular da emissora. Como o duelo terminou sem gols, Spinelli utilizou um aparelho de duplo *deck* do pai para reunir na mesma fita um dos gols registrados nas três partidas que narrou de um campeonato promovido pela Liga Andreense de Futebol Amador. Ao final da audição, Spinelli não ouviu de Fiori o que ele sonhava ouvir. Mas não ficaria chateado.

"Filho, a gente tem algumas coisas para lapidar. Você está começando, mas eu gostei. Tem um caminho a ser percorrido. Não vou te prometer nada, mas deixa a fita comigo."

Spinelli não quis esperar muito. Dias depois, ligou para a Record, oferecendo-se para passar informações de um jogo do São Caetano para o qual as emissoras da Capital não enviariam equipes ao ABC. O telefone foi passado para Marcelo Gigliotti, que sugeriu uma entrada no ar ao fim da partida, para a transmissão de um boletim. Acabou se tornando o posto daquela partida, com participações a cada giro de placar. A grande oportunidade surgiu mesmo em dezembro de 2003, quando Fiori mandou Ana Marina Maioli entrar em contato com Rafael Spinelli para convidá-lo a narrar uma partida de fim de ano entre jogadores profissionais que seria realizado no campo do União Operária, na Vila Maria, zona norte de São Paulo. Spinelli tremeu com o microfone nas mãos, mas deu conta do recado. Convidado para transmitir alguns jogos da Copa São Paulo de Futebol Júnior de 2004, teve uma conversa definitiva com Fiori no dia 3 de fevereiro daquele ano. O narrador o convidou a integrar o time fixo da casa. O salário era baixo. Mas isso era o que menos importava.

"Seu Fiori, está ótimo. Eu quero a oportunidade."

Os dois trocaram um abraço. E Fiori reconheceu no garoto a mesma ousadia que o levou à Lins Rádio Clube, quando pediu uma oportunidade aos donos da rádio para narrar as partidas do Linense. Rafael Spinelli poderia não saber, mas tinha uma história semelhante à de Fiori. Partia dele a insistência para que os proprietários da Rádio ABC permitissem que transmitisse os jogos, assim como Fiori fizera naquele longínquo ano de 1947. E, assim como a sua referência e inspiração, Spinelli tinha, entre muitos objetivos, transmitir emoção com o microfone em mãos.

"Sempre gostei de emocionar. Isso é o que me realiza. Sentir que fiz parte de um caminho para que alguém tivesse uma grande felicidade".

Rafael Spinelli tomou conhecimento do processo que levou à sua escolha somente em 2005, quando Fiori aceitou o convite para a comemoração do aniversário do novo narrador em sua casa. Em meio à surpresa de seus familiares pela presença tão ilustre em uma festa tão humilde, Fiori revelou à mãe de Spinelli que levou 29 fitas de candidatos a narrador para Águas de São Pedro. Ouviu uma por uma para concluir que o filho dela era o melhor deles. Anos depois, ele falaria sobre a importância do locutor para sua vida e carreira.

"Seu Fiori foi um paizão, um professor. Se eu tive um mestre, um cara que confiou em um menino que tinha um gravador na mão e um sonho no coração, esse foi Fiori."

Ao buscar novos talentos e submeter candidatos a processos seletivos baseados no "critério Fiori Gigliotti", o locutor sabia que a renovação na narração esportiva era tão inevitável quanto necessária. E as mudanças já estavam em curso. Foi por conta de Éder Luiz, um de seus muitos "filhos" nos microfones, que as transmissões esportivas chegaram à FM, em 1997. Após passagem pela Rádio Capital, Éder voltou ao Grupo Bandeirantes de Comunicação para ser o criador e o comandante do Departamento de Esportes na frequência modulada. Liderava jornadas que fugiam completamente ao padrão do rádio esportivo que vigorava há décadas. As transmissões tinham uma nova linguagem e o humor entrou no jogo. Na Record, Fiori mantinha o tradicionalismo e jamais disse a Éder se gostava ou não daquele estilo que começava a ganhar espaço no *dial*. Ainda assim, não deixou de apoiar o pupilo. Éder conta que as palavras de Fiori foram de carinho.

"Quando ele estava na Rádio Record, nós nos encontramos e ele elogiou bastante o meu trabalho. Quando voltei ao Grupo Bandeirantes, ele me cumprimentou pela iniciativa. Nós criamos um novo momento no rádio, com a transmissão na FM. No início, ninguém acreditava, mas a gente conseguiu provar que era um caminho viável."

Além de um novo formato de transmissão, Éder sentiu na pele também as mudanças no volume de trabalho. Na condição de chefe de equipe, e com a obrigação de sair a campo em busca do aporte financeiro para manter o projeto no ar, ele percebeu o quanto é difícil a vida de um chefe. Um dos reflexos foi a considerável diminuição do número de encontros com Fiori. Éder gostaria de encontrá-lo em outras ocasiões, porém não conseguiria. Ficaria bastante decepcionado com isso.

FIM DE CICLO

Marcelo Gigliotti não contaria nem depois de quase uma década quem foram os responsáveis pelos grandes problemas que Fiori enfrentou em sua segunda passagem pela Rádio Record. Limitou-se a revelar que eram pessoas da própria equipe, que se aproveitavam da generosidade de Fiori para conseguir adiantamentos salariais todo mês. Isso causaria um sério desequilíbrio nas contas da equipe, pois os colaboradores queriam antecipar pagamentos sem que houvesse receita para isso.

"Os caras gastavam o dinheiro todo em menos de um mês e queriam adiantar o próximo. Só que meu pai não tinha recebido dos patrocinadores. Isso ia criar uma bola de neve que eu não ia deixar acontecer".

Segundo Marcelo, a excessiva generosidade de Fiori fez com que ele batesse de frente com o pai em diversas ocasiões. E, em quase todas, de nada adiantou. Ao virar as costas, o pai assinava o vale. A bomba-relógio foi acionada. A imprudência de Fiori causou sérios problemas de caixa e os processos trabalhistas começaram a se avolumar. E foram à Justiça justamente aqueles que Fiori mais ajudou. Mesmo sem ter condições para isso.

Mas o pior ainda estaria por vir. No dia 13 de agosto de 2005, Fiori foi informado pela alta cúpula da Record que a equipe de Esportes seria dissolvida e uma nova assumiria já a partir da segunda-feira, dia 15. Isso às vésperas da 20ª rodada do Campeonato Brasileiro daquele ano. A equipe tentava decidir entre localizar mortos e feridos na tragédia ou simplesmente fingir que nada havia acontecido e cuidar das transmissões das partidas. Fiori não teve escolha a não ser comunicar a decisão ao seu time, provocando uma extremada reação de Odinei Ribeiro, prontamente vetada por seu "pai" profissional.

"Seu Fiori, se o senhor vai embora, eu também vou. Eu não posso ficar, se o homem que me deu a oportunidade nesta emissora não está mais. Vou junto com o senhor."

"Você tem longa vida aqui, Odinei. A Record está em um novo processo e vai te contratar e colocar tudo na carteira de trabalho. E eu estou em fim de carreira", Fiori retrucou.

Rafael Spinelli não foi tão instintivo quanto Odinei. Pensou no noivado e nos projetos que tinha, mas balançou. No entanto, antes que repetisse a frase de Odinei, ouviu de Fiori o mesmo veto.

"Você é jovem e tem talento. Fique na Record porque você vai longe."

Poucos sabiam, mas Fiori já sabia que as coisas poderiam mudar na emissora. O narrador percebia pelas conversas nos corredores que um grupo de profissionais estava pronto para chegar. Resignado, preparou-se para o pior, embora nunca tenha aceitado.

PARTIU, TUPI!

No mais alto cargo da Rádio Tupi, Paulo Abreu acabara de dissolver a equipe de Esportes. E não parecia disposto a retomá-la. Mas naquele segundo semestre de 2005 enxergou uma solução que, em muitos casos, é adotada por clubes que atravessam crises ou vivem decepções com nomes consagrados que não corresponderam às expectativas: olhar para a base. No caso do Esporte da Tupi, Abreu não pensou em contratar estagiários ou recém-formados em Jornalismo, mas sabia que um revelador de talentos poderia manter o futebol na emissora. Procuraria Prisco Palumbo.

Ex-jogador de futsal, que, na época em que começou, era chamado de futebol de salão e sempre ligado à crônica esportiva, Prisco Palumbo se notabilizou pela boa oratória e pela dedicação ao jornalismo esportivo. Foram essas qualidades que motivaram a Direção da TV Gazeta a convidá-lo para comentar as partidas do Campeonato Paulista de Futebol de Salão, novo produto da emissora. Por ser um esporte pouco conhecido naquele início dos anos 70, a Gazeta entendeu que um especialista no assunto, com intimidade com o microfone, seria a solução perfeita.

"Fiz com o futsal o que o Luciano do Valle faria com o vôlei nos anos 80. Falava os termos técnicos e explicava cada um deles, assim como as regras do esporte", lembrou Prisco, décadas depois.

Logo após assumir a Presidência da Associação Paulista de Futebol de Salão, em 1980, Prisco começou a trabalhar um pouco mais com o futebol de campo. Logo percebeu que as categorias menores não recebiam na mídia nem um décimo da atenção dedicada aos profissionais. Criou, assim, um programa voltado somente para esse público. Montou o formato e conseguiu emplacá-lo na Rádio Imprensa FM, inclusive com transmissões ao vivo das partidas. Isso até Toni Gomide, locutor da Rádio Tupi e homem de confiança de Paulo Abreu, convidá-lo para levar o projeto à emissora. Prisco atendeu ao convite e pilotava o horário dos domingos, das 10h às 12h. Não imaginava trabalhar com futebol profissional, sobretudo porque a Tupi já tinha sua equipe. Ele não se ofereceu para comandar o departamento quando o time foi dissolvido, mas gostou de saber que a Direção da emissora confiava nele.

Prisco sabia que Fiori não estava mais na Record e enxergou que a Tupi poderia brigar com a forte concorrência, se contasse com um monstro sagrado da crônica nos seus microfones. Partiu de Prisco o convite para um almoço na Lellis *trattoria*, tradicional cantina italiana instalada nos Jardins. Entre massas e molhos, foi aberta uma negociação para Fiori vestir a camisa da Rádio Tupi, com a prerrogativa de escolher as partidas que gostaria de narrar.

Não houve nem um segundo almoço. O encontro seguinte aconteceu seis dias depois, numa pizzaria do bairro do Sumaré. A casa patrocinava o programa de Prisco na Tupi. Dali, uma vez por semana, ele comandava a atração, que sempre recebia convidados especiais. Naquela noite, Fiori Gigliotti estreava como integrante da equipe da emissora.

O locutor estabeleceu apenas duas condições: levar seu patrocinador, o laboratório EMS e também o comentarista Dalmo Pessoa. Levaria também o filho Marcelo para ajudá-lo na produção. De acordo com Prisco, Marcelo foi mais do que um produtor, sobretudo porque a visão de Fiori já começava a apresentar sinais de fadiga.

"Nem gostaria de dizer isso, mas às vezes acontecia. O Fiori demorava para identificar um jogador. Logo o Marcelo percebia e batia com a caneta ao lado do nome do atleta na escalação que o Fiori tinha em cima da mesa."

O ouvinte, segundo Prisco, não percebia as dificuldades que o narrador começava a apresentar. Pelo contrário. A audiência da Tupi cresceu de maneira considerável nas jornadas comandadas por Fiori, assim como o faturamento da casa. Apesar do sucesso, o projeto foi desfeito no início de 2006. Prisco ouviu os motivos, acatou a decisão, mas jamais a entendeu. Segundo o ex-chefe da equipe, o faturamento, que não atingira a meta estipulada pela Direção, foi

Eliminatórias Copa 2.002

BRASIL - 5

ROGÉRIO (1) — ATIRSON (13)

CAFÚ (2) - ANTONIO CARLOS (3) - EMERSON (4) e JUNIOR (6)

FLAVIO CONCEIÇÃO (5) - VAMPETA (8) - Juninho (16) ~~ALEX~~ e RIVALDO (10)

RONALDINHO (7) e ROMARIO (11)

18 - MARQUES   ~~Rivaldo~~

fez = Romario - 123
Rivaldo.
marques

BOLIVIA - 0

~~SORIA~~ FERNANDEZ

RIBEIRO (7) - SANCHEZ (5) - GARCIA (14) - ALVAREZ (4)

~~CASTILLO~~ - 6   SANDY - 3   ~~RONALD~~ 8 - ~~MORENO~~ 9
                                18 - GUTIERREZ 10   15

BALDIVIESO (22) e ETCHEVERRY

PAES
LIDER

árbitro: GUIDO AROS
aux: HECTOR POBLETE e CRISTIAN JULIO (chilenos)

Fioni - Doluro (sfudio) Braga, Ripeira e Baran

Abrazinho - Molmir

a única variável levada em conta para o fim do projeto.

"A rádio vendeu mais porque o Fiori estava lá e ele nunca recebeu um centavo a mais por isso. E a despesa que ele poderia ter, com a presença do Dalmo, ele cobria com o patrocinador."

A ÚLTIMA FREQUÊNCIA

Fiori, porém, não teria nem tempo para a tristeza. Ele estava começando a digerir a decisão da Tupi quando foi convidado para mais um almoço na Lellis *trattoria*. Dessa vez, o convite partiu de Olivério Junior. Jornalista que iniciou a carreira aos 14 anos em emissoras de Santos, Olivério tinha na memória os jogos narrados por Fiori que o pai ouvia em São Vicente e os primeiros encontros com o locutor no saguão do Estádio do Morumbi. Como de hábito, Fiori cumprimentava um por um os profissionais de imprensa ali reunidos. E estranhou quando viu aquele garoto circulando por ali.

"Ele não disse nada, mas não entendeu direito o que um menino estava fazendo com fones de ouvido e um microfone nas mãos. Imaginou que fosse um repórter. Por ter uma educação fora do comum, acabou me cumprimentando", contou Olivério.

No final dos anos 80, já como repórter da TV Bandeirantes, Olivério passou a conviver mais com Fiori. Uma proximidade que só aumentou pelo fato de as vagas dos carros dos dois ficarem lado a lado no estacionamento do grupo.

Olivério tomou conhecimento do fim do projeto de Fiori na Tupi naquele início de 2006, justamente no momento em que foi convidado por Luiz Henrique Romagnoli para assumir o Departamento de Esportes da Rádio Capital. Ao mesmo tempo, a emissora criou um programa inspirado no *Show de Rádio*, programa humorístico que fizera sucesso estrondoso na Jovem Pan, nos anos 70, e na Bandeirantes, na primeira metade dos anos 80. Com as presenças de Estevam Sangirardi, Serginho Leite, Odayr Baptista e um timaço de humoristas, imitadores e redatores, o *Show de Rádio* entrava no ar logo após as transmissões esportivas, com seus personagens satirizando com elegância as torcidas dos quatro grandes clubes de São Paulo. Romagnoli contava com Serginho Leite para repetir o êxito da atração original. Para atrair ainda mais audiência, ele deu a Olivério Junior carta branca para contratar quem ele bem entendesse. Ele não teve dúvidas e convidou Fiori para compor o time. Mesmo com todo o cuidado, ele não aceitaria o não como resposta.

Olivério sabia que Fiori era um homem elegante que dificilmente recusaria um convite. Mas, nesse caso, havia um risco, sobretudo porque a ideia era mantê-lo no rádio, mas não no posto exclusivo de locutor. O desafio era convencê-lo a se revezar nos comentários e narrações.

Justamente por isso, Olivério construiu a proposta de tal forma que dificilmente Fiori a recusaria. Ele receberia a escala dos jogos que a Capital transmitiria no sábado e no domingo. A partir daí, escolheria qual das duas partidas gostaria de narrar. Na outra, ele seria comentarista. Fiori aceitou.

Além de escolher as partidas nas quais trabalharia, Fiori ainda foi levado por Olivério para o *CNT* Esporte, no qual, duas vezes por semana, emitia suas opiniões ao lado de José Maria de Aquino e Bruno Prado, filho do jornalista Flavio Prado. Nas palavras de Bruno, Fiori se mostrou o mesmo homem cordial da primeira ocasião em que se encontraram, quando participou de um programa de televisão na Rede Vida.

"Tenho ótima recordação da convivência com Fiori. Ele me passava a impressão de ser uma pessoa muito boa. Era muito carinhoso comigo, muito educado, sempre passando tranquilidade. Convivi pouco tempo com ele, mas nesse período ele sempre elogiou meu trabalho. Eu estava começando, então um incentivo de alguém como ele era muito importante."

Não era somente na CNT que Fiori exibia sua inconfundível imagem na telinha. A convite de Milton Neves, ele continuou a frequentar o programa *Debate Bola*, na Rede Record. Foi lá que Nivaldo Prieto, ao saber que iria dividir um estúdio com ele, posicionou sua cadeira ao lado do narrador. E foi repreendido por um dos integrantes da equipe.

"Aí é o lugar do comentarista."

"Era. Se o Fiori está aqui, eu vou ficar ao lado dele."

Prieto não seria o único nome emergente da nova geração a prestar reverência. Fiori estava em casa quando o telefone tocou. Marcelo atendeu. Em menos de um minuto, passou o aparelho para as mãos do pai.

"É o Benja. Quer que você entre ao vivo no *Estádio 97*."

Benja, nome artístico de Benjamin Back, fazia parte da equipe do programa Estádio 97, atração esportiva levada ao ar desde 1999, nos fins de tarde, pela Rádio Energia 97 FM. O programa tinha a informação e o humor como marcas registradas. Fiori Gigliotti era o padrinho do *Estádio* e participava dele com alguma frequência. Só não imaginaria que, naquele fim de tarde, passaria por doses cavalares de emoção.

Formado em Economia e sem jamais ter frequentado um curso de Jornalismo, Benja ganhou nome na crônica esportiva graças ao seu bom humor e irreverência, pincelados com algumas opiniões mais contundentes e às boas informações que tinha. Começou a viver o dia a dia do mundo da bola ao trabalhar no setor de Marketing do Grupo VR, patrocinador do Campeonato Paulista de 1998. Em 2000, convidado por um ex-diretor da empresa que idealizara o *site* Fanáticos Futebol Clube, passou a colaborar com a página e viu-se motivado a escrever uma coluna no espaço, à qual deu o nome de *Futebol, Mulher e Rock'n' Roll*, uma referência ao sucesso homônimo gravado pelo Dr. Sin, grupo de rock formado por amigos do ex-economista. Foi Benja o responsável por procurar a Direção do *Estádio 97* para negociar um patrocínio para o *site*. Em meio às conversas, surgiu o convite para que ele, como conselheiro do Corinthians e corintiano fanático, representasse a Fiel torcida no programa.

Benja jamais planejou trabalhar em rádio, embora fosse um ouvinte assíduo e fã de Fiori Gigliotti, José Silvério, Joseval Peixoto, Osmar Santos, Milton Neves e Geraldo Blota (GB). E, quando uma sobrinha de Blota foi convidada para ir ao *Debate Bola*, em que ele era um dos comentaristas, Benja conseguiu um contato com o ídolo. Mesmo muitos anos depois, Benja não consegue se esquecer do momento em que falou com Blota pela primeira vez.

"Naquela época, eu estava no *Debate Bola*, da Rede Record, quando eu me apresentei. O GB disse que era meu fã. Isso não podia acontecer porque eu que era fã dele, não ele de mim. Convidei-o para ir ao *Estádio 97* e ele ficou em silêncio. Percebi que havia se emocionado."

Mas não é que Blota aceitaria o convite? Emoção maior Benja teria quando a recepcionista da rádio anunciou a presença dele na portaria. O apresentador quase chorou ao ficar diante do ídolo de infância. Não conteve as lágrimas quando o programa teve início. No ar, GB disse coisas e contou histórias que provocaram comoção geral.

"Eu já ganhei 11 prêmios Roquete Pinto, Prêmio Esso... Mas este prêmio de hoje eu jamais vou esquecer. Estava em casa, esquecido, ninguém mais se lembrava de mim e um programa de uma rádio em que eu nunca trabalhei, para um público jovem, lembra-se de mim."

Benja teve a ideia de colocar no ar alguns amigos de Blota. Primeiro, foi Joseval Peixoto. Depois, Fiori. Daí a ligação para o locutor.

"A gente não avisou quem era. E aí foi aquela coisa histórica porque os dois não se falavam há anos e ficaram mais de 20 minutos conversando num programa escrachado. Talvez 80% ou 90% dos ouvintes não soubessem quem eram aqueles caras. Mas naquele dia batemos o recorde de *e-mails*, de gente emocionada, que não conseguia sair do carro por não parar de ouvir o programa. Aquilo foi uma aula, uma coisa épica. Todo o mundo chorou."

Até Antônio Constantino, dono da emissora, entrou no ar naquele dia. O programa terminaria bem depois do horário habitual. Àquela altura, por mais que Benja fosse um fã de Fiori, já era tratado por ele como um colega. Ou um amigo.

"O Fiori era igual ao Pelé. Se você entrevista o Pelé, ele fala de um jeito como se você fosse o Pelé e ele não fosse ninguém. O Fiori era a mesma coisa. Dava a impressão de que você era o ídolo e ele o fã."

O temperamento intempestivo de Benja quase estragou a festa de um patrocinador de uma edição do Campeonato Brasileiro, no Museu da Imagem e do Som de São Paulo. Ele foi à festa com Fiori e, ao entrar na área VIP, percebeu que o narrador não estava mais ali.

"Ué, cadê o Fiori?"

Benja olhou para trás e o viu parado na porta. Ao perguntar o que havia acontecido, Fiori disse ter sido barrado. Benja perdeu a linha de vez e explodiu com o segurança que tinha impedido a passagem de seu ídolo.

"Você está de sacanagem, rapaz! Sabe quem é essa pessoa? Se é para barrar alguém, tem de barrar a mim! Eu não posso entrar em uma festa do futebol, numa área VIP, onde eu entro e uma lenda do rádio esportivo não. Então eu sou obrigado a sair. Quem fica fora sou eu, não ele!"

Benja saiu em busca dos responsáveis pelo evento e, por pouco, não arrumou uma briga que acabaria com a festa. Fiori entrou na área VIP, mas, na lembrança de Benja, sem a mesma vontade.

"Ele não merecia aquilo."

CAPÍTULO 10

Fecham-se as cortinas e termina o espetáculo

Desde a primeira consulta no Centro Médico Urológico, ainda com o Doutor Nelson Gattas, Fiori não apresentava nada além de uma prostatite, inflamação da próstata. Na terceira passagem pelo médico, já em 1998, naquela que foi a primeira consulta com Luiz Mello, em virtude da viagem do doutor Gattas, Fiori apresentava os mesmos sintomas.

"Todos nós, homens, um dia vamos ter uma prostatite. É comum. Provoca mais idas ao banheiro e só em alguns casos é feito o uso de medicamento. No caso do Fiori, nem precisou porque ele esvaziava bem a bexiga. A gente só fazia o acompanhamento".

A mesma prostatite apareceu nas consultas feitas em 2001 e 2003, quando Fiori não levou os exames de sangue pedidos pelo urologista. Por tudo isso, o médico acreditou que, quando finalmente Fiori levasse a ele o resultado de mais uma coleta, em agosto de 2004, a consulta estaria centralizada em futebol, rádio e nos insistentes convites do médico para Fiori ir à clínica numa noite de sexta-feira, quando eles beberiam cerveja e falariam sobre futebol. Um convite que Fiori aceitou, mas jamais cumpriu. A descontração acabou quando Luiz Mello abriu o exame e foi direto ao índice do antígeno prostático específico, conhecido como PSA, a enzima tomada como base para diagnósticos prostáticos. A conta era simples: considerar o volume da próstata e dividir o número por 10. O resultado ideal deveria ser abaixo de 1, como vinha acontecendo desde a primeira consulta.

Menos em agosto de 2004.

Naquela consulta, o PSA apresentou-se muito mais alto que o tolerável, mostrando um forte indício de que as áreas periféricas da próstata de Fiori pudessem conter células cancerígenas. Além de solicitar uma biópsia, Luiz Mello receitou um antibiótico e ordenou que Fiori retornasse ao consultório em 90 dias. Em 30 de novembro, um novo exame mostrou que o PSA continuava alto. Um mapeamento ósseo mostrou ao urologista que havia metástase. A saúde de Fiori tinha complicações mais sérias do que antes. Luiz Mello, ao constatar o problema, partiu para medidas mais severas.

"Entrei com medicamentos que diminuíam a produção de hormônio masculino. Em um caso de câncer de próstata, você encontra células hormoniodependentes e hormonioindependentes. As células hormoniodependentes você consegue combater com a diminuição da produção do hormônio."

Fiori não saiu do consultório alarmado e comprometeu-se a seguir as recomendações do médico. Ele só tomou o cuidado de pedir para Marcelo não contar absolutamente nada a Dona Adelaide. Aliás, nem a ela, nem a ninguém.

Embora não conseguisse identificar exatamente o que, Odinei Ribeiro sabia que alguma coisa estava fora do normal. Odinei não lembrou qual foi a partida, mas foi em 2006. Ele recordou que narraria o jogo na cabine da Rádio Record, enquanto Fiori transmitiria a mesma partida pela Rádio Capital no sistema *off-tube*, no qual o narrador, do estúdio, assiste à partida pela televisão e a narra como se estivesse no estádio. De acordo com Reinaldo Costa, as transmissões não partiam dos estúdios da emissora, na Rua Bernardino de Campos, no Paraíso, mas sim de um escritório de propriedade de Luiz Henrique Romagnoli, na Avenida Santo Amaro. Minutos antes de a bola começar a rolar, Marcelo ligou para Odinei pedindo as escalações dos times. Odinei prontamente atendeu, mas percebeu, ao fim do jogo, que Fiori não havia narrado. Estranhou e ligou para Marcelo, que passou uma informação ainda mais estranha.

"Papai não conseguiu narrar. Ele teve uma crise, dores muito fortes. Ficou deitado em uma sala."

Olivério Júnior teve a mesma percepção em outra partida. Fiori não conseguia ajeitar-se na cadeira do estúdio de onde o jogo seria transmitido. Ficou em uma posição estranha, porém a única em que conseguia permanecer sem sentir dores. Não conseguiu conter a curiosidade e perguntou a Fiori o que ele estava sentindo.

"Olivério, estou com muita dor nas costas."

O companheiro ligou imediatamente para o ortopedista Joaquim Grava, que dá nome ao centro de treinamento do Corinthians.

"Doutor Grava, o Fiori está ao meu lado com muitas dores nas costas."

"Mande-o ao consultório."

Enquanto preparava a saída da rádio para encontrar-se com o doutor Grava, Fiori recebeu das mãos de Reinaldo Costa um remédio e uma recomendação.

"Esse medicamento é muito bom, mas não use antes de ouvir um médico."

Fiori e Marcelo deixaram a sede da Rádio Capital, na Avenida Bernardino de Campos, e seguiram para a Avenida Brigadeiro Luís Antônio. Na clínica de Joaquim Grava, Fiori relatou as dores nas costas. Grava percebia que alguma coisa estava muito errada ao olhar o rosto de seu paciente.

"A face dele era de sofrimento. Um paciente com problemas na coluna sente as dores apenas em movimento e ele sentia em repouso. Aquilo não era tão simples."

O ortopedista tocou as costas do narrador. E não gostou do que sentiu. Pediu uma tomografia e confirmou aquilo que não queria ver. Na lembrança de Grava, ele preferia que o problema de Fiori fosse resolvido por um ortopedista.

"Vi as metástases na coluna dele. Não disse nada para não alertar, mas vi."

O cuidado de Grava com as palavras acabaram alertando Marcelo.

"Fiori, você está fazendo tratamento com algum urologista?"

"Estou sim, com o Doutor Luiz Mello, do Centro Médico Urológico."

Fiori deixou o consultório sem pagar pelo atendimento. Joaquim Grava não se permitiu receber pelo atendimento a um ídolo e, naquele momento, amigo. Sozinho em sua sala, entrou em contato com o urologista e relatou a gravidade da situação de Fiori. Na sequência, chamou Marcelo para um encontro e disse ao filho do narrador que a saúde do pai estava bastante comprometida.

Marcelo não quis nem esperar a conclusão de Joaquim Grava. Com seu telefone, entrou em contato com o ortopedista Marco Aurélio Cunha, à época dirigente do São Paulo Futebol Clube. Nem precisou completar o pedido e já estava convidado a dirigir-se ao Centro de Treinamentos do clube, na Barra Funda, Zona Oeste da cidade. Fã de Fiori desde os tempos em que jogava futebol de várzea e os donos dos bares dos campos deixavam os rádios ligados na Bandeirantes, Cunha tornara-se médico do time profissional do São Paulo em 1984 e passara a ter contato constante com a imprensa esportiva. E com Fiori.

"Não tinha essa frescura de assessor, de não poder falar. O cara da imprensa te ligava e você passava as informações, dizia quem estava machucado, que problema tinha, qual era o tratamento e acabou."

Marco Aurélio manteve muitas conversas com Fiori após os jogos realizados no Estádio do Morumbi. Primeiro, os dois se falavam no ar, com Fiori na cabine da Bandeirantes e o médico no vestiário, com o microfone e a escuta de algum repórter. Depois, a conversa se dava pessoalmente e fora do ar, quando Fiori ia embora do estádio.

"Ele vinha e cumprimentava todo o mundo."

Outra lembrança positiva guardada pelo médico era a postura de Fiori com o microfone nas mãos.

"Jamais recebi uma crítica dele. E olha que fui médico e dirigente, cargos que estão sujeitos a questionamentos. E nunca o vi criticar ninguém."

Fiori e Marcelo foram recebidos por Marco Aurélio Cunha e encaminhados à sala dele. Ali, o dirigente esportivo deu lugar ao médico. Cunha mandou que Fiori deitasse e acusasse de onde partiam as dores. Ao colocar as mãos nos locais indicados, sentiu um aperto no peito. E ordenou que ele e Marcelo procurassem um especialista porque o problema de Fiori não seria resolvido por um ortopedista. Quando pai e filho deixaram o consultório, Marco Aurélio Cunha sentou-se em uma cadeira de sua sala no CT da Barra Funda. Pensou no que acabara de ver. E chorou. Praticamente no mesmo instante, de seu consultório na Avenida Brigadeiro Luís Antônio, Joaquim Grava pegou o celular e ligou para Olivério Júnior. Adiantou ao amigo o que estava por vir.

"Olivério, o problema do Fiori não é dor nas costas. Ele tem um câncer na próstata. E está em estágio avançado."

Desde os primeiros sintomas da doença, manifestados ainda durante a campanha para deputado estadual em 1994, quando atribuiu a um milagre de São Judas Tadeu a "explosão" de um tumor durante uma parada em um posto de gasolina, Fiori não fizera nenhum exame preventivo. Como a esmagadora maioria dos homens de seu tempo, tinha seus preconceitos e tabus com o toque retal, principal método de detecção de distúrbios na próstata. Após o diagnóstico e a internação, o locutor chegou a pensar em emprestar sua imagem popular e consagrada para uma campanha de prevenção ao câncer mais incidente em homens acima dos 40 anos. Mas, infelizmente, não haveria mais tempo para isso.

Marcelo Gigliotti saiu do prédio onde morava com os pais e, pela Avenida 9 de Julho, ia tomar o rumo do Aeroporto de Congonhas. Carregava no bolso as passagens aéreas para Florianópolis, onde descansaria por alguns dias. No entanto não conseguia tirar da mente a ligação telefônica de Fiori ao Doutor Luiz Mello. Viu que o pai continuava a sentir dores nas costas e estranhou que o médico tivesse passado um outro remédio, um pouco mais forte que o primeiro, até porque Luiz Mello já havia aumentado a dosagem do primeiro medicamento recentemente. Desconfiado, Marcelo tomou uma decisão no meio do caminho: mudou seu trajeto e, em vez de seguir para a Avenida Washington Luís, onde fica o aeroporto, foi para o Centro Médico Urológico, na Avenida Ibirapuera. A presença de Marcelo no consultório foi o código que o urologista precisava para entender que estava na hora de iniciar um passo doloroso do tratamento de um paciente com um diagnóstico pouco agradável: uma conversa franca.

"É um momento em que eu falo abertamente sobre o que está acontecendo. Às vezes, com o paciente e alguém da família; às vezes, só com o familiar, mas jamais com o paciente sozinho. E eu só respondo às perguntas que me fazem, não falo nada além disso. Naquele dia, eu falei só com o Marcelo."

Segundo Luiz Mello, o semblante de Marcelo mudava aos poucos, conforme a conversa se desenrolava. As dores nas costas que levaram Fiori a encontrar Joaquim Grava e Marco Aurélio Cunha fizeram com que o narrador voltasse ao urologista, que recomendou uma ressonância. O resultado mostrou que o tumor que acometia Fiori estava em estágio avançado e havia, naquele momento, metástase na coluna. Estava na hora de o narrador ser encaminhado a um oncologista.

"O Marcelo é 100% emoção. Ele saiu arrasado daquele encontro."

Quase uma década depois, Marcelo não sabia explicar como tinha conseguido dirigir de volta para a Avenida 9 de Julho. O avião que o levaria para Florianópolis já estava na capital catarinense quando ele entrou em casa, para espanto de Fiori.

"Ué, não foi viajar?"

"Não, desisti."

"Por quê?"

"Porque sim."

O ÚLTIMO ESPETÁCULO

Fiori já não tinha a mesma disposição vista meses antes. Nem mesmo para trabalhar na rádio. A vontade era a mesma das quase seis décadas vividas no futebol e para o futebol. No entanto o corpo não colaborava mais. De acordo com Marcelo, as dores nas costas estavam cada vez mais fortes. Era comum para o filho ver o pai deitado, enquanto Dona Adelaide fazia aplicações de pomada nas costas do marido.

"E meu pai sinalizava para eu não dizer nada. Minha mãe, na simplicidade dela, não fazia ideia do que era. Mas nós sabíamos."

Fiori só conseguiu esquecer um pouco os problemas quando o convite partiu de Luiz Borgonovi. Proprietário do Laboratório EMS e patrocinador de Fiori na Rádio Capital, foi ele quem, ao lado da esposa, Maria, havia organizado a festa do Hospital do Câncer de Barretos, na qual a presença de Fiori era considerada imprescindível. Por isso, ele e Marcelo enfrentaram os cerca de 380 quilômetros que separam São Paulo de Fernando Prestes, onde a festa acontecia. Pelo que recorda Marcelo, Fiori em nenhum momento reclamou de dores e, assim que amanheceu o domingo, 28 de maio, Fiori e Marcelo seguiram praticamente direto para os estúdios da Rádio Capital pois de lá seria feito o comentário *off-tube* do clássico entre Santos e Corinthians na Vila Belmiro.

Nem Fiori, nem Marcelo, muito menos os fãs do narrador imaginavam, mas no mesmo estádio que servira de palco para o teste que culminou com a entrada de Fiori na Rádio Bandeirantes, em 1952, tornava-se o local da última partida na qual Fiori trabalharia. A diferença foi o resultado. Em vez de uma derrota por 3 a 2, como a sofrida para a Seleção Paulista no dia 19 de janeiro de 1952, o Santos venceu por 2 a 0. Encerrada a transmissão, Marcelo levou o pai para casa. Fiori jantou e estava indo dormir quando o telefone tocou e, do outro lado da linha, estava Regina Célia de Antoni. Fiori conversou um pouco com a sobrinha, mas deixou claro o que estava sentindo.

"A minha dor na coluna está insuportável."

Seria a última noite de Fiori no apartamento da Avenida 9 de Julho.

Ao empunhar pela primeira vez o microfone da Bandeirantes nas geladas cabines do Pacaembu naquele julho de 1952 e receber o apoio aberto e espontâneo de Aurélio Campos, Fiori Gigliotti ficou muito mais zangado com o homem que lhe deu incentivo do que com "o outro", como ele mesmo classificava, que sentou a seu lado e sequer olhou para o lado. Não era e jamais poderia ser ingratidão. O que deixou o ainda jovem Fiori indignado foi o fato de Aurélio não ter se limitado às palavras de apoio, mas de ter ido além e desmanchado seu penteado. Dona Adelaide, Marcelo e qualquer pessoa mais próxima de Fiori não precisavam de muito tempo nem intimidade para perceber o quanto o narrador gostava de manter o cabelo sempre bem arrumado e, principalmente, o quanto ele detestava que alguém desmanchasse o indefectível penteado, caracterizado pelo grande volume de cabelos elegantemente penteados para trás. Talvez fosse essa a maior resistência que Fiori pudesse oferecer para dar início a um tratamento de quimioterapia. Entretanto, diante da velocidade do avanço da doença, o próprio narrador reconhecia a necessidade do tratamento. Só não contava com um sangramento intestinal que antecipou em uma semana sua ida para o Hospital Alvorada, em Moema.

Pelo que lembra Marcelo, Fiori acordou com dores quase insuportáveis na segunda-feira, 29 de maio, e partiu do filho a ideia de procurar o hospital. Antes que os dois saíssem, Fiori rezou em casa. Em contato com o Doutor Luiz Mello, Marcelo foi orientado a seguir para o Hospital Alvorada, onde o urologista os encontraria. Foi o médico quem constatou o sangramento.

"A minha ideia era a internação seletiva do Fiori, com data e hora marcadas, para fazermos tudo com calma. Só que não houve tempo."

Antes de ir para os primeiros exames, Fiori tirou uma corrente que carregava no pescoço e entregou-a a Marcelo. Ela tinha um crucifixo na ponta, tinha sido benzida nas águas do Rio Jordão e abençoada pelo Papa João Paulo II no Vaticano. Marcelo se lembrou de uma visita que o pai havia feito ao Muro das Lamentações, em Jerusalém, e pediu auxílio divino para ele vencer as dores no nervo ciático. Só parou quando lembrou das dores que Jesus Cristo, segundo a Bíblia, sofreu na cruz do calvário.

"Essa corrente eu trago até hoje. E, se um dia colocarem um cano na minha cabeça, podem levar tudo, mas, se encostarem na corrente, aí eu vou junto porque eu não vou deixar que levem."

O sangramento intestinal foi contido sem maiores problemas, porém, àquela altura, a doença avançava praticamente sem controle, começando a afetar os pulmões de Fiori, que jamais fora adepto do cigarro. Marcelo enxergou a gravidade da situação e começou a avisar as pessoas mais próximas do pai. Odinei Ribeiro dirigiu-se imediatamente ao hospital. Àquela altura, Fiori já fazia uso de um aparelho de oxigênio, prontamente retirado quando o "filho" apareceu. Praticamente não houve diálogo. Fiori falou quase sozinho. Palavras que soaram mais como uma despedida do que um conselho.

"Você foi como um filho para mim e deve continuar a ser essa pessoa que sempre foi. Sempre falei de você para o Marcelo, para ele seguir seu exemplo. Você é um menino que cuida da família, respeita seus pais, não tem um grande salário e já tem sua condição de vida. Siga seu caminho, nunca desrespeite o próximo, seja humilde; a cada degrau que você crescer, seja mais humilde, porque tenho certeza que Papai do Céu vai te abençoar na sua carreira e no seu futuro."

Rafael Spinelli também foi ao Alvorada. Levou a noiva, Paula, a quem Fiori dirigiu a maior parte das palavras.

"Desejo a vocês muita felicidade. Você está diante de um rapaz que pode fazê-la muito feliz."

Rafael surpreendeu-se ao ver Fiori traçando planos de retornar ao rádio o quanto antes e deu ao mestre palavras de força na plena recuperação. Odinei deu um beijo em Fiori e ouviu de Marcelo palavras que não gostaria de ouvir de ninguém.

"Aproveite o máximo que você puder, porque meu pai não volta mais."

A comoção tomou conta de praticamente toda a cidade de Águas de São Pedro, tendo bastado uma frase de Dona Adelaide ao telefonar para a casa de Chico Fonseca e expor a gravidade do quadro de saúde de Fiori. No sábado, 3 de junho, uma complicação respiratória deixou Fiori agitado e a junta médica optou pelo coma induzido. Sem evolução no quadro, Fiori foi encaminhado para a Unidade de Terapia Intensiva do Hospital Alvorada. A partir daquele momento, Dona Adelaide e Marcelo revezavam-se em plantões de 24 horas agarrando-se ao que ainda restava de esperança. Fortaleceram-se com a presença dos amigos. Odinei Ribeiro voltou ao Alvorada na companhia de Dalmo Pessoa. Conseguiu ter acesso à UTI e trocou algumas palavras com Fiori.

"Ele conversou, mas parece não ter reconhecido a gente."

Fiori havia começado a assistir à partida entre Palmeiras e Flamengo em um dos aparelhos de televisão da Unidade de Terapia Intensiva, mas não conseguiu acompanhá-la até o final. Conseguiu, com o pouco de forças que lhe restava, gesticular para dois médicos que o atendiam que, assim que melhorasse, iria presentear os dois com as camisas dos clubes de coração deles. Um dos médicos era palmeirense e o outro, corintiano. Do lado de fora, João Zanforlin, sem conseguir entrar na UTI, deu um abraço em Dona Adelaide e outro em Marcelo. E, da porta da unidade, despediu-se daquele que foi seu ídolo e depois se tornou colega, chefe e amigo.

Regina Célia de Antoni fez questão de ver o tio e segundo pai. Disse ter estado diante de uma das cenas mais tristes de sua vida.

"É quase impossível descrever o que senti. Há certas pessoas que aos nossos olhos são imortais; meu tio era uma dessas pessoas. Pegou todos de surpresa. Que pena! Eu particularmente sofri bastante."

Com o pai na UTI e entubado, Marcelo entrou em contato com Marcos, que imediatamente seguiu para o hospital. Ficou ao lado de Fiori, porém, já que o estado de saúde do pai era considerado bem grave. Marcos deixou a UTI e, ao descer para o saguão do hospital, encontrou Benjamin Back e Antônio Constantino. Só não imaginou que os dois levariam um tremendo susto. Na lembrança de Benja, estava acontecendo ali um fenômeno que só o misticismo explicaria.

"Era o Fiori na nossa frente. A mesma cara, a mesma altura, o mesmo cabelo, o bigode, a voz... era o Fiori, trinta anos mais novo. Eu não conseguia acreditar no que via. Fui ao hospital para ver um amigo e daí sai do elevador o mesmo amigo, só que mais novo... Foi um lance muito louco."

Só depois Benja entendeu.

"Eu não sabia que o Fiori tinha um filho mais velho."

QUARENTA MINUTOS DE 8 DE JUNHO DE 2006

Rafael Spinelli foi acordado pelo toque do telefone celular. Ao ver por meio do identificador que a chamada partia do telefone de Odinei Ribeiro, os olhos do narrador começaram a ficar marejados. Odinei não teria outro motivo para ligar por volta das duas da manhã.

"Chorei. Lágrimas que vieram naturalmente porque marcavam uma despedida de tudo o que a gente havia vivido nos últimos anos."

Odinei havia recebido a ligação de Marcelo minutos antes, confirmando a notícia que, embora na iminência de tornar-se realidade, ele não queria receber jamais. Aos 40 minutos do dia 8 de junho de 2006, Fiori deixou de respirar e o coração, que tanto aguentou e tantos beijos recebeu, parou de bater.

Marcelo estava com alguns amigos em uma lanchonete na Zona Sul de São Paulo, quando Dona Adelaide lhe telefonou. A frase dita pela mãe tornou-se o código de que o pior havia acontecido.

"Ligaram do hospital. Mandaram a gente ir para lá."

Marcelo nem terminou de comer o sanduíche. Pegou o carro, passou na porta de casa e, acompanhado de Dona Adelaide, seguiu para o Hospital Alvorada. Encontrou o Doutor Luiz Mello chorando. Ainda assim, o médico seguiu o protocolo e fez questão de ser o interlocutor da notícia. Na lembrança do médico, suas lágrimas surgiram pelo sentimento de frustração.

"A gente fez tudo o que estava ao nosso alcance."

Odinei, mesmo sem querer, tornou-se a primeira pessoa fora da família do narrador a receber a notícia. Praticamente uma exigência de Marcelo. Estava em Santos ao receber o telefonema do amigo e, quando se deu conta, já estava dirigindo pela Rodovia dos Imigrantes, a caminho de São Paulo. Antes, entrou em contato com o radialista Cláudio Zaidan, que naquele momento apresentava o programa *Bandeirantes a Caminho do Sol*. Foi pela voz de Zaidan, e nas ondas da Rádio Bandeirantes, à qual Fiori dedicou boa parte de sua vida pessoal e profissional que sua partida começava a ser divulgada.

Pouco antes de Odinei e muito mais pelos laços criados durante os anos de convivência, Dona Adelaide ligou para Chico Fonseca. Após receber a notícia, ele ficou um tanto quanto atônito.

"Aí caiu o mundo. Perdi o chão. Perdi meu amigo, minha referência, meu norte. Meu pai."

Para Chico, o falecimento era impensável.

"Nunca vi Seu Fiori fumar nem beber. E ele se alimentava bem, comia muitas frutas, não exagerava. Para mim, ele iria viver uns 200 anos."

E foi também a partir da confirmação do falecimento daquele a quem ele considerava seu segundo pai que Chico conseguiu, enfim, mensurar até que ponto ia a amizade entre ele e Fiori. Em 24 anos de convivência plena, ele jamais pensou eternizar aqueles momentos por meio de imagens, algo que tantos ouvintes e fãs fariam o impossível para obter.

"Nunca tirei uma foto com ele, mas guardei comigo as melhores recordações. Fomos confidentes."

Chico esperou o dia amanhecer para pegar a estrada rumo a São Paulo. Não sem antes passar na frente da casa onde "morou" durante os anos de convivência com Fiori, como se estivesse dando adeus àquele período da vida.

"Foi duro, mas eu passei ali."

Ainda na madrugada, Marcelo ligou para Reinaldo Lombardi. Mesmo abalado, começou a entrar em contato com todos os veículos que estavam de plantão naquele momento. Guardou a tristeza para si e tomou a decisão de não ir ao velório.

"Queria manter comigo a imagem de um homem alegre e feliz."

Regina Célia de Antoni foi avisada pelo irmão, Ronaldo. Lembrou-se da última visita, na tarde de quarta-feira, acompanhada do marido, quando Fiori, sedado, sequer a viu. Regina, na ocasião, deu um beijo na mão de Fiori e fez uma oração por ele, numa espécie de despedida.

"Foi uma noite angustiante depois que meu irmão ligou."

Marcos Pazzini também foi informado por Marcelo. Com a esposa, chegou ao Hospital Alvorada ainda na madrugada. Lamentava não ter conseguido falar com o pai pouco antes da internação na UTI. Lembrou as várias vezes em que foi ao hospital, mas Fiori já estava entubado. Guardou consigo a lembrança do homem que conheceu na infância, com quem passou a ir às partidas do Corinthians no Parque São Jorge e que, até aquele dia, tinha marcado presença em todos os momentos da vida.

Eram cerca de seis horas da manhã quando Marcelo, em meio aos trâmites para definir os locais de velório e sepultamento do corpo do pai, olhou de uma das janelas do Alvorada para a Avenida Ibirapuera. E percebeu que a movimentação na porta do hospital estava muito acima da considerada normal.

"Eu não sei de onde surgiu tanta gente da imprensa."

No comando do *São Paulo no Ar*, matutino da TV Record, Luciano Faccioli teve a dura missão de informar aos telespectadores. Teceu alguns comentários a respeito de Fiori. Não conseguiu conter a emoção.

"Na hora de falar, já senti. Por várias vezes, parei de falar para respirar e me recompor."

Faccioli viveria o mesmo sentimento quatro anos depois, quando foi obrigado e noticiar, ao vivo, a queda de um helicóptero da própria Rede Record, no Jóquei Clube de São Paulo. Na ocasião, o piloto morreu e o cinegrafista ficou ferido.

"Foram os dois piores momentos da minha profissão."

A ÚLTIMA HOMENAGEM

Pelo horário da Alemanha, a manhã de 8 de junho estava perto de terminar. O Centro de Imprensa de Munique fervia, algo absolutamente previsível para a véspera da Copa do Mundo de 2006, que seria disputada no país e teria sua primeira partida em pouco mais de 24 horas. Eram jornalistas de todo o planeta em busca do credenciamento e do primeiro contato com o espaço físico, no qual os profissionais tentavam ficar o mais próximo possível dos colegas da mesma nacionalidade.

Antônio Edson estava entrando no Centro de Imprensa e ia começar a resolver detalhes burocráticos para retirar sua credencial pela Rádio Transamérica quando, por meio de colegas brasileiros, soube que Fiori Gigliotti havia falecido. Àquela altura, a notícia havia cruzado o Oceano Atlântico e chegado ao país que durante um mês atrairia as atenções de todo o planeta em virtude do evento maior do esporte cuja história havia sido contada por Fiori durante mais de cinco décadas. Antônio Edson encontrou no Centro de Imprensa um canto e fez dele, naquele momento, seu cantinho de saudade particular.

"Sentei ali, orei, chorei, mas não tinha jeito. Estava terminando ali aquele que fez o rádio de uma forma romântica em termos de transmissão esportiva. Deu vontade de pegar tudo e voltar para o Brasil porque a Copa não fazia mais sentido."

Mauro Beting estava preparando os comentários que faria na véspera do início do Mundial para as rádios Bandeirantes e Band News FM, além do Bandsports e TV Band, que mantinham estúdios no local. Foi avisado pelo operador João Bicev, justamente o responsável pela gravação dos primeiros quadros "Cantinho de Saudade" pela emissora paulistana. Quando Bicev falou de Fiori, uma trilogia de filmes passou pela cabeça do comentarista. Ele lembrou João Saldanha, que falecera dias depois da final da Copa de 1990, ainda na Itália. Em 1998, pouco antes de embarcar de volta ao Brasil, no aeroporto de Paris, Mauro recebeu a notícia de que Pedro Luiz também falecera, horas depois da final do Mundial. Oito anos depois, ao receber a notícia a respeito de Fiori, na Alemanha, Mauro foi para um banheiro do Centro de Imprensa e ali chorou.

"Já que a morte é inevitável, o Fiori tinha de morrer em uma Copa. Isso só acontece com os grandes gênios do futebol. Saldanha, Pedro, Fiori, e seria assim dois meses antes da Copa no Brasil, com o Luciano do Valle, em 2014.

Era uma parte enorme da gente que estava indo embora com ele. Um imortal que parte nos deixa sem palavras. Só Fiori para exprimir o que todos sentiam. Todos nós, ouvintes, colegas, e, principalmente, amigos que ele fazia se sentirem como se fôssemos todos de uma grande família. Seis anos depois, eu conseguiria, por mais de sete minutos, informar a morte do meu pai, ao microfone da própria Bandeirantes. Mas, em 2006, só consegui falar do Fiori muito tempo depois. E fiquei devendo um *Cantinho da Saudade* que prometi ao Milton Neves, especial para o mestre."

José Silvério estava em Königstein, cidade alemã distante de Munique. Foi informado em meio à sua participação por telefone no *Jornal Gente* da Rádio Bandeirantes. E teve de buscar as palavras para tecer um comentário.

"Na hora, o susto foi grande porque eu estava ao vivo. Procurei não inventar e disse o que estava sentindo: a tristeza pela perda de um grande narrador. E a gente ficou muito triste mesmo porque o Fiori foi espelho para muita gente."

Luciano do Valle soube logo depois de Mauro. E utilizou boa parte das 24 horas que faltavam até o início do Mundial para se recompor e conseguir trabalhar.

"Fiquei muito mal. Todos os que estavam comigo na Alemanha ficaram."

Pronto para começar a narrar a Copa do Mundo, Éder Luiz precisou passar um tempo sozinho. Não havia, até aquele momento, reunido minutos suficientes para pensar que seu mestre e "pai" na profissão estava indo embora. Quando soube que Fiori estava doente, o narrador estava em seus últimos dias. A partir do momento em que soube do falecimento, deu início ao que ele mesmo classificou como uma semana triste.

"Fiquei muito abalado. Ele foi um marco na minha carreira profissional e na vida como pessoa, como ser humano. Eu lamento bastante não ter podido conviver proximamente com o Fiori nos últimos meses de vida dele, mas tenho certeza de que ele está num ótimo lugar e ele sabe o quanto eu continuo gostando e admirando ele."

Dirceu Maravilha recebeu a ligação do jornalista Paulo Henrique Amorim, que pediu um depoimento para um documentário que iria ao ar horas mais tarde, na Rádio Record. Na lembrança de Dirceu, o susto fez com que ele atentasse para o mesmo detalhe que Mauro Beting.

"Tinha de ser numa Copa. Um cara como o Fiori só poderia morrer nesse momento mesmo."

Perto da Alemanha, mas longe da Copa do Mundo e do Brasil, Pedro Luiz Ronco passava férias na França. Ao ligar para casa e falar com o filho Maurício, sentiu que o passeio não teria mais o mesmo gosto.

"Pai, você vai ficar triste com a notícia."

"O que aconteceu?"

"Morreu o Fiori Gigliotti."

"Ah, você está brincando..."

Pedro preferiu dar continuidade à viagem. Foi a melhor forma encontrada por ele de manter na mente a imagem que sempre teve do amigo.

"Guardei comigo a imagem do Fiori vivo."

EM BRASÍLIA

No plenário do Senado Federal, Eduardo Suplicy tentava entender como havia perdido o ídolo. Entendeu que a homenagem mais justa seria fazer com que a casa concedesse um voto de pesar e apresentação de condolências aos familiares. O texto, escrito pelo senador, foi uma busca da definição de quem foi Fiori e o que ele representou.

"Fechem as cortinas! Silêncio no estádio! Fiori Gigliotti morreu.

O poeta da bola, o homem que criou a linguagem do futebol que conhecemos, que 'inchou' a nossa paixão pelo futebol, que disse que éramos os melhores do mundo, e nos fez acreditar nisso porque também acreditava, que incentivou e formou os locutores das rádios brasileiras nos deixou nesta madrugada aos 77 anos.

Ele tinha nome de flor: 'Fiori Gigliotti' em italiano quer dizer 'flor-lírio', ou 'flor de Liz'. Nasceu em Barra Bonita, em São Paulo, lugar onde o rio Tietê é limpo e lindo, e os canaviais deixam no ar aquele cheiro doce de açúcar.

Tratava os companheiros de trabalho com afeto e qualquer repórter ou narrador queria ficar ao seu lado. Exigia que a profissão fosse respeitada, brigava por condições de trabalho, defendia seus companheiros. Cresceu e fez todo mundo crescer.

E era também com muito afeto que via uma partida de futebol. Quem é que não se lembra da famosa 'entrada' do Fiori? Era assim:

'Caríssimos senhores e senhoras ouvintes. Carinhosamente iniciamos mais uma transmissão de uma partida de futebol. Aaaabrem-se as cortinas! E começa o espetáculo!'...

Fiori Gigliotti é conhecido também por ter sido um dos jornalistas e radialistas que mais souberam usar o rádio, considerado o mais criativo meio de comunicação de massa.

É que o rádio depende da imaginação de cada ouvinte. Uma pessoa num só lugar fala para milhões. Cada uma delas 'visualiza' a narração. É um grande exercício que mistura a nossa parte racional e emocional. Por isso, é chamado de 'meio quente'.

Fiori Gigliotti esquentou o rádio mais ainda. São frases suas:

'O tempo passa!'... – quando os jogadores enrolavam em campo.

'O tempo tenta passar, mas não passa' – quando enrolavam mais ainda.

'Aguenta, coração!' – ele gritava para a preparação de cobranças de faltas ou pênaltis.

'Gol! Gol. Gooool. Uma beleeeeeza de gol!' – e dizia o nome do jogador várias vezes.

'Fecham-se as cortinas e termina o espetáculo.'

'É fogo, torcida brasileira!' – quando alguém perdia uma oportunidade, ou quando ficava na expectativa de mudar o placar.

E o mais utilizado: 'Um beijo no seu coração.'

Fiori Gigliotti foi o jornalista que mais cobriu Copas do Mundo: foram 10. Não se sabe de outro igual no planeta. Era tão querido, tão amado, que foi campeão em outra coisa: recebeu 162 títulos de cidadania.

Alegre, foi o inspirador da Rádio Camanducaia, um programa de humor sobre o futebol que contagiava qualquer paulista.

Começou a trabalhar ainda muito jovem na Rádio Bandeirantes – 'desde o tempo da rua Paula Souza', gostava de esclarecer. Depois passou para a Tupi. E brincava com isso: 'dos baixos do Tamanduateí para os altos do Sumaré'.

Em seguida, foi para a Rádio Panamericana, que era especializada em esportes – e hoje é a nossa querida Jovem Pan. Até o ano passado trabalhou na Rádio Record, cobrindo os jogos, comentando a partida, inventando um jeito de falar muito rápido para que o torcedor e ouvinte, em casa, imaginasse o grande espetáculo que ele gostava de anunciar. Desde abril último estava trabalhando na Rádio Capital.

Além do futebol, dizia que tinha mais três paixões: Adelaide, a mulher, Marcos e Marcelo, os filhos. 'E tenho meus filhotes amados, os cães, que são meus melhores amigos.'. Falava em todos o tempo todo. Na família, nos animais e na bola em campo. Era assim o alegre Fiori Gigliotti, que pregava a bondade como verdadeira ideologia.

Encontrei Fiori Gigliotti em algumas viagens, certa ocasião lhe transmiti o quanto, desde menino, aprendi a admirá-lo devido ao seu trabalho como jornalista e locutor esportivo. Como todos brasileiros, vibrava com Fiori Gigliotti na Rádio Bandeirantes e nas demais rádios em que trabalhou quando tão bem narrava os jogos de futebol de meus times favoritos, Santos Futebol Clube e a Seleção Brasileira.

Semana que vem começa a Copa do Mundo e Fiori Gigliotti não estará na Alemanha nem em nossa casa. É que estará ocupado, no céu, ajudando o Brasil a trazer a Copa pela sexta vez."

NO MORUMBI

Em toda transmissão a partir do estádio Cícero Pompeu de Toledo, Fiori usava o termo *gigantesco* para se referir à praça de esportes de propriedade do São Paulo Futebol Clube, no bairro do Morumbi, Zona Sul de São Paulo. Foi o estádio que, juntamente com o Palácio do Governo do Estado e o Hospital Israelita Albert Einstein, tornou o bairro nobre paulistano conhecido nacionalmente. Próximo a esses três locais, o Cemitério do Morumbi havia se tornado conhecido no mundo por ser o local onde, em maio de 1994, foi enterrado o corpo do piloto Ayrton Senna da Silva, tricampeão mundial de Fórmula 1, morto em um acidente na curva Tamburello, no Autódromo de Ímola, na abertura da sexta volta do Grande Prêmio de San Marino. Na ocasião, o cemitério havia se tornado pequeno para tanta gente.

E, ao contrário do estádio, o Cemitério do Morumbi se mostrou pequeno também no final da manhã de 8 de junho de 2006. Àquela altura, não eram apenas os parentes e amigos que começavam a chegar. Jornalistas e fãs tentavam achar algum espaço para se aproximarem do caixão, já posicionado para o velório. Foi de Marcelo a dura missão de ir ao apartamento da Avenida 9 de Julho e escolher o terno que vestiria o pai pela última vez. Ao lado do caixão, a aglomeração aumentava cada vez mais.

Joseval Peixoto encerrou o *Jornal da Manhã* na Jovem Pan por volta das 9h30 com um editorial a respeito de Fiori. Quase sete anos depois, confessou ter sido difícil manter a compostura e o profissionalismo no ar. Mas ele manteve.

"Narrei o que ele representava para o rádio e citei alguns bordões. Foi um momento emocionante."

Um compromisso impediu a presença de Joseval no velório. E ele, a bem da verdade, não achou ruim.

"Se eu fosse, não iria ver o corpo porque não vejo rosto de amigo morto. Aos meus grandes amigos, reservo a imagem deles vivos."

Jota Júnior foi informado pelo rádio do carro, quando dirigia pela Rodovia dos Bandeirantes. Estava a caminho de São Paulo, onde apresentaria um programa especial para o canal por assinatura Sportv. Assim que encerrou a gravação, deixou a sede da emissora, na Avenida Engenheiro Luiz Carlos Berrini, e foi ao velório.

"Foi um grande impacto."

Prisco Palumbo chegou antes de Jota Júnior. Fora avisado por Marcelo ainda de madrugada. Não conseguiu dormir e seguiu para o cemitério logo cedo. Flavio Prado ouviu a informação pelo rádio e ligou para Bruno. Achava que o filho, por ter trabalhado ao lado de Fiori dias antes, poderia ajudá-lo a entender tudo.

"Choca muito. Tem certos caras que você acha que não vão morrer nunca. E, na verdade, não morrem mesmo."

Chico Lang recusou-se a ir ao velório para manter a imagem de Fiori vivo. Benjamin Back chorou muito, foi ao Cemitério do Morumbi e, segundo lembra, não ficou mais do que cinco minutos ao lado do caixão.

"A morte é uma coisa muito difícil. E nós somos egoístas porque estamos vendo a pessoa sofrer e não queremos que ela vá embora."

José Paulo de Andrade e Salomão Ésper chegaram praticamente juntos ao cemitério, ainda perplexos, depois de apresentarem o *Jornal Gente*. Para Salomão, o segredo mantido por Fiori em torno da doença provocou um impacto maior em sua partida.

"Ele não apresentou a falência. Não era, para nós, uma morte esperada."

José Paulo entendeu aquele momento de tristeza como um aviso geral.

"Ficou um alerta para que os homens cuidem da saúde e procurem ajuda médica preventiva."

Nivaldo Prieto estava com viagem marcada para a Alemanha naquele dia. Durante a Copa do Mundo, exerceria um trabalho *freelance*. Chegou ao velório depois de mudar a passagem para o dia seguinte, em um voo com escalas, bem diferente do original. Falou mais alto a conversa que os dois tiveram anos antes, na cabine da Rádio Bandeirantes, no estádio Palestra Italia, quando Fiori parecia adivinhar que a vida de Prieto estava de cabeça para baixo.

"Não ia deixar de prestar minha homenagem ao Fiori. Peguei um voo muito pior que o que eu teria se fosse no dia marcado, paguei a diferença e arrisquei porque o pessoal que me contratou poderia ficar bravo e não me querer mais. Mas eu não dei a mínima. Era o Fiori. Todo o restante perdia o valor perto dele."

O Doutor Antônio Douglas Menon abraçou os familiares, mas tentava, dentro de si, conter a dor que sentia ao ver que havia se calado a voz do amigo, da qual ele havia cuidado durante tanto tempo.

"Muita tristeza. Uma tristeza muito grande mesmo."

Foi o otorrinolaringologista quem revelou a doença de Fiori para Flávio Araújo. Já havia ficado bastante admirado ao lembrar que, durante os anos de convivência, o amigo não contraía nem resfriado. A confirmação do falecimento, feita por telefone, não foi suficiente para fazer com que ele deixasse Presidente Prudente e fosse para São Paulo. A distância de 558 quilômetros falou mais alto. Em uma conversa por telefone com Dona Adelaide, a consternação foi exposta. A pedido do jornal *Agora São Paulo*, do qual era colunista, Flávio escreveu sobre Fiori em seu espaço semanal.

"Em minha conversa com Dona Adelaide, resumi minhas homenagens."

Marcelo tinha diversas questões com as quais deveria se preocupar ao mesmo tempo: consolar e dar apoio a Dona Adelaide, receber parentes e amigos, conceder entrevistas para jornais, *sites* e emissoras de rádio e TV, e receber notas oficiais lamentando o falecimento do pai, principalmente a que foi assinada pelo presidente da República, Luiz Inácio Lula da Silva. Não havia como, em meio ao furacão que rondava sua vida naquele momento, separar quem era amigo da família e quem era fã de Fiori. Não foi somente por esse motivo, mas principalmente pela forma como foi abordado, que Marcelo se espantou com o comportamento de um dos presentes ao velório do pai. O homem aproximou-se de Marcelo, falando com desenvoltura e convicção.

"Você que é o filho do Fiori?"

"Sou sim."

O homem abriu a camisa e mostrou uma cicatriz no peito.

"Está vendo isso aqui? É a marca de uma cirurgia que fiz no coração. Se não fosse pelo seu pai, eu não teria conseguido e hoje estaria no lugar dele. Vim aqui para agradecer porque ele salvou a minha vida."

Marcelo jamais havia visto aquele homem antes e nunca soube o nome dele.

"Meu pai era assim mesmo. Ajudava um monte de gente e a gente não ficava nem sabendo."

Marcos Pazzini não ficou somente com a tristeza dentro de si pela perda do pai. Durante o velório, conheceu parentes que jamais havia visto pessoalmente, de cuja existência só sabia a partir dos relatos que Fiori lhe fazia. Assim como Marcelo, conversou com centenas de fãs de Fiori e, diferentemente do irmão, provocou admiração em virtude da semelhança física com o pai.

Marcelo teve ainda de resolver um outro problema de última hora. Um funcionário do cemitério lhe comunicou que, a partir daquele instante, não seriam recebidas mais coroas de flores. O limite máximo havia sido atingido.

"Foram 222 coroas. Chegaram mais, mas o cemitério não tinha mais lugar para colocar."

Faltava uma hora para o sepultamento, quando Paulo Edson, em casa, em São Pedro, recebeu um telefonema do amigo Júlio César Aredes. Não haveria tempo para ir a São Paulo. O ex-plantonista da Rádio Bandeirantes conteve a tristeza e entendeu o quanto a saída da emissora havia entristecido o amigo.

"A doença se agravou pelo que ele passou na Bandeirantes. Aquilo que ele foi fazer na Record, na Tupi e na Capital não o satisfazia internamente. O coração dele estava na Bandeirantes."

Chico Fonseca ficou o tempo todo perto de Dona Adelaide e Marcelo, e ali foi apresentado a Marcos. Não deixou de perceber que, entre muitos amigos, a morte de Fiori foi capaz de atrair alguns responsáveis pelos momentos que o narrador considerava os mais difíceis de sua vida profissional.

"Eu tenho certeza de que a saída da Bandeirantes ajudou Seu Fiori a ficar ruim. E os que puxaram o tapete dele estavam lá, chorando ao lado do caixão."

PARA SEMPRE FIORI

"Vocês são dois filhos que meu pai não teve. Ele sempre considerou vocês como filhos. E eu não vou aceitar que alguém que não respeitou meu pai em vida represente a família neste momento. Então vocês vão ser as únicas pessoas de fora da família a carregar o caixão."

Marcelo jamais sentiu ciúmes do carinho que Fiori tinha por Odinei Ribeiro e Rafael Spinelli. E se o pai os considerava filhos, Marcelo tinha os dois narradores como irmãos. Foi justamente esse o motivo que determinou a decisão de dar a eles o direito de ajudar a conduzir o corpo de Fiori até a sepultura. Nem o passar dos anos fez Odinei esquecer aquele gesto.

"Por mais triste que fosse o momento, para mim foi uma honra."

Rafael enxergou o tamanho da consideração que Fiori tinha por ele.

"O Fiori realmente me considerava filho dele."

Pouco depois das 16 horas, o caixão baixou à sepultura sob olhares tristes e aplausos. Dona Adelaide, Marcos e Marcelo ainda foram abraçados por centenas de pessoas. Marcelo voltou para casa com a mãe e os dois tiveram a sensação mais estranha de suas vidas. De acordo com Marcelo, algo inigualável.

"Era um vazio enorme. Aquele apartamento parecia muito maior que o normal e, ao mesmo tempo, totalmente vazio."

Ulisses Costa não aguardou muito tempo pela chegada de Galvão Bueno e Casagrande ao restaurante especialista em comida italiana localizado em Munique, onde boa parte da crônica esportiva brasileira fazia as refeições em terras alemãs. Narrador e comentarista da Rede Globo de Televisão chegaram logo depois de Ulisses. Foi Galvão quem puxou o assunto.

"Eu fiz uma coisa que vai repercutir positivamente."

A "coisa" citada por Galvão foi a homenagem prestada por ele a Fiori Gigliotti no ar, quando a bola começou a rolar para a primeira partida da Copa do Mundo de 2006, entre Alemanha e Costa Rica. Enquanto o duelo não começava, Galvão comentou na transmissão da Globo o falecimento de Fiori e mandou abraços aos familiares do locutor. Quando a partida começou, Galvão não teve dúvida em prestar a grande homenagem.

"Abrem-se as cortinas! Começa o espetáculo!"

Logo depois, o narrador ficou cerca de 10 segundos em silêncio. Os telespectadores puderam perceber uma fungada no microfone e a tentativa de conter o choro iminente. Logo depois, Galvão disse "Vamos lá" e iniciou a narração da partida. Ulisses Costa já havia sido informado do falecimento de Fiori e parabenizou Galvão pela iniciativa.

"Pô, Galvão, legal sua ideia! Realmente vai repercutir muito. O Fiori merece esse tipo de homenagem."

Em diversas entrevistas, Galvão disse que Fiori foi sua grande fonte de inspiração, tanto que o próprio Fiori defendia a tese de que o bordão "Haja coração!", eternizado na voz de Galvão nas partidas mais dramáticas, sobretudo que envolviam a Seleção Brasileira, tinha sido inspirado no "Aguenta, coração!". Galvão prestou a homenagem que considerou a mais apropriada naquele momento. E propagou o nome de Fiori para todo o Brasil.

Ainda que os anos não tivessem passado, que a vida profissional não tivesse sofrido tantas reviravoltas e que a saúde não tivesse entrado na descendente, nem assim Fiori estaria em casa naquele 13 de junho de 2006. E qualquer um que o conhecesse sabia que o apartamento da Avenida 9 de Julho era o último lugar onde ele gostaria de estar naquele dia. Obviamente, o motivo não seria a família. Bastaria conhecer um pouco que fosse a respeito do narrador para perceber que a vontade dele seria estar em Berlim, capital da Alemanha, onde a Seleção Brasileira faria, naquela data, sua estreia na Copa do Mundo, contra a Croácia. Longe das camisas amarelas, faixas, cornetas, pipocas e cervejas das salas de milhares de casas brasileiras, Fiori havia acompanhado 10 edições de Mundiais *in loco* e era ele um dos responsáveis pela narração dos jogos do Brasil.

Mas Fiori não estava na Alemanha. A doença o havia levado cinco dias antes da estreia brasileira na Copa do Mundo. Não havia mais a expectativa de uma boa campanha dos representantes do País nem de uma brilhante narração que ecoasse em todo o Brasil e captasse boa parte da audiência para a emissora que tivesse Fiori empunhando seu microfone. Tudo isso misturado a uma saudade imensa e um sentimento irreparável de perda ajudou a lotar a Igreja São Judas Tadeu para a missa de 7º dia em intenção de Fiori Gigliotti. Estavam lá familiares, amigos próximos, filhos legítimos, filhos por afinidade, "adotados" nos anos dedicados ao rádio despontando como locutores, além de dezenas de ouvintes e fãs. Uma multidão que chorou em uníssono quando o padre, de surpresa, colocou no sistema de som da igreja uma gravação com vários gols narrados por Fiori. Marcelo lembra que não houve quem não fosse às lágrimas.

"Minha mãe e eu fomos os primeiros. Quando vimos, a igreja inteira estava chorando."

INCRUSTADO POR TODO O SEMPRE

O público frequentador dos estádios rejuvenesceu. As transmissões esportivas tornaram-se mais dinâmicas, fruto principalmente do papel exercido pela televisão, que, ao mesmo tempo que ampliou a divulgação da informação mais completa, tirou boa parte do romantismo que poderia ser anexado às palavras dos narradores de rádio. Mas nenhum desses fatores foi capaz de evitar que, mesmo com o passar dos anos, muitos torcedores e profissionais de imprensa, quando estão nos estádios, passem pela cabine da Rádio Bandeirantes. E, apesar de o espaço por vezes minúsculo ser ocupado por narradores, comentaristas e operadores, há a impressão de que uma cadeira está vazia. Para Jota Júnior, é uma sensação de vazio que dificilmente passará.

"Faz falta. Você olha para o lado e ele não está lá."

Antônio Edson, sete anos depois, acreditava que seria difícil haver espaço para a transmissão romântica de Fiori, mas uma figura como a dele sempre fará falta nos estádios.

"Pela educação, dedicação e respeito a todas as pessoas, um homem como Fiori faz muita falta."

Fora da crônica esportiva, Flávio Araújo acredita que dificilmente haverá um novo Fiori.

"Um profissional dedicadíssimo que não media sacrifícios para bem atender ao seu grande público e que traçou sua carreira desde o início em Barra Bonita e Lins com a certeza de que conquistaria um lugar ao sol, o que efetivamente aconteceu. Um valor que será sempre lembrado e, com certeza, jamais encontrou um seguidor que alcançasse tamanha popularidade."

João Zanforlin, que deixou a crônica para se dedicar exclusivamente à advocacia, sentia, anos depois, saudade da personalidade de Fiori.

"Da sua veia poética, da sua inteligência, do seu coração cristão, da sua vontade de vencer, da sua humildade, das suas conversas de pescador, do seu amor pela natureza, dos seus bordões esportivos."

Milton Neves, que sempre definiu Fiori como um "anjo que passou pela crônica esportiva", só sentia não ter trabalhado com o narrador no rádio, ao contrário do grande contato que houve na TV Record.

"O Fiori foi o locutor mais emblemático que existiu. Muitos gostam do José Silvério, outros do Osmar Santos e outros de Waldir Amaral, Jorge Cury, Haroldo Fernandes... Mas o Fiori tinha um nome diferente, uma voz absolutamente diferente e um caráter absolutamente diferente. Ele era sinônimo de rádio e de locução esportiva."

Ulisses Costa destacou o companheirismo de Fiori e tudo o que ele fez pelo rádio.

"Isso vai ficar eternizado. Ninguém vai esquecer."

Odinei Ribeiro, que tinha Fiori como uma espécie de segundo pai, mesmo com seu pai verdadeiro, Oscar, ainda vivo, tinha o narrador como uma referência.

"Fiori tornou minha cidade mais conhecida porque me chamava de 'o Moço de Itanhaém'. Tive muitos anjos na minha vida profissional, mas o Fiori foi um ícone."

José Paulo de Andrade continuou a não ver outro Fiori, mesmo passados anos da partida do amigo.

"Não há outro Fiori Gigliotti. Era o poeta da narração esportiva. Temos grandes talentos, mas comparados ao Fiori, nenhum."

Mauro Beting via, anos depois, um vazio quase impossível de preencher, sobretudo no prefixo da Rádio Bandeirantes, mesmo diante do que a tecnologia é capaz de proporcionar.

"A TV chegou em 1950; o videotape, em 1960; TV a cores, em 1972; HD, a partir de 2006; 3D, em 2011... a concorrência é quase desleal. Não vai ser hegemônico como foi, mas ainda tem um negócio especial. Claro que a Bandeirantes foi fundamental na vida do Fiori, mas é evidente que, quando você pensa em Rádio Bandeirantes, até a primeira metade dos anos 90, sem falar dos produtos pessoais, como Cantinho de Saudade, é impossível você dissociar de Fiori Gigliotti."

Mauro continuava a acreditar que a ligação entre Fiori e a Bandeirantes foi tão emblemática que provocou uma era paralela à existência da emissora.

"A frase 'Eu sou ouvinte da Bandeirantes desde...' é uma das coisas que eu mais ouvi quando trabalhei lá, de 2003 a 2015. Alguns diziam que acompanhavam meu trabalho porque são ouvintes da Bandeirantes desde Fiori. E alguns não gostavam porque são ouvintes dos comentaristas da época do Fiori (entre eles, um dos meu ídolos, Mauro Pinheiro). É um legado e uma responsabilidade enormes. Ele usou a magia do rádio e foi um dos que mais entenderam o rádio. É um dos caras em quem a gente tem de se espelhar para sempre. Ele tinha a simplicidade dos grandes homens. Tinha a vaidade e sabia ser absolutamente na dele. O Fiori que eu conheci em 1977 foi a mesma pessoa até 2006."

Marco Aurélio Cunha continuava, até 2012, a acreditar que a partida de Fiori se deveu à natureza. Pura e simplesmente.

"A vida é um ciclo e nós temos de morrer para que outros venham. Mas iguais ao Fiori jamais haverá."

Foi justamente por esse legado que Flavio Prado acreditava, após a morte de Fiori, que o narrador jamais recebeu o devido reconhecimento. Até quando tentou atuar fora dos microfones para aventurar-se na política.

"Eu nunca consegui entender por que o Fiori não foi eleito. Nunca entendi. Primeiro, porque o Fiori era um cara super do bem. Segundo, super reconhecido nos locais por onde passava, com títulos de cidadania, e não teve o devido reconhecimento, o que me faz crer que isso tudo é uma grande cascata e que me fez tirar o pé um pouquinho com esse tipo de homenagem. Na verdade, você acaba sendo usado pelos caras para o benefício deles e para você realmente não fica nada. Não houve o respeito que o Fiori deveria ter. Se houvesse, ele teria sido eleito. Acho que ele não iria sobreviver ao sistema político do Brasil. Não era do caráter dele e acho até que ele iria se dar muito mal. Mas, se ele quis ser eleito, deveria ter sido."

CIDADÃO DA MOOCA

Nem os mais de 50 anos de carreira, nem a legião de fãs, muito menos as mais de duas centenas de títulos de cidadão. Qualquer pessoa que tivesse o mínimo de convivência com Fiori entenderia em pouco tempo duas grandes características do narrador: uma era não se ver como alguém merecedor de homenagens, por maior que fosse seu nome na imprensa esportiva e no rádio; a outra era que Fiori jamais esquecia suas raízes, mesmo depois de décadas morando na cidade onde criou novas bases.

Por menos que esquecesse a origem interiorana, Fiori havia fincado essas mesmas raízes desde que pisou pela primeira vez na capital. Ele não trocou mais de cidade. E, se a cultura paulistana diz que o bairro onde se vive é a cidade dentro da cidade, Fiori era um autêntico cidadão da Mooca, bairro que o abrigou nos primeiros 12 anos de metrópole. Se cada bairro paulistano parece mais uma cidade dentro da cidade, a Mooca tem conotações de um país dentro da cidade. Com cerca de 77 mil habitantes na segunda década do século 21, o bairro é popularmente conhecido como República Democrática da Mooca. Bairro que tem até bandeira e hino oficiais.

Um dos maiores símbolos do bairro está há décadas localizado na confluência da Avenida Paes de Barros com as ruas Terenas e Sebastião Preto. O reservatório de água sempre foi capaz de abastecer pelo menos 70% da capital paulista. O que passou anos sem a devida valorização foi a área localizada ao lado desse reservatório. Isso até 2013, quando o Governo do Estado decidiu transformar os 21 mil metros quadrados em uma área de lazer. O Parque Sabesp Mooca já caminhava para tornar-se uma realidade quando Milton Neves aproveitou o bom relacionamento com Fábio Lepique, à época assessor do então governador de São Paulo, Geraldo Alckmin, e presidente do Conselho do Parque, para dar início ao *lobby*.

"Fábio, o Fiori merece essa homenagem."

Marcos Pazzini lembra que Fábio Lepique ficou com a ideia em mente. E foi em meio a uma rodada de chope em um momento de folga que Lepique apresentou a sugestão aos amigos Eduardo Foca e Aurélio Silva. O trio de moradores da Mooca foi unânime: o Parque Sabesp Mooca deveria receber o nome de Fiori Gigliotti. A partir desse consenso, começaram os contatos com a família do radialista. Em um encontro no bar Zero Grau da Mooca, Marcos Pazzini e Marcelo Gigliotti foram comunicados a respeito da intenção de homenagear Fiori dando o nome dele ao parque. Os dois concordaram de imediato.

O Decreto nº 60.722, de 11 de agosto de 2014, foi publicado no *Diário Oficial do Estado de São Paulo* no dia seguinte. Com assinaturas de Geraldo Alckmin e do secretário-chefe da Casa Civil, Saulo de Castro Abreu Filho, o documento determinava em seu artigo primeiro que "O espaço localizado entre a Avenida Paes de Barros e a Rua Sebastião Preto, no Município de São Paulo, passa a denominar-se Parque Sabesp Mooca Radialista Fiori Gigliotti."

Na manhã de sábado, 13 de setembro, foi realizada a inauguração oficial do parque, com a apresentação de Milton Neves e a presença da presidente da Sabesp, Dilma Pena; do subprefeito da Mooca, Evando Reis; do secretário de Estado de Saneamento e Recursos Hídricos, Mauro Arce; do secretário adjunto Marcio Rea; do diretor de Tecnologia e Empreendimentos da Sabesp, Edson Pinzan; de Fábio Lepique; do secretário geral Eduardo Odloak; do administrador Alfredo Marano; do presidente do Clube Atlético Juventus, Rodolfo Cetertick, e de Mário Baccei, vice-presidente do Grupo Bandeirantes. Marcos Pazzini e Marcelo Gigliotti receberam os aplausos e as homenagens em nome do pai. A partir daquele instante, a área passava a contar com atividades de esporte e lazer, e o plantio de 200 árvores e quase 3 mil trepadeiras.

Coube a Marcos representar a família de Fiori no discurso. Além de enaltecer a vida e a obra de Fiori, o filho mais velho lembrou que, a partir daquele momento, com o parque instalado na Mooca, Fiori ficaria "por todo o sempre incrustado na ternura e na sinceridade do 'cantinho de saudade' do parque".

E foi em um cantinho especial que Fiori Gigliotti ganhou sua área particular. Uma parte do acervo do narrador, como fotos, documentos, credenciais de grandes eventos, entre outros objetos, passaram a ser expostos no parque.

Cidade natal do locutor, Barra Bonita também não esqueceria o filho mais ilustre. De autoria do vereador João Fernando de Jesus Pereira, o Projeto de Lei 05/2017 criou a Semana Fiori Gigliotti. Instituída em 2017, é realizada sempre na terceira semana de setembro, pouco antes do dia 27, data de nascimento do narrador. Entrou para o calendário de atividades turísticas do município e de todas as escolas da rede municipal de ensino, "com o objetivo de conscientizar os cidadãos e os estudantes a respeito da história do radialista, sua importância para o nosso município e influência na radiodifusão esportiva", segundo o texto da lei.

Em 2017, a Semana Fiori Gigliotti teve início em 24 de setembro, com a Corrida das Estâncias. A prova teve largada às 8 horas, do Pavilhão de Exposições Luiz Fernando Ortigossa. Às 10 horas, foi aberta a Exposição Fiori Gigliotti no Centro Cultural Célia Stangherlin. Na segunda-feira, 25, foi organizado pelo grupo Perdidos na Trilha um passeio ciclístico com saída do Centro Cultural Célia Stangherlin.

O domingo seguinte, 1º de outubro, esteve cheio de atividades. Começou pela partida entre Botafogo de Barra Bonita e Associação Atlética de Barra Bonita. O dérbi local foi disputado no Estádio Alberto Cescato, o Cartuchão.

Logo depois, o Centro Cultural Célia Stangherlin recebeu o lançamento de uma biografia de José Macia, o Pepe, o mesmo ex-ponta-esquerda que, no Santos dos anos 50-60, brincava com o tamanho do nariz de Fiori. Houve ainda a apresentação musical Projeto Guri e o concurso de redação que teve Fiori Gigliotti como tema.

As lembranças foram mais longe. Em 2019 foi decidido que uma sala no Museu Histórico Municipal Luiz Saffi receberia o Espaço Fiori Gigliotti. Fotos, documentos históricos, credenciais para acesso aos grandes eventos os quais o radialista cobriu entre outros objetos históricos passaram a contar com um espaço exclusivo na cidade onde ele nasceu.

O prédio, patrimônio arquitetônico da cidade, foi construído em 1929 para abrigar a antiga "Estrada de Ferro Barra Bonita". Com a extinção da ferrovia, em 1966, um ano depois, começou a funcionar no local a primeira rádio emissora da cidade.

O museu só foi instalado no prédio em 17 de dezembro de 1988. A instituição foi idealizada por uma comissão organizadora composta por Luiz Saffi, Célia Stangherlin, Renato Adamo Bolla e Írio Color Bombonatti, nomeada pelo prefeito em exercício à época, Wady Mucare (Dr. Duba).

O CANTINHO EM ÁGUAS DE SÃO PEDRO

Dona Adelaide e Marcelo adiaram o máximo que puderam, mas sabiam que o retorno ao cantinho familiar deveria acontecer. Sabiam também que não seria mais uma viagem de descanso, lazer e momentos de alegria como tantas vezes em Águas de São Pedro. Fiori gostava de ver a casa cheia, mas era sabido que apenas a ausência dele era suficiente para dar ao imóvel uma sensação de vazio impossível de ser preenchido. Vazio que teve de ser superado. Era necessário entrar na casa e separar os objetos pessoais. Os que remetiam à vida profissional de Fiori, como troféus, fotos e credenciais de cobertura em grandes eventos foram enviados a parentes e amigos mais próximos. Em meio aos objetos pessoais, esposa e filho encontraram diversos manuscritos. Eram palavras, versos e poemas que Fiori gostava de escrever. Jamais pensou em publicá-los ou lê-los em algum microfone.

Mãe e filho encontraram o último poema, escrito na própria chácara, em uma das últimas visitas de Fiori. Provavelmente ciente de que sua passagem terrena estava perto do final, ele deu a dimensão do tamanho da humildade que o acompanhou durante 77 anos, "delirando" que quem o ouviu algum dia pudesse esquecê-lo.

Quando eu não mais existir,
Procure-me numa flor desabrochando
E você sentirá o perfume da minha saudade.
Quando eu não mais existir,
Procure-me na ansiedade dos namorados
E você me achará no nosso primeiro beijo,
Que eu nunca esqueci.
Quando eu não mais existir,
Procure-me na tarde morrendo
E você me achará na solidão do pássaro triste
Voltando só para o seu ninho.
Quando eu não mais existir,
Procure-me nos olhos de uma criança chorando
E você me achará na ternura das lágrimas caindo.
Quando eu não mais existir,
Procure-me na miséria dos abandonados
E você achará meu coração orando por você.
Quando eu não mais existir,
Procure-me no riacho que corre
E você me achará nas águas da cascata,
Cantando a minha dor.
Quando eu não mais existir,
Procure-me na solidão da noite
E você me achará na luz de um pirilampo

Iluminando seus caminhos.
Quando eu não mais existir,
Procure-me na sombra de uma árvore triste
E você me achará na beira dessa estrada,
Esperando você passar.
Quando eu não mais existir,
Procure-me entre as estrelas do céu
E você me verá pela lente da saudade
Dizendo para o mundo ouvir:
Jamais deixarei de te amar.

Fiori Gigliotti, 2006

AGRADECIMENTOS

Agradecemos ao jornalista e brilhante narrador Odinei Ribeiro, que abriu as portas e estreitou os laços, mostrando que o aprendizado com Fiori vai além dos microfones; ao sr. Chico de Águas de São Pedro, amigo de todas as horas; aos jornalistas Chico Silva e Nathalia Ferrari; e aos que se esforçaram para colaborar com esta obra, seja disponibilizando tempo para conceder entrevistas, seja na contribuição com as pesquisas; aqueles que deixaram a vida terrena em meio à produção do livro e a todos que ajudaram a fortalecer o nome de Fiori em São Paulo, no interior e no Brasil.
Muito obrigado!

Os direitos deste livro pertencem a Onze Cultural.

Reservados todos os direitos desta obra. Proibida toda e qualquer reprodução desta edição por qualquer meio ou forma, seja ela eletrônica ou mecânica, ou qualquer meio de reprodução, sem permissão expressa da Editora e dos respectivos autores.

O tipo usado no texto foi Sabon LT Std
e nos títulos e intertítulos, Berthold Akzidenz Grotesk.
O papel do miolo é Offset 90 g/m².

Impresso pela Spiral do Brasil Indústria Gráfica em outubro de 2019.